流通概论

（第2版）

汪旭晖　主编

国家开放大学出版社·北京

图书在版编目（CIP）数据

流通概论/汪旭晖主编. —2版. —北京：国家开放大学出版社，2023.1（2024.7重印）
　ISBN 978 - 7 - 304 - 11669 - 9

Ⅰ. ①流… Ⅱ. ①汪… Ⅲ. ①商品流通 - 开放教育 - 教材 Ⅳ. ① F713

中国版本图书馆 CIP 数据核字（2022）第 226713 号

版权所有，翻印必究。

流通概论（第 2 版）
LIUTONG GAILUN

汪旭晖　主编

出版·发行	国家开放大学出版社	
电话	营销中心 010 - 68180820	总编室 010 - 68182524
网址	http://www.crtvup.com.cn	
地址	北京市海淀区西四环中路 45 号	邮编：100039
经销	新华书店北京发行所	

策划编辑：李晨光		版式设计：何智杰	
责任编辑：张倩颖		责任校对：吕昀豁	
责任印制：武　鹏　马　严			

印刷：	河北盛世彩捷印刷有限公司
版本：	2023 年 1 月第 2 版　　2024 年 7 月第 5 次印刷
开本：	787mm×1092mm　1/16　　印张：18.75　　字数：366 千字

书号：ISBN 978 - 7 - 304 - 11669 - 9
定价：44.00 元

（如有缺页或倒装，本社负责退换）
意见及建议：OUCP_KFJY@ouchn.edu.cn

前　言　PREFACE

流通体系在国民经济中发挥着基础性作用，国内循环和国际循环都离不开高效的现代流通体系。建设现代流通体系是构建以国内大循环为主体、国内国际双循环相互促进的新发展格局的一项重要战略任务。

"十四五"时期流通体系建设将从流通环境营造、流通空间优化、市场主体培育、现代化水平提升四个方向发力：发展有序高效的现代流通市场，营造良好流通环境；构建内畅外联的现代流通网络，优化空间布局；培育优质创新现代流通企业，打造具有国际竞争力的市场主体；加快创新绿色发展，提升流通现代化水平。

编者在保持第1版体系结构、章节顺序、总体字数的基础上，根据近年来流通体系和流通企业的新发展、新变化，更新了部分案例和数据。本书共分10章，分别是流通导论、流通产业、流通渠道、流通创新、零售业概述、"互联网＋零售"、批发、物流、流通国际化、流通政策与规制。此外，本书还通过二维码的形式提供了延伸阅读材料，将本书内容与习近平新时代中国特色社会主义思想和党的二十大精神等紧密结合，以提高学习者的综合素养。

本书由东北财经大学教授、管理学博士、博士生导师汪旭晖任主编。本书第八章由东北财经大学副教授李健生负责编写，其他内容则由汪旭晖负责编写。

本书在编写过程中，参考借鉴了国内外诸多学界同人的研究成果，在此一并表示最诚挚的谢意。尽管编者付出了很多努力，但由于编者时间和精力有限，书中难免有疏漏之处，恳请广大读者不吝赐教。

编者

2022年11月

目 录 CONTENTS

第一章
流通导论…………………………1
- 第一节 流通的内涵与外延   3
- 第二节 流通方式的变革   10
- 第三节 流通功能与流通机构   15

第二章
流通产业…………………………28
- 第一节 流通产业的概述与分类   29
- 第二节 流通产业的特点和贡献   31
- 第三节 流通产业的发展   38
- 第四节 流通产业发展趋势   48

第三章
流通渠道…………………………57
- 第一节 流通渠道的概念与参与者   58
- 第二节 流通渠道结构及其影响因素   64
- 第三节 流通渠道行为   69
- 第四节 流通渠道系统   80

第四章
流通创新…………………………88
- 第一节 流通创新概述   89
- 第二节 流通业态创新   94
- 第三节 流通模式创新   100

第四节　流通管理创新　106

第五章
零售业概述 …… 114
第一节　零售与零售商　115
第二节　零售经营　118
第三节　零售业态　126
第四节　零售选址　135

第六章
"互联网+零售" …… 142
第一节　"互联网+零售"的产生背景与内涵　143
第二节　"互联网+零售"的特征与现实意义　151
第三节　"互联网+"时代传统零售业的发展趋势　159

第七章
批发 …… 167
第一节　批发与批发商　168
第二节　批发经营　173
第三节　批发市场　179
第四节　批发商面临的挑战、机遇与发展趋势　187

第八章
物流 …… 198
第一节　物流起源与发展及其定义的演变　199
第二节　物流的分类与构成要素　207
第三节　物流管理　213
第四节　供应链管理　222

第九章
流通国际化 …… 233
第一节　流通国际化概述　234
第二节　流通企业的跨国经营　239
第三节　中国流通领域对外开放与外资流通业　250

第十章

流通政策与规制……………265   第一节   流通政策   266

第二节   流通规制   273

第三节   流通体制改革   279

参考文献……………………………………………………………………… 291

第一章 流通导论

💡 导言

流通世界的缩影——中国义乌国际商贸城

中国义乌国际商贸城坐落于浙江省义乌市，是义务小商品市场的现代化延伸，现拥有经营面积 640 余万平方米，经营商位 7.5 万个，从业人员 21 万多人，是国际性的小商品流通、信息、展示中心，也是中国最大的小商品出口基地之一。2005 年，中国义乌国际商贸城被联合国、世界银行与摩根士丹利等权威机构称为"全球最大的小商品批发市场"。

中国义乌国际商贸城是一个集现代化、国际化、信息化于一体的商品交易市场。它自开业以来，一是实现了由传统贸易向以商品展示、洽谈、接单和电子商务为主的现代化经营方式的转变，被国内外客商誉为"永不落幕的博览会"；二是实现了国际贸易超过国内贸易的转变，每天客商达 4 万人次，外商达 5 000 人次，商品外贸出口率达 60% 以上，90% 以上商位承接外贸业务，商品销往 140 多个国家和地区；三是实现了市场硬件的智能化，整个市场人流、物流、信息流畅通，场内安装电梯、自动扶梯 37 座，汽车可直上二、三、四层。整个市场安装了 13 000 多个宽带网络接口，每个商位都可上网交易和查阅信息。作为浙江省唯一的国家进口贸易促进创新示范区，义乌推动进口平台、通道、制度、服务创新，十年来，在全球布局海外仓 166 个，运营总面积近 120 万平方米，覆盖 52 个国家 103 座城市，其中 6 个获评浙江省级公共海外仓。在德国、卢旺达、捷克等国家布局 15 个"带你到中国"贸易服务中心。

作为商品流通的关键环节，物流与市场相伴相生。如今的义乌，凭借四通八达的公路、铁路、海路、航路、邮路、"义新欧"和"义甬舟"等"蛛式物流"体系，源源不断地把"义乌货"运抵全球各地。2012—2021 年，义乌市商贸货运量从 5 800 万吨增长至 8 258.7 万吨。背靠义乌庞大的货源优势，电商也伴随快递行业迅速发展。如今义乌全市拥有快递企业 137 家，从业人员 2 万多人，单月业务量超亿件。义乌先后引进"三通一达"、顺丰、邮政速递等8家快递企业，在全省乃至全国率先完成快递园区建设。通过发挥快递园区集聚效应，不仅实现全天候、多频次收件，8家快递企业也形成降本增量的良性循环。义乌还建成浙江省首个农村电商快递物流服务中心，快递服务打通了农村"最后一公里"，快递分拣速度在不断提升。2014—2021年，义乌全年快递业务量从3.6亿件快速增长至92.9亿件，形成覆盖金华、丽水、衢州，辐射省内及长三角的浙中处理中心，也成为全国最具影响力的快递集聚中心。经过多年发展，义乌对外交通快速化、城际交通便捷化、城市交通立体化、公共交通一体化的综合交通运输体系已初步形成，经济发展、人民幸福的美好梦想也随着交通建设的脉动照进现实。

熙熙攘攘的义乌国际商贸城，不但是现代商业社会的缩影，还是商品交换各阶段的剪影，物物交换、初级商品流通、高级商品流通、商业流通的现状甚至商业流通的未来，都能在义乌国际商贸城找到其身影。回顾商业流通的发展史，探索商品交换各阶段的特征，我们也能隐隐约约看到义乌国际商贸城的影子。生产者、消费者、渠道商、信息提供商、市场管理者……各式各样的角色，在商业流通的过去、现在和未来演绎着不同的精彩。

资料来源：义乌政府门户网站. 我的家乡这十年·义乌篇｜高质量高水平建设世界小商品之都.（2022-10-12）[2022-11-01]. http://www.yw.gov.cn/art/2022/10/12/art_1229436592_59392829.html. 引用时有修改。

思考：流通对现代社会的作用？

学习目标

完成这一章内容的学习之后，你将可以：

1. 解释流通的内涵；
2. 分析流通与相关概念的区别与联系；
3. 概述流通方式的变革；
4. 说明流通功能和流通机构。

第一节　流通的内涵与外延

一、流通的内涵

社会发展引起分工，游牧部落与农业部落的出现，意味着第一次社会大分工的开始。这一分工改变了原始部落集狩猎与采集于一体的传统生产方式，出现了不同部落分别从事农业生产与畜牧业生产的专业化生产方式。随着农牧业的发展与生产知识的积累，生产活动趋于多样化，于是发生了第二次社会大分工——手工业和农业的分离，继而出现了以交换为目的的生产，即商品生产（产品只有通过交换过程，实现使用价值的转移才叫商品），货币作为交换的媒介也随之出现。生产和消费之间产生时空的分离，流通的出现成为有效解决生产和消费时空分离的重要手段，专门从事商品交换活动的商人应运而生，这就是第三次社会大分工。马克思区分了"商品流通"和"直接的产品交换"，强调"商品流通"是一系列无休止的社会性交换活动，流通是商品所有者的全部社会关系的总和。"直接的产品交换"则是偶然的交换行为，不是商品流通。

一般认为，流通是以货币为媒介的商品交换行为，是运动着的具有交换价值的物质在流动中寻找通道并得以实现的过程。流通具有双重含义：一是指以货币为媒介的商品交换，其结果是商品价值补偿和创造所有权效用；二是指实物在空间上的流动和时间上的延续，其结果是创造了商品的时间效用、空间效用和形质效用。同时，伴随着价值补偿和使用价值转移而产生的各种信息及其流动，也是流通过程的重要组成部分。信息活动覆盖着整个商品流通的过程，是商品流通过程中一切经济活动内容的客观反映。马克思所说的流通是指一切生产要素或生产成果的流通，既包括有形物的流通，也包括人与资本的流通。但是，由于人、财、物具有太多的特质，不仅难以抽象出它们的共性，无法建立概念统一、逻辑严谨的理论框架，也扰乱了现有的相对合理的学科体系。因此，本书所说的流通就是指不包括货币、资金和人的商品或产品的流通，是狭义的流通，包括商流、物流与信息流。

二、商流、物流与信息流

通常而言，商流是商品所有权由生产领域（供应地）向消费领域（消费地）转移的过程；物流是商品实体由生产领域（供应地）向消费领域（消费地）转移的过程；信息流是信息从产生、发送（传递）到接收、分析处理、反馈的运动过程。一般情况下，商流与物流是并行的，但有时也不一定，有商流不一定有物流，有物流也不一定有商流。然而，无论是商流还是物流，都必须以相应的信息运动为前提，即信息是商流与物流的神经与发动机，没有信息，就没有商流与物流，也就没有流通过程。因此，流通过程是商流、物流与信息流的统一[①]。

（一）商流

商流过程也就是交易过程，一般发生在两个及两个以上相对独立的个人或组织之间。传统经济理论认为，交易（主要指市场交易）是通过价格机制自动完成的，交易过程或流通过程可以忽略不计。但交易费用理论认为，交易是需要费用的，现实的交易过程或流通过程不仅不能忽略，而且相当复杂。组织内部交易是节约交易费用的一种重要手段，且其具有替代市场的功能。但是，组织内部交易也存在费用（管理费用），这种费用会随着组织规模的扩大而增加，当增加到一定程度时，市场交易又会替代组织内部交易。因此，企业与市场是可以相互替代的，在市场交易与组织内部交易两极之间存在许多中间形态的交易关系，即多种交易形式。

1. 市场交易

市场交易是以匿名和一次性为原则的当场交换。在市场交易中，卖方希望以尽可能高的价格销售商品，同时买方想以尽可能低的价格购入商品，所以两者的关系是对立的。一次性交易很容易引发机会主义行为，因而交易费用不可避免。这种交易通常发生在组织化程度较低或以流动性或偶发性购买者为主的零售市场上。

2. 重复交易

重复交易是双方基于相互了解或信任的关系而进行的多次交易。这种交易建立在双方相互了解和信任的基础上，因而其交易费用低于市场交易。例如，当我们从一个陌生的卖方处购买商品时，可能会出现两种情况：一是质价不符，上当受骗；二是质价相当，经济实惠。为了避免第一种情况的出现，我们就需要努力收集卖方及其商品的相关信息，因此，会产生收集信息的费用。可是，如果从熟悉的卖方（如经常光顾的商店）处购买商品，我们则可以根据过去的经验判断卖方的信誉，而不需要重新收集信息，因此，可以节约收集信息的费用。可见，在一次性的市场交易中，买卖双方是纯粹的经济关系；在重复交易中，买方与卖方却结成了社会关系，而且随着交易的持续，这种社会关系会越来越紧密。

3. 长期交易

长期交易是重复交易长期持续的形式，具有明显的契约关系倾向，因而可以减少

---

① 夏春玉.流通概论.4版.大连：东北财经大学出版社，2016.

不确定性。随着契约关系的建立,交易关系将更加稳定,这是长期交易的基本特征。一般来说,对于稀缺性物资或需求量较大的特殊原材料的采购,交易双方通常会建立长期交易关系。此外,大型零售企业与供应商之间一般也会采取长期交易的模式,以保证生产与销售活动的稳定性。

4. 伙伴关系

伙伴关系是长期交易的进一步发展。当交易双方建立伙伴关系以后,交易便成为双方的程序性工作,双方的默契不仅体现在具体的交易条款上,而且体现在交易以外的诸多方面,如共同开发高质低价的新产品、共同降低库存、共同分享信息等。在现实中,由于市场竞争日趋激烈,伙伴关系不仅广泛存在于生产企业与流通企业之间,而且存在于具有上下游关系的生产企业与生产企业、流通企业与流通企业之间。实践表明,伙伴关系的建立大大节约了交易双方的交易费用。

5. 战略合作

伙伴关系被赋予经营战略性后,就演变成了战略合作。战略合作是从企业长期战略计划中产生的,是改善企业竞争条件的交易战略。战略合作通常分为两种形式或两个层次:一种是只在交易或流通阶段的战略合作,目的是降低交易费用,提高流通效率;另一种是企业整体的战略合作,即不仅包括交易阶段的战略合作,还包括商品开发等方面的合作。

6. 组织交易

组织交易即组织内部的交易,也就是美国经济学家康芒斯所说的"管理的交易"。在组织内部,生产与交易是通过权限和指示完成的,因而不存在真正意义上的商品交换关系。随着买卖双方关系密切程度的提高,交易形式也依次由市场交易发展到组织交易(内部管理活动),其变动过程如图1-1所示。在现实生活中,除组织交易以外,其他交易形式都是可供买方与卖方选择的交易形式或商流形式。

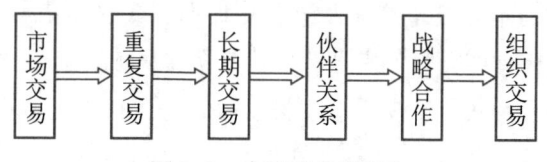

市场交易 → 重复交易 → 长期交易 → 伙伴关系 → 战略合作 → 组织交易

图1-1 交易形式的变动

(二)物流

与商流不同,物流既可以发生在两个及两个以上相对独立的个人或组织之间,也可以发生在组织内部。前者往往伴随着商流过程,即以商流为前提,其具体形态又表现为采购阶段的物流与销售阶段的物流。采购阶段的物流也称供应物流，而销售阶段的物流则称为销售物流。后者不以商流为前提，如生产企业内部原材料、半成品、成品由 A 工厂（车间、仓库）到 B 工厂（车间、仓库）的转移，以及待售商品在流通企业总部或配送中心与分店或卖场之间的转移等，这种物流一般称为生产物流或内部物流。除采购、销售与生产阶段的物流以外，通常还存在一种物流，即伴随生产或销售行为的发生而产生的回收或废弃物的物流。

物流由运输、储存、包装、装卸、流通加工、配送等一系列活动要素所构成，这些活动要素也叫物流环节。上述环节相互影响、相互制约，因此，要使物流活动更加高效，重点不是谋求各个物流环节的合理化，而是实现整体物流系统的优化和整合。

从全社会来看，物流活动存在于国民经济的各个部门、行业、领域与环节，只要有生产、有流通、有消费，就会有物流。物流不仅是生产、流通、消费得以顺利进行的前提，而且直接决定了生产、流通、消费的效率与效果。近年来，我国经济已由高速增长阶段转向高质量发展阶段，作为支撑国民经济发展的基础性、战略性、先导性产业——物流业，其高质量发展已成为驱动经济高质量发展的重要力量，不断推动国民经济发展方式转向集约型增长，发展动力转向新的增长动能，发展结构转向优化资源配置、扩大优质供给并存。

案例

安得智联携手京东物流实现物流降本增效

2017 年 10 月 23 日，安得智联携手京东物流打造的家电云仓在广州市花都区正式开仓运营，这标志着安得智联在电商物流服务方面再上一个台阶，具备了国内一流的服务水平。

除广州仓外，安得智联还与京东物流共建邯郸、武汉、芜湖 3 个城市共 4 个产品云仓，覆盖中小件和大件各类型的家电及快消品仓储服务，对于"双 11"，可以最大限度地缓解峰值库容不足的压力。安得智联提供的云仓化模式包括产地仓、生产仓服务。产地仓将重点打造结合产业化生产基地和电商平台的仓储服务，作为前置仓，电商平台的品牌商可利用它实现就近、便捷入仓。

首先，安得智联的产地仓服务将帮助电商平台整合及共享区域物流资源，形成区域性的同类产品集散中心，实现多品牌共用仓储资源，提高发车率和产品周转效率，降低电商平台签约品牌商产品储存数量及经营成本，提高电商平台签约品牌商合作黏性，增强电商平台竞争力。其次，生产仓服务可实现短距运输，结合安得智联城配业务和送装一体服务，快捷地完成配送任务，一改过去品牌商只能参照往期销售数据进行预测性生产，产生库存积压或销售断货频发的现象。

资料来源：佚名. 安得智联携手京东物流打造云仓化模式服务，助力品牌商节约成本，降本增效.（2017-10-28）[2022-11-01］. https://zhuanlan.zhihu.com/p/30492051. 引用时有修改。

思考题：案例中的产地仓给企业带来什么影响？

（三）信息流

在流通过程中，商品的供给、需求、价格等信息在流通各方之间传递，形成源源不断的信息流。信息不仅是商流与物流的前提，也是商流与物流状态的反映。

信息的产生主要有两个来源，即组织外部和组织内部。来自组织外部的信息包括宏观经济形势、消费者需求状况、产业及竞争者状况等；来自组织内部的信息包括生产经营预测与计划等。

信息的发送或传递主要通过人媒与物媒两种媒介来进行。人媒是指面对面的对话或会议，其基本特征是直接、快速及双向性。物媒主要是指电视、报纸、广播等大众传播媒体，其基本特征是广泛性与时空的便利性。在现实生活中，两种媒介都是传递信息的重要手段。

信息的接收是信息流通的关键环节，信息传递的成功与否，不仅取决于发送者能否以准确、简洁且易于接收者记忆与理解的表达方式发送信息，而且取决于接收者的关注与理解。如果接收者对发送者发送的信息不关注、不理解，那么就会影响信息传递的效果，甚至产生误解。

信息的分析处理是接收者对接收的信息进行分析、处理及理解的过程。接收者不仅要及时地接收信息，而且要按接收的信息去执行任务，因此，要对大量信息进行准确理解，必须采用相应的工具对其进行分析和处理。如果接收者的信息分析和处理能力不足，信息的内容就会发生变化，甚至被扭曲。

信息的反馈是从接收者到发送者的信息还原过程。发送者发送的信息是否到达接收者以及是否引起了接收者的反应，对下一次的信息传递活动有着重要的意义。同时，信息反馈也是及时更正信息误传或扭曲的有效机制。

三、流通与相关概念

在日常生活中，除流通外，我们还会经常遇到诸如商品流通、交换、交易、贸易、商业或贸易业、营销、分销等概念。那么，这些概念的含义是什么？它们与本书所使用的流通概念有什么区别和联系？

（一）商品流通

商品流通是指商品从生产领域向消费领域的转移过程。当然，商品流通也包括商流与物流两层含义，即商品的所有权转移与商品的实体转移。本书所定义的流通是指商品或产品从生产领域向消费领域的转移过程，既包括组织之间的商品流通，也包括组织内部的产品流通。由于组织内部的产品流通不是以交易为前提的，因此，组织内部的产品流通只有物流过程，而没有商流过程。本书所定义的流通，既包括作为商品的组织之间的商流与物流，也包括作为产品的组织内部的物流。显然，流通的含义要比商品流通的含义更加宽泛一些。

（二）交换

关于流通与交换的关系，马克思有过经典论述，即流通本身只是交换的一定要素，也就是说，流通并不等同于交换，只是交换的部分内容。交换既包括劳动的交换，也包括劳动成果的交换。劳动的交换是在组织内部通过指挥与命令而进行的，属于生产活动，不属于流通。劳动成果的交换也有两种形式：一种是产品交换；另一种是商品交换。产品交换也是在组织内部通过指挥与命令进行的，其目的是更好地生产一种共同的产品，本质上也是一种生产行为。相反，只有商品交换才具有流通的性质。显然，马克思在此所说的流通是指商品流通，而且是指商品所有权的流通，即商流。本书所定义的流通，既包括商流也包括物流，因此，不完全等同于交换，但与劳动成果的交换比较接近。

（三）交易

一般情况下，人们将交易理解为"买卖"，即市场交易。因此，交易同商品交换是同义语。但也有学者如康芒斯，将交易划分为三种，即"买卖的交易""管理的交易""限额的交易"。在他看来，"买卖的交易"是通过法律上平等的人们的自愿同意，转移财富的所有权；"管理的交易"是用法律上的上级命令创造财富；"限额的交易"是由法律上的上级指定，分派财富创造的负担和利益。显然，康芒斯所说的"买卖的交易"是指市场交易，即商品交换；"管理的交易"是指企业内部的分工与协作，即联合劳动；而"限额的交易"是指政府对财富及资源的强制分配或对成本分担的强制安排。因此，不论是哪一种交易，都与本书所定义的流通有所不同，其中，"买卖的交易"相当于本书所说的商流。

（四）贸易

贸易是指对商品的"转售"行为，包括国内贸易与国际贸易。国内贸易是指在一国之内进行的"转售"行为，国际贸易是指在国与国或多国之间进行的"转售"行为。所谓的"转售"是指不经过生产制造环节，将购买的商品再销售给买方的行为。因此，生产者为生产商品而进行的采购行为，或者将其生产的商品销售给买方的行为，以及消费者出于个人消费的需要而进行的购买或销售行为，都不属于贸易。显然，流通包括贸易，但贸易不是流通的全部。

（五）商业或贸易业

商业有广义与狭义之分。广义的商业泛指一切以营利为目的的事业；狭义的商业是指专门从事"转售"（商品交换）活动的营利性事业，也就是通常所说的贸易业，包括国内贸易业与国际贸易业。国内贸易业通常也叫国内商业，包括批发业与零售业。人们习惯将国内贸易业称为商业，以此与国际贸易业或进出口贸易业相区别。从全社会来看，商品或产品从生产领域向消费领域的转移（流通）不全是由商业者或贸易业者来完成的，或者说，不是全部由专业化的流通机构（商业或贸易部门）来完成的。作为消费者的个人以及作为生产者的制造商，也从事着大量的流通活动。因此，商业或贸易业这一概念，无法涵盖流通的全部内涵，与本书所定义的流通也是不同的。

（六）营销

一般而言，营销是指微观组织从发现甚至创造市场需求开始，通过产品、价格、渠道、促销以及与顾客和环境相关的各种活动，以完成商品或服务从生产领域向消费领域的转移。可见，营销概念不仅包括定价、渠道选择、促销等流通行为，而且包括发现甚至创造市场需求、对商品或服务的创意与设计、与顾客及环境的互动等活动。但就其本质而言，营销主要是指微观组织如何将商品或服务由生产领域向消费领域转移的问题，即微观组织的流通问题。同时，就营销的客体而言，不仅包括有形的商品，也包括无形的服务。本书所定义的流通，既包括微观组织的流通，也包括宏观意义上的流通，即全社会范围的流通，而且流通的客体主要是指有形商品或产品。因此，本书所定义的流通与营销概念是不同的。

（七）分销

英语中的"distribution"一词，日文将其译成"流通"，中文一般将其译成"分销"。我们认为，流通与分销既相同又不同。相同之处在于，两者都是指商品或产品的流动过程；而不同之处在于，前者是从全社会或宏观意义来看的商品或产品的流动过程，而后者则是从企业，特别是生产者的角度来看的商品或产品的流动过程。也就是说，流通是具有宏观意义的概念，而分销则是具有微观意义的概念。同样是商品或产品从生产领域向消费领域的转移问题，对生产者而言，是分销问题；而对全社会来说，则是流通问题。

第二节　流通方式的变革

产业分工与技术进步不仅带来了生产方式的变革，而且引发了流通方式的变革。流通方式的变革大大提高了流通效率，降低了流通成本，进而促进了经济社会的全面进步。流通方式的变革体现在许多方面，涉及的内容也十分庞杂，基于本书的研究视角与内容定位，我们仅对流通方式的变革过程进行简要描述。

一、由直接流通到间接流通

物物交换和以货币为媒介的商品交换（简单的商品流通）有一个共同之处，即交换的当事人也是生产的当事人。换句话说，在这两种流通方式中，生产者与流通者是合一的，生产者既从事生产也从事流通，因此，我们可以将这两种流通方式统称为"直接流通"。直接流通是指生产者不经过中间商而直接从事并完成流通行为。与此不同，以商人为媒介的商品交换，即"发达的商品流通"，则意味着生产者不直接完成流通过程，而是通过中间商即专业化的商人来完成流通过程，因此，我们将这种流通方式称为"间接流通"。

直接流通转变为间接流通后，出现了一个独立于生产者的专业化商人队伍，使全社会的商品流通活动由"多数人的附带工作"变成了"少数人的专门工作"。受益于这种分工与专业化，全社会的流通效率得到显著提高，流通成本也大幅降低。当然，间接流通的出现，并没有完全替代直接流通。这是因为间接流通的经济性也是有边界的，这种边界主要取决于商品自身的特点。一般来说，间接流通的经济性在以家庭与个人为消费者的最终消费品，以及通用性较强、用户相对分散的中间品的流通上体现得比较充分。相反，对那些大量生产、大量消费的中间品，或者专用性很强的中间品，采用直接流通则更容易获得经济性。不仅如此，在现实经济中，一些大型厂商出于对流通主导权的控制以及规避因中间商的诚信不足而可能产生的风险原因等，也往往倾向于采用直接流通。因此，采用直接流通或者间接流通，不仅受商品生产与消费特点的制约，而且与当事者对流通渠道的控制偏好或对流通渠道的利益或风险预期有关。

二、由复合流通到批零分离式流通

（一）复合流通到批发与零售的分离

人类社会第三次社会大分工的一个重要标志是产生了一个不从事生产而只从事交换的商人阶层。但最初的商人大多是复合型的，即那时的商人还没有出现内部分工，他们不仅从事居间买卖，而且从事运输、信贷甚至保险业务。即使是居间买卖，也没有发生批发与零售的分离。从我国来看，批发与零售的分离始于行商与坐商的兴起。历史上的行商大致包括两类商人：一类是肩挑货物沿街叫卖的行商；另一类是进行长途贩运的行商。前者一般是零星贩卖的小商人，后者通常是批量销售的大商人。历史上的坐商多指在城内列肆而市的小商人，相当于今日的店铺销售商人。行商与坐商实际上分别是今日的批发商与零售商的前身。从欧美国家来看，批发与零售的最终分离发生在19世纪70年代。产业革命以后，机器大工业为批发商的最终独立提供了多种大批量的商品，加之运输、仓储、通信条件的改善，以及足够的资本和广阔的市场条件，共同推动了这次变革的产生。

批发与零售分离之后，两者各自的内部分工不断深化，从而使流通方式沿着批发与零售两个方向继续变革。

（二）批发流通的变革

批发流通的变革主要体现在以下几个方面：一是批发商的经营规模越来越大，资本实力越来越强。一些批发商不仅是流通领域的主导者，甚至是生产领域的主导者。二是批发商的内部分工越来越细，从而导致批发商的种类也越来越多。例如，产地批发商、中转地批发商、销售地批发商、进出口代理商、商人批发商、综合批发商、有限职能批发商等。三是批发市场开始出现，并由自发性批发市场发展为具有一系列制度与规则的现代批发市场。四是批发交易形式从现品销售发展到样品销售以及从凭样品销售到凭标准品销售。五是批发商组织形式、经营方式与经营技术的变革，如连锁经营、专业化经营、信息技术的广泛应用等。

（三）零售流通的变革

零售流通的变革除表现在零售商经营规模的扩大以及以连锁经营为标志的组织化程度的日益提高外，其最有代表性的变革表现在业态多样化、自有品牌的开发及信息技术的广泛应用上。多种零售业态并存意味着零售市场分工的细化，从而改变了零售市场的竞争结构，方便了消费者的购买，增加了零售商经营方式的选择，提高了整个社会的流通效率。当今的零售商已不可能也没必要经营所有的业态，而只需经营一种或少数几种业态。例如，全球最大的零售商沃尔玛主要从事折扣商店、大型综合超市和仓储式商店等少数业态的经营。

随着零售业态的多样化，进入市场的零售商也越来越多，从而使零售市场的竞争不仅体现在水平竞争上，也体现在垂直竞争上。所谓水平竞争是指零售商与零售商之间的竞争，这种竞争又具体表现在同一业态之间的竞争与不同业态之间的竞争上。所谓垂直竞争是指零售商与制造商、批发商等为争夺渠道权力或渠道利益而进行的竞争。为了增强竞争力，一些拥有规模与渠道优势的零售商开始用自己的品牌开发商品并进行销售，即PB（Private Brand，自有品牌）商品战略。除PB商品战略外，信息技术的广泛应用也是零售流通领域变革的重要体现。当前，信息技术的迅猛发展和互联网的快速普及正在逐渐改变消费者的购物模式以及消费者对零售商的期望。通过互联网，产品价格、性能等信息弹指之间即可获得，消费者可轻而易举地达成理想交易。当前，网上购物群体数量持续飙升，线上交易量增速已远超传统零售业，互联网与零售业的融合步伐明显加快。

（四）供应链管理

批发与零售流通的变革，还表现在批发商、零售商、制造商及消费者之间关系的变革上。一方面，随着生产技术、信息通信技术以及运输网络与工具的发展，零售商与制造商的势力不断增强，而批发商的影响力随之弱化，其在生产与流通领域中曾经具有的支配地位逐渐丧失。另一方面，一些具有实力的大型零售商或大型制造商开始采取向渠道上下游延伸的"通吃"策略，致使零售商、批发商与制造商对渠道控制权的争夺日益激烈。在此背景下，合作共赢的战略思想开始产生，并由一些具有创新精神的企业家付诸实践，这就是由制造商、批发商、零售商与消费者共同参与的供应链管理战略。供应链管理战略的出现，改变了制造商、批发商、零售商、消费者之间的关系，即由传统的单纯竞争关系变成了竞合关系，通过关系营销或客户关系管理与消费者保持良性互动，共同创造价值，并共同以最快的速度、最小的成本完成价值的流通过程。

三、由现货交易到期货交易

无论是生产者还是流通者，在组织生产与流通过程中都可能遇到滞销、运输中断、过期变质、破损丢失、自然灾害等市场风险与自然风险，即马克思所说的"惊险的跳跃"。固然，中间商的出现及分化（分化为批发商与零售商）在一定程度上可以规避一些风险，但随着生产与流通规模的持续扩大，风险也日益提高，这在客观上就需要更多的规避风险的工具，期货交易就是其中之一。

期货交易是相对于交易双方即期进行商品与货款相向交割的现货交易而言的。期货交易是指远期进行的标准化合约的交易，其一般形式是交易双方先就交易商品的品种、数量、价格、交货期和交货方式等签订合约，而实际的货款交割则在规定的期限内以实物交割，或非实物交割（补齐现货与合约的价差），或出卖合约等方式履行。期货交易的主要功能是规避风险、发现或形成公正的价格。期货交易具有发现或形成公正价格的功能主要是因为期货交易是由多数买者与多数卖者通过公开而自由的竞争进行的，其价格是在充分吸纳、消化所有信息的过程中形成的，因此，期货交易中的价格充分反映了商品的供求状况。当然，无论是规避风险功能还是价格发现功能，都离不开大量期货投机者的"支持"，进而在客观上也就为投机者提供了"博彩"机会。

四、由现实空间交易到虚拟空间交易

流通方式的第二次大变革是专业化商人的出现，并进一步分化为批发商与零售商。专业化商人出现以后，流通当事人已不满足于与近距离的少数交易者进行交易，以及仅仅局限于传统的"见货付款交易"，他们开始与远距离的更多的交易者进行交易，从而对交通运输与通信产生了强大需求，促进了交通与通信事业的发展。交通条件的改善、电报与电话等通信手段的发明，不仅使远距离的商品流通成为可能，而且使流通方式发生了变化，出现了"看样付款交易"或"合同交易"。流通当事人不仅可以通过电报与电话及时交流信息，并事先就交易条件达成书面协议（合同），然后按双方签订的协议完成交易过程，而且在合同交易的基础上发明了期货交易、邮购或目录销售方式。然而，无论是"看样付款交易"、一般的合同交易，还是期货交易、邮购或目录销售方式，都是以纸质信息或口头信息为媒介的交易方式。

流通方式的第三次大变革是电子计算机的出现。自电子计算机出现以后，人们就开始利用电子手段进行商品流通。最初，人们通过电子数据交换（Electronic Data Interchange，EDI）技术进行商务文件的传送与业务数据的交换，20世纪90年代，随着电子技术、网络技术的发展，特别是国际互联网在全球范围内的普及，以网上交易为基础的电子交易方式开始出现。人们利用计算机网络来销售商品，在网上完成产品宣传推广、商务谈判、电子合同文本签订以及网上电子支付。

从现实来看，"虚拟空间交易"主要在批发与零售两个领域得到了快速发展。批发领域的"虚拟空间交易"，主要表现为企业与企业之间的电子化交易，也称"B2B"

（Business to Business），即企业之间通过互联网、企业内部网和其他专用网络进行原材料的采购或商品和服务的销售；零售领域的"虚拟空间交易"主要表现为企业与消费者之间的电子化交易，也称"B2C"（Business to Customer），即企业通过互联网向最终消费者销售商品或服务，其具体形式是网上商店。

"虚拟空间交易"方式的出现不仅改变了企业的经营观念与经营方式，也改变了人们的生活方式，同时还会对传统的经济关系与法律关系产生深刻的影响。

五、由自营物流到专业化物流

以上我们讨论的主要是商流方式，即交易方式的变革。事实上，流通方式的变革不仅体现在商流方面，而且体现在物流方面。从经济发展史来看，商流与物流是相互影响、相互促进的。商流方式的变革，必然要求物流方式产生相应的变革，同样，物流方式的变革也会进一步促进商流方式的变革。

物流方式的变革主要体现在两个层面：一是从技术层面来看，主要体现为物流工具的变革，特别是运输工具的变革。二是从组织或制度层面来看，物流方式的变革主要体现在物流活动的专业化、组织化与社会化程度的提高上。与商流方式历经分散与自组织化、专业化与社会化的变革过程一样，物流方式也历经了类似的变革过程。物流活动最初是由生产者、商人（批发与零售商人）及消费者自行组织的，他们既从事生产与交换（主要是商品所有权的转移）活动，又从事物流活动（主要是运输与储存）。但是，自专门从事商品买卖的专业化商人出现以后，专业化与社会化的物流便开始起步。

生产与流通规模的扩大，必然导致运输等物流规模的扩大，于是，专业化的运输商便从生产者或专业化商人队伍中独立出来。专业化运输商的出现，标志着专业化与社会化物流的正式开始。专业化运输商不仅为生产者代理物流业务，也为专业化商人代理物流业务，并从中获取利润。专业化运输商的出现大大提高了物流效率，从而促进了生产与流通规模的继续扩大，推动了社会分工的进一步深化，并最终导致运输商出现内部分工，陆续涌现出船运商、铁路运输商、公路运输商、仓库运营商等更加专业化的运输商。运输商的内部分工，极大地驱动了专业化与社会化物流的发展。

尽管现实中的一些组织和单位，特别是大型组织和单位仍然以自营物流为主，但是，从发展趋势来看，随着生产与流通的发展，特别是社会分工的不断深化，高度专业化、组织化与社会化的物流方式将逐步占据物流的主导。

第三节　流通功能与流通机构

一、流通功能

（一）商品所有权转移

商品所有权的转移一般被认为是流通的基本功能之一。如前所述，社会分工造成了生产与消费的社会性分离，因此，消费者不能自给自足，必须消费由专业生产者生产的商品而只有通过商品所有权的转移，商品才能真正实现从生产领域向消费领域的转移。在市场经济条件下，这种所有权的转移是通过商品交换过程完成的。商品生产者与消费者之间能否顺利实现商品交换是商品所有权转移的关键。

我们将生产者的经济活动分为商品生产活动与商品销售活动，从而可以将生产者理解为商品生产活动与销售活动的主体。显然，生产者为了完成生产和销售活动还必须完成一些购买活动，即以消费者的身份出现。也就是说，可以在消费者的概念下来研究生产者的购买活动。同样，我们也可以将消费者的经济活动分为商品购买活动和商品消费活动，从而能将消费者理解为商品购买活动和消费活动的主体。生产者与消费者之间的流通活动，实际上就是生产者的商品销售活动与消费者的商品购买活动的统一。当然，这两种活动统一的过程实际上就是双方进行商品交换或买卖的过程，即生产者支配的商品与消费者支配的货币进行交换。这一过程对于生产者来说，实现了从商品到货币的价值形态转换，因而创造了价值形态转换效用；对于消费者来说，则实现了对商品所有权的占有，因而创造了所有权效用。

从全社会来看，商品流通过程的本质是商品所有权从生产领域向消费领域转移的过程，而这种转移的路径则称为商品流通渠道。根据商品所有权转移所经过的环节多少，商品流通渠道大致可以分为直接流通渠道与间接流通渠道两种。其中，直接流通渠道是指商品所有权直接从生产者转移到消费者的路径，即生产者的销售活动与消费者的购买活动直接结合。在现代市场经济条件下，这种产销直接见面的流通形式显然不是主流，但在一些领域仍然广泛存在，如农业生产者直接将农产品出售给消费者。间接流通渠道是指以专业化流通机构作为生产者与消费者之间转移商品所有权媒介的转移路径。间接流通渠道是现代社会商品流通的主流形式，在这个转移的过程中，商品所有权从生产者向消费者的转移要经过一系列中间阶段的商品交换活动才能完成，而中间阶段的数量则取决于商品的种类与性质、生产与消费的方式以及生产与消费的时间或空间特性。专业化流通机构的职能就是通过商品的买卖活动来实现商品在流通渠道内向消费者的渐次转移，所以专业化流通机构的介入不仅有助于商品所有权的转移，而且有助于流通成本的节约。

（二）物流功能

虽然通过商品的买卖活动实现了商品所有权从生产者向消费者的转移，但商品流通过程并没有结束。商品流通的最终目的是满足消费者的需求，而商品所有权的转移只是为此提供了一个前提条件，并不能保证消费者能够现实地消费商品。所以，只有在完成商品所有权转移的同时，实现商品实体的相应转移，才能使消费者真正实现消费，从而达到商品流通的目的。商品实体从生产者向消费者转移的过程，一般称为商品的物流过程，与之相应，物流功能也是商品流通的基本功能之一。

物流活动之所以必要，是因为生产与消费不仅在主体方面是分离的（社会性分离），而且在空间与时间上也是分离的。生产与消费在空间上的分离意味着商品的生产地点与消费地点的分离，而生产与消费在时间上的分离则意味着生产与消费的时间是不一致的。物流活动正是要通过商品运输、储存等活动来解决生产与消费的时空分离问题。因而，物流活动是创造时间效用与空间效用的流通活动。但是，为了更好地运输和储存商品，还需要对商品实体进行装卸、包装，甚至进行一些加工活动，这些活动与运输、储存等一起构成了商品物流活动的基本内容。

一般来讲，物流活动的主体也就是参与商品所有权转移的各种流通主体，即商品买卖的当事人。在直接流通的情况下，物流活动是由生产者和消费者这两个当事人分别承担的。在间接流通的情况下，物流活动的当事人包括生产者、中间商和消费者，相关的物流活动由他们共同承担。至于哪个主体承担的物流功能更多一些，则取决于流通主体的类型、分工与专业化程度以及主体之间的合作方式。随着流通经济的发展和分工的深化，逐渐产生了承担物流活动的专业机构——物流机构。

（三）成本节约

如前所述，商品流通过程是商品从生产领域向消费领域的转移过程，这个过程是通过不同流通主体之间的一系列交换活动完成的。显然，商品流通主体之间的这些交换活动都会产生一定的费用，即流通成本。流通成本至少包括准确获取市场信息所需的成本、讨价还价与签订合同所需的成本、监督合同执行所需的成本、实物转移所需的成本以及交易主体的运营成本等。在生产者与消费者直接进行交易的情况下，生产者为了将自己生产的商品出售给合适的消费者，需要付出巨大的搜寻成本，而消费者为了找到所需商品的供给者同样也需要付出相应的搜寻成本。在市场经济条件下，如果所有的商品都按这种方式进行流通，其结果是难以想象的。另外，生产与消费间除了存在主体分离、空间分离和时间分离的矛盾,还存在着另一个重要的矛盾,即商品种类与数量的矛盾。生产者为了获得规模经济效益,往往大批量地生产少数品种的商品,而消费者往往需要不同品种的商品,并且每一种商品的需求量都不大。显然,这种商品种类与数量的矛盾会大大增加商品流通过程中的信息搜寻成本。

在有专业化流通机构介入商品流通的情况下,各个流通主体通过分工与专业化都可以专注于自己的专业领域,因此,能够在商品的生产、交换与物流等领域获得规模经济效益,进而极大地降低流通成本。此外,有专业化流通机构参与的商品流通对流通成本的节约还体现在以下方面:

首先,专业化流通机构极大地降低了生产者与消费者的搜寻成本。生产者可以只与少数几个专业化流通机构进行交易,而无须搜寻众多的消费者。消费者也可以只到专业化流通机构那里去购买其所需要的各种商品,而不必去搜寻不同的专业生产者。因此,通过与专业化流通机构的交易,生产者和消费者都省了大量的搜寻成本。

其次,专业化流通机构的参与极大地减少了商品流通活动中必须完成的交易次数。如图1-2所示,在有5个生产者与5个消费者参与的流通活动中,如果生产者与消费者进行直接交易,为了完成整个流通过程,即每个消费者的需求都得到满足,总计需进行25次交易。在有1个专业化流通机构参与的情况下,每个生产者和每个消费者都只与该中间商进行交易,交易的次数将减少为10次。可见,生产者通过与专业化流通机构有限次数的交易代替了与消费者无限多次的交易,交易成本(包括物流成本)大幅降低。

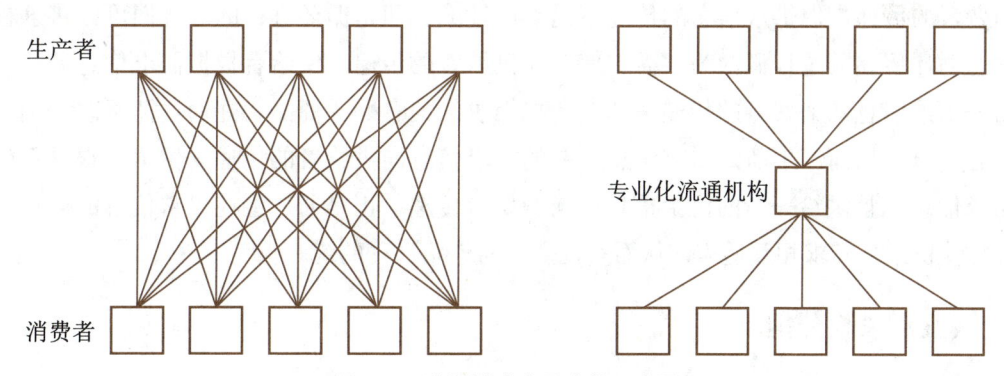

图1-2 流通活动交易次数示意图

再次,由专业化流通机构参与的流通活动对流通成本的节约不仅体现为交易次数的减少,还体现为由于交易双方的相对固定,随着交易频次的增加交易变得常规化。交易的常规化会省去每次交易必须进行的关于价格、支付等交易方式与条件问题的谈判,从而可以降低交易成本。

最后，专业化流通机构通过与多个生产者的交易，能够将不同生产者生产的不同品种的商品集中在一起，并且可以根据商品的种类进行分类，以及按照消费者的需求进行拆分和重新包装。通过这些活动，专业化流通机构可以有效化解生产者和消费者之间存在的商品种类与数量的矛盾，能够使生产者专注于少数品种商品的大批量生产，同时也有助于满足消费者多品种、小批量的消费诉求，从而进一步降低生产者与消费者之间在协调商品品种与数量问题上的成本。

可见，流通过程的专业化分工使每个流通主体都能够专注于自己所擅长的领域，使其更容易获得规模经济效益及在各个经营领域内实现创新与突破，从而提高整个流通过程的效益。专业化流通机构的出现，则更好地协调了生产者与消费者之间的流通问题，从而极大地降低了流通成本，提高了流通过程的效率。

（四）信息传递

在生产与消费相互分离的市场经济条件下，消费者不能自己生产其所需的全部商品，而必须消费由生产者生产的商品，因此，从表面上看似乎是生产决定着消费。但是，如果生产者所生产的商品不能满足消费者的需求，消费者是不会购买的。英国经济学家亚当·斯密认为，消费是生产的唯一归宿，因而生产者只有按照消费者的需求生产商品才能被消费者接受。从这个意义上讲，消费决定着生产。因此，为了使商品的供给与消费更好地匹配与结合，供求信息的相互传递是十分必要的，这也是流通的主要功能。

供求信息的传递实际上包括两个过程，即需求信息向供给者的传递和供给信息向消费者的传递。但供求信息的传递不是一次性的，而是循环进行的。我们可以将这种信息循环传递的过程概括为：需求信息向供给者的传递—供给者根据需求信息调整供给—供给信息向消费者的传递—消费者根据供给信息购买商品，并通过消费改变消费观念、习惯从而产生新的需求信息—新的需求信息向供给者的传递—供给者根据新的需求信息调整供给—新的供给信息再向消费者传递。正是通过上述供求信息的循环传递才使供给与需求相互适应，从而实现生产与消费过程的统一。

（五）风险分担

在商品从生产者向消费者转移的过程中，商品所有权和实体要经过多次流转，才能最终被消费者消费。在流转的过程中，商品会由于各种原因而存在多种风险，即所谓的流通风险。流通风险不仅会对当事人产生巨大的影响，而且会波及整个商品流通过程。与此同时，这些风险也会影响商品流通过程中流通主体对资本的回收，进而影响社会的再生产。因此，流通风险必须在流通主体之间进行分担，并进行必要的防范。

在直接流通的情况下，流通风险由生产者和消费者共同承担。但生产者往往承担了大部分甚至全部流通风险，这种情况是十分危险的。一旦流通风险发生，如果没有必要的防范措施，生产者很可能陷入经营困境，从而对整个社会的再生产造成影响。当专业化流通机构介入商品流通过程以后，其就相应地承担了商品在运输、保管以及销售过程中可能出现的各种风险。由此，原来主要由生产者承担的流通风险在商品流通过程中被多个流通主体分担，这就极大地改善了流通风险对流通过程和社会再生产造成的影响。

可见，专业化流通机构对风险的分担既保护了生产者的利益，提高了生产者专注于生产的积极性，也保护了消费者的利益。同时，专业化流通机构在商品买卖过程中形成的各种关联与合作机制，也极大地提高了专业化流通机构对抗风险的能力。

（六）流通金融

商品所有权的转移是通过商品的买卖过程实现的，因而必然伴随着货币资金的支付与流动。对于流通主体而言，对经营投入资本以及周转资本等必要资本的融通活动尤为重要。这种资金融通活动对于保障商品流通过程的通畅同样是必不可少的，这就是流通的金融功能。

在商品流通过程中，资金融通主要有两种类型：

（1）对流通机构商品销售活动的资金融通。它可以进一步划分为两种情况：一种是专业化流通机构从商品的供给者购入商品时，商品的销售活动尚未完成，即商品尚未转移到最终消费者手中，而此时商品的供给者已经获得了商业机构的货款，实现了货币资本的回收。因此，这种情况就相当于专业化流通机构代替消费者向商品的供给者垫付了资金，实际上也相当于专业化流通机构为商品的供给者提供了资金融通。另一种是专业化流通机构之间以相互提供商业信用的方式来融通资金，弥补商品买卖过程中的资金不足。这种商业信用资金融通的主要形式是企业之间通过延期付款的方式进行商品买卖，因此也称为信用交易。在商品流通过程中，这种信用交易可能发生在生产者与专业化流通机构之间，也可能发生在不同类型的专业化流通机构之间。

（2）对消费者购买活动的资金融通。商品流通过程是以消费者对商品的购买为终结的，而消费者购买商品则是以其定期或不定期的收入为前提的。然而，消费者需求商品与货币不足共存的情况非常普遍。因此，对消费者的购买活动提供金融支持不仅可以加快商品流通过程的完成，还能进一步加速资本的循环以及社会再生产的过程。一般而言，对消费者提供的金融支持主要有三种形式，即赊销、分期付款和消费信贷。在多数情况下，赊销是零售商向消费者提供的资金融通，但有时生产者和批发商也可以通过批发商或零售商实行赊销，从而间接地为消费者提供融资。对于专业化流通机构而言，赊销可以起到稳定顾客、促进销售的目的，从而加快企业资本的周转；而对于全社会而言，它可以加速商品的流通。分期付款一般适用于高价值商品，通常也是由专业化流通机构，尤其是零售商向消费者提供的金融支持。与前两种形式不同，消费信贷则是由专门的金融机构直接向消费者提供的金融支持，当然其目的仍然是帮助消费者提前实现商品消费，进而加速商品的流通。

二、流通机构

流通机构有广义与狭义之分。狭义的流通机构是指专门从事商品流通活动的组织机构，也称专业化流通机构，主要包括批发商、零售商、物流服务商及消费者合作社；广义的流通机构是指所有参与商品流通活动的组织机构，也称流通主体。广义的流通机构除专业化流通机构外，还包括生产者与消费者。本书所述的流通机构是指广义的流通机构。

（一）生产者

生产者是指从事提取、种植以及制造产品的各种机构，既包括自然人、家庭手工业者，也包括各种类型的企业。生产者是流通客体——商品的生产者，因而他们是流通活动的起点。由于生产者是商品产生的源头，因此他们也是流通活动的起点。为了完成商品从生产领域向消费领域的转移，生产者必须参与商品流通活动，在直接流通的情况下，生产者直接与消费者进行交易，完成商品的转移；而在间接流通的情况下，生产者则需要与专业化流通机构进行交易，以推动商品的转移。

生产者所覆盖的行业范围极为宽泛，从农业、渔业、林业到制造业，都是其生产活动的范围，因而产品多种多样。除了行业差异，生产者在组织形式与规模方面也是多样化的，既包括从事农业生产的农民与农户家庭，也包括从事大规模工业生产的各种企业。虽然生产者之间存在上述差异，但其生产经营活动的目的相似，即满足市场需求。为了更好地满足市场需求，生产者不仅应按照市场需求来组织生产活动，还需要通过组织有效的流通活动让消费者能够在合适的时间与地点买到所需商品。显然，这涉及商流、物流、信息流等重要的流通活动。

（二）消费者

这里所说的消费者是指个人消费者或最终消费者。个人消费者是指那些为满足其自身及家庭成员的生活需求而购买商品的个体。个人消费者需要同生产者或中间商进行交易以获得自身所需的商品，其承担着部分流通功能，因此，个人消费者也是重要的流通机构。一般来说，个人消费者具有以下特征：

1. 需求的多样性

一方面，由于在年龄、性别、职业、收入、教育程度、居住区域、民族与宗教等方面存在差异，不同个人消费者的需求、兴趣、爱好及行为习惯等差别较大，这会导致其对不同商品或同种商品的不同规格以及价格的需求产生巨大的差异。另一方面，随着社会经济的发展、居民收入水平的提高，以及生活与消费观念的改变，个人消费者的需求在总量、结构和层次方面也会发生相应变化，呈现消费升级的态势。因此，生产者和专业化流通机构只有深刻了解个人消费者的需求及其变化，才能向其提供合适的商品，满足个人消费者的差异化需求。

2. 人数众多并且地理位置分散

个人消费者的消费单位是自然人或家庭，个人消费者的数量是巨大的，并且每个人或家庭的消费需求是千差万别的。与此同时，他们往往分布在广阔的地理空间内，从而呈现一种空间相对发散的状态，这实际上对生产者如何才能有效地把商品转移给分散在不同地理位置的个人消费者提出了挑战。因此，生产者为了更好地满足个人消费者的需求，不仅需要深入了解不同消费者的个性化需求，也需要选择合适的商品流通渠道将商品高效率地转移给消费者，从而使广大消费者可以随时购买到所需要的商品。

3. 购买批量小

对于不同类型的商品，个人消费者的消费行为存在较大的差别。对于绝大多数日用消费品而言，个人消费者每次购买的批量很小，但其快速消费的特点导致其购买的频次较多。对于大多数耐用品而言，个人消费者每次的购买批量很小，且由于其具备耐用性，消费者的购买频次也很少。可见，无论何种商品，购买批量小是个人消费者共同的行为特征。这一方面与个人消费者的消费能力有关；另一方面则与个人消费者为了降低商品的储存成本与风险有关。显然，对于个人消费者而言，大批量购买增加了商品储存等导致的流通成本和风险。因此，零售商需要备有充足的商品库存，代替消费者承担储存商品的成本与风险，以便满足消费者随时购买的需求。

4. 非专家型购买

个人消费者的购买行为很多是掺杂情感和冲动的购买。由于商品的品种众多，质量与性能各异，个人消费者很难完全掌握各种商品的信息，因而其购买行为属于非专家型购买。个人消费者为数众多且位置分散，同时获取信息的能力有限，很难获取完全的市场信息，因而其在交易中讨价还价的能力较弱，属于信息和交易条件的被动接受者。随着现代信息传播技术的发展，个人消费者获取商品信息的能力虽有所提高，但仍需为此付出一定的搜寻成本和包括时间等机会成本在内的其他成本。这就要求生产者在选择商品流通渠道时，关注哪种渠道能够最为准确、迅速地传递其商品信息。

5. 不同商品的需求弹性差异较大

对于生活必需品而言，个人消费者的需求不会因为价格的上涨而迅速减少，因而需求弹性较小。对于那些非必需品而言，尤其是价值较高的耐用品，个人消费者的购买力受价格水平的影响较为明显，因而需求弹性较大。因此，在组织商品流通的过程中，无论是生产者，还是专业化流通机构，都要针对不同商品类型进行合理定价，以更好地满足个人消费者的不同需求。

（三）专业化流通机构

一般来说，专业化流通机构主要包括从事商流活动的各种类型的批发商和零售商，以及专门从事物流活动的物流服务商。此外，还有一种特别的专业化流通机构，即由消费者自行设立的专门为消费活动提供专业流通服务的机构——消费者合作社。作为一种专业化流通机构，消费者合作社与批发商、零售商既有相同之处，又存在较大的差异。

1. 批发商

批发商是中间商的一个重要组成部分，其在现代商业活动中发挥着重要作用。由于批发商能够满足千变万化的市场需求，因而其保持着旺盛的生命力，并不断发展。

（1）批发商的概念与特征。批发商是指那些主要从事批发经营的组织或个人。批发商处于商品流通的起点或中间环节，其销售对象不是最终消费者，当其履行完商业交易职能时商品仍处于流通过程中。

与零售商相比，批发商的特征主要有：①批发商连接的是生产者和零售商。②批发商从生产者处进货，向零售商或经销商供货。③其交易完成后，商品一般不退出原来的分销渠道。批发商的主要销售对象是零售商，商品转移至零售商之后，仍要经过进一步流通才能到达最终消费者手中。

（2）批发商在分销渠道中的功能。批发商可以参与分销渠道的一部分或全部业务流程，这些流程包括实物流、所有权流、促销流、洽谈流、融资流、风险流、订货流、支付流等。在商品（服务）分销系统中，批发商承担功能的多少取决于系统满足不同市场对品种、编配和储运的需求等情况。总体而言，由于商品的品种层出不穷，最终消费者需求多变，最大限度地发挥批发商的作用有利于为市场提供更多的选择机会，如规模、市场细分、融资、服务、运输模式等。

批发商在分销渠道中的功能主要包括：①组织货源。批发商在对市场进行调查与预测的基础上，合理进货。②销售与促销功能。批发商通过销售人员的业务活动，可以使生产者有效地接触众多的小客户，从而促进销售。③采购与搭配货色功能。批发商代替客户选购产品，并根据客户需要，将各种货物进行有效的搭配，从而为客户节约了大量时间。④检查质量。批发商按商品质量标准严格检查货物，防止假冒伪劣品流入市场，维护消费者权益。⑤整买整卖功能。批发商整批购进货物，再根据零售商的需要批发出去，有利于降低零售商的进货成本。⑥仓储服务功能。批发商可以一直储存货物至售出，从而降低供应商的存货成本和风险。⑦运输功能。批发商一般距零售商较近，可以将货物快速送到客户手中。⑧融资功能。一方面，批发商可以为客户提供信用条件和融资服务；另一方面，批发商能够提前订货或准时付款，也就相当于为供应商提供了融资服务。⑨风险承担功能。批发商在分销过程中，由于拥有货物的所有权，因而会承担商品失窃、损坏或过时等各种风险。⑩提供信息反馈功能。批发商可以向其供应商提供大量的市场信息，诸如竞争者的动态、新产品的出现、价格的变动等。⑪管理咨询服务功能。批发商经常帮助零售商培训推销人员、布置店面以及建立会计系统和存货控制系统，从而提高零售商的经营效益。

2. 零售商

（1）零售商的概念。零售商是指以零售活动为基本职能的独立中间商，是介于生产者、批发商与消费者之间的以营利为目的的从事零售活动的经济组织。

以零售为基本职能的零售商，在商品流通过程中发挥着至关重要的作用。其作为生产者、批发商与消费者的中介，可以促进生产、引导消费、提高流通效率。零售商从不同的生产者或批发商处购买大批量商品，然后再分散出售给消费者，不仅使得生产者或批发商可以集中精力专注于商品生产和流通的某一环节而获得更高的效率，而且为消费者提供了品种繁多的商品和便利舒适的购物环境，有效地引导和满足了消费者的需求。

（2）零售商的职能。

第一，商品交换职能。生产者和消费者在衣、食、住、行等多方面的商品供给和需求（如时间、空间、数量、质量、品种以及信息沟通等方面）中存在着矛盾，为解决这一矛盾，零售商必须行使组织商品交换的职能。一方面，零售商代替消费者垫支资金，广开货源，从生产者、批发商或其他供应商处批量购进他们认为消费者需要的各种商品。另一方面，零售商将购进的商品再按照消费者的需求进行分类、组合和配货，方便消费者购买，满足消费者的多种需求。

第二，储存商品职能。受消费者零散、即时需求的影响，零售商的销售是小量的、多频次的，为了满足消费者随时购买商品的需要，零售商需储备一定数量的各种商品现货。另外，受多种因素的影响，商品在储存期间会伴随着各种风险，如商品积压与脱销，商品自然损耗、丢失与盗窃，商品更新、技术废弃以及自然灾害等，这些风险所造成的损失皆由零售商来承担。

第三，沟通服务职能。零售商作为生产者与消费者的中介，一方面，要在产销之间搭建顺畅的信息沟通桥梁，将消费者的需求信息快速反馈给生产者，使其能够及时生产符合消费者需求的商品，同时通过宣传和销售活动将生产者的产品信息传递给消费者，激发消费者的购买欲望，从而有效地衔接供需，促进生产和消费；另一方面，为了方便消费者的日常生活，零售商还需与消费者保持良好的关系，在销售商品的同时向消费者提供如包装、免费送货、电话预约、安装、维修、商谈场所、顾客休息室、儿童游乐室、停车场、临时物品保管等多种服务，真正把消费者视为宾客。

3. 物流服务商

在商品流通过程中，物流是指在商品实体由供应者向需求者的转移过程中，运输、储存（保管）、包装、装卸、流通加工、配送和信息等各种活动所构成的集成系统。由此可见，物流活动不仅包括运输和储存这两种核心活动，还包括各种辅助活动。在商品流通过程中，物流活动既可以由生产者、中间商和消费者按照一定的分工各自完成，也可以由专业的物流服务商来完成。物流服务商是专门从事物流活动的专业化流通机构，它们接受生产者和中间商的委托，完成全部或部分物流活动。由物流服务商来完成物流活动能够获得分工与专业化带来的益处，从而有利于降低流通活动的成本，提高流通活动的效率。商品流通过程中的主要物流活动及其主体如图1-3所示。

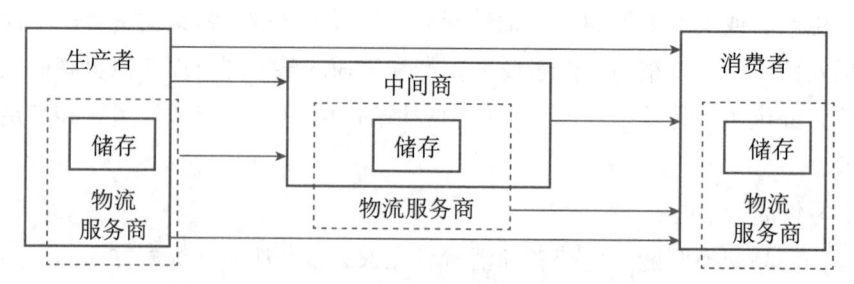

图1-3　商品流通过程中的主要物流活动及其主体

4. 消费者合作社

消费者合作社也称为合作零售企业，是指所有权归消费者，主要从事食品领域业务的组织。根据消费者之间的协议，每个消费者都可以投资消费者合作社，取得股权，选择管理人员管理公司业务，通过分红或降价来分享企业的利润或结余。

消费者合作社起源于英国，第二次世界大战期间，英国的消费者合作社步入全盛时期，其销售额曾占英国总零售额的11%和食品销售额的25%。尽管这种模式在某些国家和地区获得了成功，但它同样面临着巨大的竞争压力，比如在日本和欧洲的一些国家经营压力就非常大。20世纪80年代，荷兰和比利时就已经不存在这种模式了。[1]

---

[1]　沙振权.零售学.广州：广东高等教育出版社，2006.

本章小结

一般认为，流通是以货币为媒介的商品交换行为，是运动着的具有交换价值的物质在流动中寻找通道并得以实现的过程。流通具有双重含义：一是指以货币为媒介的商品交换，其结果是商品价值补偿和创造所有权效用；二是指实物在空间上的流动和时间上的延续，其结果是创造了商品的时间效用、空间效用和形质效用。无论是商流还是物流，都必须以相应的信息运动为前提，即信息是商流与物流的神经与发动机，没有信息，就没有商流与物流，也就没有流通过程。因此，流通过程是商流、物流与信息流的统一。

本书所定义的流通，既包括作为商品的组织之间的商流与物流，也包括作为产品的组织内部的物流。显然，流通的含义要比商品流通的含义更加宽泛一些。流通并不等同于交换，只是交换的部分内容。这是因为，交换既包括劳动的交换，也包括劳动成果的交换。劳动的交换是在组织内部通过指挥与命令而进行的，属于生产活动，不属于流通。

流通方式的变革主要体现在：由直接流通到间接流通；由复合流通到批零分离式流通；由现货交易到期货交易；由现实空间交易到虚拟空间交易；由自营物流到专业化物流。

流通的功能主要包括商品所有权转移、物流功能、成本节约、信息传递、风险分担和流通金融等。

广义的流通机构是指所有参与商品流通活动的组织机构，包括生产者、消费者和专业化流通机构。生产者是指从事提取、种植以及制造产品的各种机构，既包括自然人、家庭手工业者，也包括各种类型的企业。消费者是商品流通活动所指向的对象，消费者需求的满足是商品流通活动的最终目标。专业化流通机构是社会分工的产物，包括批发商、零售商、物流服务商及消费者合作社。

课后案例

水果专卖店的数字化赋能

某水果专卖店是一家集水果采购、种植支持、采后保鲜、物流仓储、标准分级、营销拓展、品牌运营、门店零售、信息科技、金融资本、科研教育于一体的大型连锁企业。

1.门店数字化，方便加盟商管理

该水果专卖店已由传统的水果店升级为数字化智能水果店，现在门店配备的智能监控系统可以用于监控货架商品的陈列及售卖情况，每当系统监控到门店存在商品缺货情况，会及时提醒门店经营者进行商品补货。系统还可以对果品进行监控。众所周知，水果的保鲜期至关重要。假设水果保鲜期是两天，在保鲜期还剩一天时系统会提醒这个水果的保鲜期过了一半，要及时销售。这些智能化的技术手段，不仅能更细致地监控门店情况，而且对增加门店销售额、提高水果售卖量、降低水果损耗率有着不小的作用。

对加盟商来说，门店数字化也能让他们更省心，随时都能在系统里查看更直观的数据，了解店内当天售卖的情况。门店数字化也体现在监控客流上，比如根据不同时间段的客流情况，合理安排店内员工的排班，既照顾到顾客，也照顾到员工，提高门店的工作效率。

2. 数字化管控"三无退货"，给顾客更完美的购物体验

该水果专卖店的战略目标是好吃，为了确保顾客获得更好的体验，它率先在行业推出"不好吃三无退货"服务体系，即可以无小票、无实物、无理由退换货。除了线下门店，顾客也可以在该水果专卖店的App（Application，应用）上退款，多渠道为顾客提供便利。数据显示，十余年间，该水果专卖店的门店数从100家增长到4 700多家，年销售额从1亿元增长到超100亿元。这当中，总退货订单数（含三无退货及其他退货）、总退货金额占比始终低于1%，其中"三无退货"订单数、退货金额占比始终保持在0.5%上下浮动。

为什么要做三无退货？水果是一种非标准化的产品，比如顾客买个西瓜回家，吃过后感觉不满意，没有达到顾客心中的预期。这是该水果专卖店做三无退货的起源。早期的三无退货是到门店将不满意的果品换成重新挑选的果品；考虑到顾客再拿果品过来门店不太方便，就调整成需要顾客提供小票退款；又考虑到小票可能会扔掉，继续调整成在哪个门店购买的，该门店就按原价退给顾客；但是感觉到顾客也不满意，最终就调整成直接退货给门店，顾客说多少钱就退多少钱。

如今，顾客也能在该水果专卖店的App中线上自行退货，操作方便、快捷，对提升顾客的满意度有了很大的帮助。

3. 商品数字化，提升顾客对门店的信任度

水果是一种非标准化的产品，好吃是一种主观的感觉。该水果专卖店首创行业内全品类果品标准体系"四度一味一安全"。"四度"指新鲜度、糖酸度、细嫩度、爽脆度，"一味"指果香味，"一安全"指要保证农产品质量合格。同时又将果品分为招牌、A级、B级，让"好吃"有标准可依。这样将果品严格分级可以保证水果品质的稳定，大大增加消费者对商品品质的认可，从而给顾客更好的购物体验。

好吃的水果会给顾客带来愉悦的体验，果品分类则大大提高了顾客购买的幸福感。

对顾客来说，果品分级有助于他们更直观地了解水果品质和价格，有效提高了顾客挑选水果的效率，使顾客购买到与个人需求更匹配的水果的可能性更大，无形之中，也会提升顾客对门店的信任度。

对门店来说，店员在了解果品分级标准后，对果品有更为系统的认知，相应地更容易快速学习，提高工作效率。在售卖水果时，也能根据顾客的需求，更为快速准确地推荐果品。对加盟商来说，一线的门店店员与顾客的直接接触，会直接影响到顾客的购物体验，顾客的购物体验也影响着顾客对门店的印象。该水果专卖店通过对果品进行标准分级，为顾客提供更高效、满意的服务，这无疑是具有明显优势的。

资料来源：中国连锁经营协会. 2021 CCFA 中国特许经营最佳实践案例集.（2021-09-01）[2021-09-02]. http://www.ccfa.org.cn/portal/cn/xiangxi.jsp?id=442816&type=10004. 引用时有修改。

思考题：
1. 该水果专卖店的数字化有哪些方式？
2. 不同的流通功能如何进行数字化？

自测题

1. 什么是流通？为什么说流通是商流、物流与信息流的统一？
2. 简要说明流通方式的变革。
3. 流通的功能有哪些？
4. 专业化流通机构有哪些？

第二章 流通产业

导言

流通现代化加快推进

2016—2020年，我国社会消费品零售总额从31.6万亿元增长到39.2万亿元，年均增长6.5%，我国成为仅次于美国的全球第二大消费品市场。2020年，批发和零售业等流通主要行业增加值为12.8万亿元，占GDP（Gross Domestic Product，国内生产总值）的比重为12.6%，仅次于制造业；拥有各类市场主体9 068万个，占全部市场主体近七成。2016—2020年，我国最终消费支出占GDP的比重均超过50%，消费是经济稳定运行的压舱石。2020年，流通主要行业缴纳税金2.3万亿元，占全国税收近1/7；吸纳就业超过2.2亿人，占就业人员数量近三成。

流通信息化、标准化、集约化加快推进，流通成本进一步下降。2020年，社会物流总费用占GDP的比重为14.7%，较2015年下降1.3个百分点。标准结构不断优化，基础标准和管理标准比例由2015年的50.3%提高到2020年的77.8%。实体商业加速转型，线上线下深度融合，新技术、新业态、新模式不断涌现。网上零售额稳居全球第一，2020年实物商品网上零售额在社会消费品零售总额中所占比重达到1/4左右。

开放水平全面提升。2016—2020年，批发和零售业实际利用外资580.1亿美元，在各行业中位居第五；对外直接投资累计1 019.1亿美元，在各行业中位居第三。大型流通企业全球布局加快。海外仓数量超过1 800个，服务范围覆盖全球。

资料来源：中华人民共和国商务部市场建设司."十四五"国内贸易发展规划.（2021-12-20）［2021-12-31］.http://scjss.mofcom.gov.cn/article/zl/zlzc/202201/20220103236795.shtml. 引用时有修改。

思考：流通产业对经济的贡献体现在哪些方面？

学习目标

完成这一章内容的学习之后,你将可以:
1. 说明流通产业的含义与分类;
2. 分析流通产业的特点和贡献;
3. 概述零售业的发展、批发业的发展、物流业的发展;
4. 概括流通产业发展趋势。

第一节　流通产业的概述与分类

一、流通产业概述

(一) 流通产业的含义

依据马克思的流通本质观,流通产业是一种专门从事商品交换的产业,是商品交换发达形式的产业载体。根据《国民经济行业分类》(GB/T 4754—2017),流通产业包括:①批发和零售业;②交通运输、仓储和邮政业中的商品物流;③住宿和餐饮业;④租赁和商业服务业;⑤信息传输、软件和信息技术服务业中的互联网和相关业务。实际上,按照从生产到消费的流转过程中所提供的服务范围不同,可将流通产业划分为广义的流通产业和狭义的流通产业。广义的流通产业是指商品所有者一切贸易关系的总和,是商流、物流、信息流和资金流的集合,包括批发、零售、餐饮、物流、信息和金融等诸多行业。狭义的流通产业则仅仅指批发、零售和物流三个行业。

流通产业的核心内容是商品流通,既包括商品所有权的移动过程,也包括商品实体的运动过程。具体而言:①它是一种营利性事业,而不是公益或公共事业,即广义的商业;②它是一种以流通活动为核心内容的营利性事业,即狭义的商业;③不是专门以流通为经营内容的经济主体的商品流通活动不是我们所说的流通产业,如制造商的商品购销活动、消费者的非经营性购销活动等。基于上述阐释,本书所说的流通产业相当于第二产业中的交通运输业、国内商业、对外贸易业、物资供销业和仓储业或联合国的国际标准产业分类体系(International Standard Industrial Classification of

All Economic Activities，ISIC）的十个大项中的"批发与零售商业"及"运输业与仓储业"。

（二）流通产业的形成

从商品交换到流通的形成、商业的产生，再到流通产业的形成是一个发展过程。在现代经济条件下，一系列的贸易交换活动构成流通，其载体为流通产业，在由计划经济向市场经济体制转型的过程中，国有商业转变为社会商业；"政企合一"的粮食经济部门还原为粮食企业；集体、个体、私营、外商等多种经济成分的贸易组织参与流通领域，共同完成实物商品和服务商品的社会实现。

（三）流通产业集群

流通产业集群是指在某一产业领域相互关联的企业及支撑体系在一定区域内大量集聚发展并形成具有持续竞争优势的经济群[①]。流通产业集群中以流通产业为龙头的相似或相关产业在一定区域内大量聚集，并在流通产业集群信息的引导下，企业之间形成完整的分工体系，为区域经济增长提供了有力的支持和引导。

二、流通产业的分类

（一）按业种或业态划分

按业种进行分类就是按流通产业的经营对象——商品的种类进行划分，也叫商品别分类。按这种分类方法，可以将流通产业划分为生产资料流通产业与消费品流通产业，或工业品流通产业与农产品流通产业等。当然，在此基础上还可作进一步细分。例如，对于消费品流通产业，可将其进一步细分为食品流通业、服装流通业、电器流通业、化妆品流通业等。从业态的角度进行分类，也叫经营方式分类。例如，可将零售业划分为百货店业、超市业、自动销售业等。这种分类方法注重销售方式，因而有利于开发新的销售方式，推动流通领域的变革。

（二）按商流或物流划分

按这一方法，可以将流通产业划分为商流产业与物流产业。其中，商流产业是以商品价值流通为主要内容的流通产业，即一般所说的国内商业、对外贸易业，其业绩与规模的大小主要用实现商品（物资）销售额（量）或商品出口（进口）额（量）来表

---

① 洪涛.流通产业经济学.北京：中国人民大学出版社，2014.

示。物流产业则是以商品使用价值流通为主要内容的流通产业，即一般所说的运输业和仓储业。

（三）按商品流通的阶段划分

按这种分类方法，流通产业包括批发业与零售业。批发业可进一步细分为综合批发业、专业批发业、经纪业、代理业等；零售业可进一步细分为有店铺零售业与无店铺零售业，前者包括百货店零售业、超市零售业、便利店零售业、折扣店零售业、连锁商店零售业、仓库商店零售业等，后者包括互联网零售业、邮购零售业、电视零售业、电话零售业等。

（四）按商品流通的范围划分

按这种分类方法，可将流通产业划分为国内流通产业与国际流通产业。国内流通产业的分类与上述相同，在此不再赘述。国际流通产业也称对外贸易业或进出口业。需要说明的是，对外贸易业也有许多细分标准。例如，按商品流入或流出的标准，可将对外贸易业分成进口贸易业和出口贸易业；按对外贸易方式的标准，可将对外贸易业分为易货贸易业、边境贸易业、补偿贸易业、加工装配贸易业、国际租赁贸易业等。我国的对外贸易业是按经营商品的大类进行分类的，即分为粮油食品进出口业、土畜产品进出口业、纺织服装进出口业、五金矿产进出口业、石油化工进出口业、机械产品进出口业等。

当然，上述分类方法经常会交叉使用。例如，在分析"食品零售业"时，就结合使用了"按商品流通的阶段划分"和"按业种划分"两种分类方法。

第二节　流通产业的特点和贡献

一、流通产业的特点

（一）就业吸纳能力较强

各国经济发展的经验表明，流通产业的就业人数在就业总人数中所占的比重不断上升，而且流通产业在整个国民经济中成为仅次于制造业的第二大就业领域。流通产业之所以具有较强的就业吸纳能力，其主要原因在于：

第一，消费者对流通部门所提供服务的最终需求不断增长，这就需要流通部门投入更多的人力、物力和财力资源，以增强服务能力。随着一国国民经济的发展，消费者的收入水平不断提高，消费者要求流通部门提供的商品与服务内容越来越丰富。这就要求流通部门不断扩大规模，供应越来越多的商品与服务。从全社会来看，流通部门经营规模的扩大，意味着流通产业就业量的增大。不仅如此，由于消费者收入水平的提高，消费观念与消费方式的变化，消费者在购买商品的同时，还需要多种"附加服务"，如送货服务、商品加工服务、购物咨询服务、商品使用维修服务等，这些"附加服务"也需要商品流通部门投入更多的人力。

第二，其他产业部门对流通部门的中间服务需求的不断增长，要求流通部门扩大用人规模。对流通产业中间服务需求的增长源自生产的社会化、专业化程度的提高。众所周知，随着生产的社会化和专业化程度的提高，各产业的相互依赖性不断增强，每种产业对其他产业商品与服务的"中间需求率"（各产业的中间需求与该产业总需求的比率）越来越高，从而使越来越多的中间需求性商品与服务加入流通过程，这就要求流通部门投入更多的人力、物力和财力资源，低成本、高效率地组织这些中间性商品和服务的流通，以提高整个社会的"投入—产出率"。

（二）技术发展水平较快

从根本上讲，流通产业的发展主要依赖流通企业竞争力的提升。技术的不断发展、创新使得产品更新换代的速度加快，大多数产品的生命周期有明显缩短的趋势。从广义上来看，市场态势从卖方市场到买方市场的转换时间更短，流通企业的风险和机会同时增多，流通企业的经营内容和经营方式发生了很大变化，尤其是经营方式产生了革命性变革。流通领域物质装备水平的不断提高和先进技术手段的普遍应用，促使流通方式发生了一系列变化，新的交易形式不断涌现，新的交易组织应运而生。第二次世界大战后，随着计算机技术的普及应用，机械化、自动化技术为连锁经营企业高效率、低成本的物流配送系统、信息网络系统提供了技术支持，为连锁经营的迅速发展提供了保障。特别是电子商务的产生与发展，为商品流通提供了一个更加广阔的活动领域，赋予了流通全新的含义，使流通产业在社会再生产中的主导地位不断得以加强。与此同时，随着流通产业的不断完善，与流通产业相关、为流通产业服务的其他行业如信息业、金融业等也迅速发展。

（三）全球化水平较高

对于流通产业而言，随着生产力水平的不断提高，流通产业在全球劳动分工和贸易交换中的比重逐年增长,流通产业发展被市场容量、人口密度、生产规模和生产速度约束的程度逐渐削弱,流通产业突破了一定地域范围的限制,从传统产业中局部的、分散的、区域性的运动过程,演变成全球范围的运动过程,流通产业呈现全球化趋势,不同国家的市场和生产之间相互依存度日趋提升、合作愈加紧密,世界经济协作体正在形成。同时,高新技术、市场资源、金融资本、先进理念和营销手段在流通产业中都得到了创造性的应用,共同助推流通产业全球化的进程。

二、流通产业的贡献

(一)流通产业对经济发展的贡献

从宏观经济的视角看,社会的总供给和总需求是影响经济增长的两个重要因素。在总供给方面,流通产业通过促进资本积累和技术进步,实质性地提高了社会总供给,从而确保经济的长期增长。在总需求方面,流通产业对经济发展的贡献表现在三个方面:一是在产出保障的基础上,流通产业的发展有助于实现需求的有效供给;二是流通产业自身的发展有助于增加政府的税收、创造更多的就业岗位、降低交易费用,从而保障消费扩大,切实推动扩大内需长效机制的实施;三是流通产业借助自身的资本聚集效应以及对进出口贸易的调节作用,可以实现乘数效应,这一切都有效地促进了短期经济增长。

在启动 GDP 增长的"三驾马车"中,除内需和出口均属流通产业以外,投资约有 60% 转向消费,直接或间接在市场实现,因此,与流通产业相关的约占"二驾半"[①],可见流通产业对经济增长具有显著的促进作用。表 2-1 列示了 2001—2018 年我国 GDP 与流通产业产值的发展情况,从中可见,流通产业产值占 GDP 比重总体呈现波动增长的趋势,从 2001 年的 10.4% 上升至 2018 年的 17.6%。

表 2-1 我国 GDP 与流通产业产值发展情况(2001—2018 年)

年份	GDP/亿元	流通产业产值/亿元	流通产业产值增长率	流通产业产值占 GDP 比重
2001	110 270	11 519	11.8%	10.4%
2002	121 002	12 720.2	10.4%	10.5%
2003	136 565	14 295.6	12.4%	10.5%
2004	160 714	16 119	12.8%	10.0%
2005	185 896	18 162	12.7%	9.8%

---

① 夏春玉.流通概论.4 版.大连:东北财经大学出版社,2016.

续表

年份	GDP/亿元	流通产业产值/亿元	流通产业产值增长率	流通产业产值占GDP比重
2006	217 657	21 323	17.4%	9.8%
2007	268 019	26 486	24.2%	9.9%
2008	316 752	32 798	23.8%	10.4%
2009	345 629	35 959	9.6%	10.4%
2010	408 903	43 616	21.3%	10.7%
2011	484 124	52 296	19.9%	10.8%
2012	534 123	59 368	13.5%	11.1%
2013	588 019	66 512	12.0%	11.3%
2014	636 139	73 414	10.4%	11.5%
2015	685 993	93 572	27.5%	13.6%
2016	740 061	114 830	22.7%	15.5%
2017	820 754	133 048	15.9%	16.2%
2018	900 309	158 008	18.8%	17.6%

注：表中流通产业包括批发和零售业、住宿和餐饮业；GDP、流通产业产值、流通产业产值增长率按照当年价格计算。

资料来源：中华人民共和国国家统计局．中国统计年鉴：2018.北京：中国统计出版社，2018.

（二）流通产业对社会就业的贡献

商品价值虽由劳动所创造，但需要通过商贸企业将商品价值传递到消费者手中才能够让商品具有使用价值。在产能过剩的宏观背景下，制造业的生产能力普遍过剩，商品积压情况严重，供给侧结构性改革的目的之一就在于通过发展商贸流通业，提升居民消费意愿，有效匹配过剩的生产能力与市场需求。就业率的平稳关系着国家经济发展、社会和谐安定等多方面，我国进入经济发展"新常态"，主要城市和地区纷纷大力发展服务业，为市场创造了更多的就业岗位，流通产业的发展带动相关行业的劳动力需求，产生了就业吸纳能力，对社会就业具有重要贡献。

流通产业结构转型对就业具有正向作用。国家在保证经济产值和收入水平增长的同时会促使劳动力人口以第一产业、第二产业和第三产业的次序演进。农业产业在经济结构中的比重会随着经济发展不断下降，而服务业的比重会逐渐上升。这是因为，农产品的市场需求弹性较小，居民消费中农产品的消费比例不会随着收入水平成正比例增长；服务性产品的市场需求弹性较高，居民消费中对服务的消费比例会随着收入增加的比例增长。我国流通产业属于服务型第三产业，从广义上来看，流通包含了商流、物流、信息流等，而流通产业包含了批发业、零售业、物流业等。现代信息技术的发展推进了流通产业的衍化，催生了互联网新兴物流行业的岗位需求，如快递员、电商客服等。在市场经济下的社会生产中，人们所生产的产品不完全供自己使用，还需要与他人生产的产品进行交换，而人人寻求产品交换会令社会运行成本过高，需要代理人通过市场的价格信号和利润信号来寻找最优的配置。发达的流通产业是商品经济顺利运转的基础，流通产业的发展促进地区经济增长，不仅会创造出大量的财富，还会提升整体就业水平。

案例

中国快递业急速壮大 吸纳越来越多青壮年劳动力

快递业是现代服务业的重要组成部分，是推动流通方式转型、促进消费升级的现代化先导性产业。近年来，中国快递业发展迅速，企业数量大幅增加，业务规模持续扩大，服务水平不断提升，在降低流通成本、支撑电子商务、服务生产生活、扩大就业渠道等方面发挥了积极作用。2021年，全国快递服务企业业务量累计完成635.2亿件，同比增长25.3%；业务收入累计完成7 497.8亿元，同比增长24.2%。快递业务收入占GDP比重达0.76%，行业收入增速是全国GDP增速的4倍，中国快递业规模已经连续6年居世界首位。

中国急速壮大的快递业，如同一块迅速膨胀的海绵，正吸纳着越来越多的青壮年劳动力。曾经忙碌在工厂层层流水线上的工人们，创造了中国持续高速增长的经济奇迹；如今奔驰在城市配送线上的各路骑手们，也被看作中国新兴电子商务经济引领全球潮流的标志之一。中国的快递业提供了大量的劳动密集型岗位，其创新发展带来了灵活用工、共享经济等新模式，增加了几百万的就业岗位。未来，中国快递业的增加值比重和就业份额将继续稳步提升，潜在增长空间较大。这是不可逆转的趋势，是经济发展的必然结果。

资料来源：赵一苇. 中国快递外卖业急速壮大 吸纳越来越多青壮年劳动力.（2020-07-28）[2022-11-01]. http://www.wuliujia2018.com/html/73434.html. 引用时有修改。

思考题：快递业对就业都有哪些影响？

一般而言，可以用流通产业的就业人数占全社会总就业人数的比重来衡量流通产业对社会就业贡献的大小。一定时期内，流通产业的就业人数占全社会总就业人数的比重越大，则意味着流通产业对社会就业的贡献越大。从表2-2中可以看出，2001—

2017年我国流通产业从业人数呈现规模扩张、占比上升的趋势。2001年，流通产业从业人数仅为4 737万人，占全社会总从业人数的6.51%；而到了2017年，流通产业从业人数不仅攀升至17 136万人，而且在全社会从业人数的占比提高至22.53%。这充分反映了流通产业吸纳劳动力就业的能力在不断增强，流通产业对社会就业的贡献日益显著。

表2-2　我国流通产业的就业贡献（2001—2017年）

年份	全社会从业人数/万人	流通产业从业人数/万人	占比
2001	72 797	4 737	6.51%
2002	73 280	4 969	6.78%
2003	73 736	4 861	6.59%
2004	74 264	5 132	6.91%
2005	74 647	5 512	7.38%
2006	74 978	5 878	7.84%
2007	75 321	6 266	8.32%
2008	75 564	6 752	8.94%
2009	75 828	7 601	10.02%
2010	76 105	8 128	10.68%
2011	76 196	8 499	11.15%
2012	76 254	8 883	11.65%
2013	76 301	10 095	13.23%
2014	76 349	11 680	15.30%
2015	76 320	13 136	17.21%
2016	76 245	14 476	18.99%
2017	76 058	17 136	22.53%

资料来源：根据2018年国家统计局网站数据整理。

（三）流通产业对消费的贡献

市场经济体制下，流通产业对消费的贡献大致包括以下几点：

第一，流通产业的发达程度是消费能否顺利实现的重要基础保障之一，只有经过流通环节，才能验证商品是否具有满足消费者个性需求的价值。缺少流通环节，商品便没有渠道去满足消费者个性需求。[1]

---

[1] 马龙龙. 流通产业经济理论研究. 北京：中国经济出版社，2010.

第二，流通产业能够较好地反映消费中出现的问题，消费者会随着个人收入的改变而对商品产生不同程度的需求弹性，流通则会随着这种需求弹性的改变对购买行为进行调整。

第三，流通产业的快速发展还直接决定着消费者购买的内容和购买途径，资金只有在流通中才能实现其向商品等生活物资的转变。

第四，流通产业的结构可以影响消费者对满足其个性需求的满意程度，商品有效流通能够使消费水平持续提升。

第五，流通产业的持续改革能够优化资源配置，节约资源，引导消费者建立绿色消费观。

（四）流通产业对民生福利的贡献

一般认为，民生福利包含国民收入、生活质量、消费者偏好的满足、消费者闲暇、工作兴趣等内容。尽管流通产业并不会对所有的福利内容都产生显著的直接影响，但是其与国民收入、消费者偏好的满足和消费者闲暇三个方面紧密相关。

从国民收入来看，流通产业对劳动力具有较强的吸纳能力，因此，流通产业可以为更多的民众提供就业岗位，从而提高其收入水平。随着流通产业的不断发展，在流通领域从事经营或劳动的个体较多，那么整个社会的收入水平也会持续攀升，进而增加民生福利。

从消费者偏好的满足来看，流通产业也有特殊的贡献。对所有的产业来说，都存在满足消费者偏好的问题，否则产业就没有生存与发展的必要。例如，对制造业来说，要通过生产适合消费者需要的物美价廉的商品来满足消费者的偏好，否则，既不能增加消费者的福利，也不能增加自身的福利（在市场经济体制下，生产者的福利是建立在消费者的福利基础上的）。然而，对于流通产业来说，是以适合消费者需要的销售方式来满足消费者偏好的。因此，通过改善卖场环境、延长营业时间、更新销售方式、增加消费服务等，可以最大限度地满足消费者的偏好。

从消费者闲暇来看，流通产业与国民福利的增加也是直接相关的。原因在于，随着流通产业的发展，消费活动更加方便、快捷，极大地节约了时间成本，相应地也就增加了消费者闲暇。例如，超市、自动售货、网络零售等经营方式的出现，极大地节约了消费者的购物时间。

（五）流通产业对城市形成和发展的贡献

城市是城与市的结合体，以市兴城，市是城的内涵。从城市产生的历史看，也是先有流通产业（商人），再有市场，最后有城市。所以，从逻辑的角度和历史的角度都可以说明，没有流通产业的发展就没有城市的繁荣。在流通产业中，零售业属于"城市服务产业"，而批发业属于"城市形成产业"。显然，一个城市的发展既取决于批发业的发展，也取决于零售业的发展。如果批发业发达，则说明该城市向城市外部的组织与个人提供物品与服务的能力强，即该城市的产出能力强，因此，该城市的影响力与贡献度也就比较大。同样，如果零售业发达，则说明该城市向城市内部的组织与个人提供物品与服务的能力强，即该城市的投入能力强，因此，该城市的发达程度和竞争力也就比较强。从各国城市的发展历史来看，批发业在城市的形成与发展过程中发挥了重要作用。批发业不仅通过广阔的商品流通网络将城市内部与外部相连接，而且通过信息与金融功能的强化使城市之间形成了一定的层级关系。同时，批发业的集中程度也对城市发展产生了重大影响，从各国城市发展与批发业关系的历史来看，城市发展过程基本上也就是批零系数不断扩大的过程。

可以看出，城市与流通产业关系密切。一方面，城市发展对商品流通提出了更高的要求，为流通产业的发展提供了强劲的动力和广阔的市场空间；另一方面，流通产业在城市形成和发展中也发挥了重要作用，特别是流通产业的发展规模、速度和水平，在一定程度上影响着一个城市的城市化过程及发达程度。

第三节 流通产业的发展

一、零售业的发展

零售业指通过买卖形式将生产者生产的产品直接销售给居民供生活消费用或销售给社会集团供公共消费用的商品销售行业。

（一）百货店

最早的百货店是 19 世纪 50 年代由法国人创设的"博马尔谢百货店"。虽然其经营面积仅有 100 平方米，但已经比传统店铺大得多。与此同时，西方其他国家，如美国、德国和英国涌现出一批效仿者，一时间百货店风靡世界。1858 年，美国创立了梅西百货店，开创了美国百货店的历史；1870 年，德国创立了尔拉海姆、黑尔曼和奇茨等百货店；晚些时候，英国创立了哈罗德等百货店。一场世界性的百货店发展高潮随之掀起[①]。

1. 销售方式上的根本性变革

百货店是世界商业史上第一个实行新型销售方式的现代大型销售组织。这种新型销售方式体现在顾客消费方式、商品陈列等方面。具体而言，可以从以下几个方面进行概括：顾客可以自由自在地进出商店；商品销售实行明码标价且都有价格标签，并且对任何顾客都以相同的价格出售；百货店陈列大量商品，以便于顾客任意挑选；顾客如果对已购买的商品不满意，可以进行退换。这些销售方式，在现在看来虽然是十分平常的事情，但它是由百货店的诞生及其对零售销售的变革而产生的。

2. 生产经营上的根本性变革

当时的百货店有一个最大的特点，即设有若干不同的商品部，把许多商品按类别分成部门，并由部门来负责组织进货和销售。这些商品部就像是一个屋顶下的"商店群"，虽然每个部门的经营规模不大，但是它们处于一个经营体之中，这种综合经营的规模与之前的杂货店和专门店相比就显得十分庞大。因此，百货店实行综合经营也是其适应大量生产和大量消费的根本性变革内容之一。

3. 组织管理上的根本性变革

在传统的城市零售店和乡村杂货店中，店主不仅要亲自营业，而且要自行负责人、财、物的管理。与此不同，百货店由于同时经营若干系列的商品，商店规模庞大，因而其经营活动分为相对独立的专业性部门，实行分工和合作。同时，管理工作是分层进行的，百货店有统一的计划和组织管理原则，然后由若干职能管理部门分头执行。因此，百货店是按商品系列实行分部门、分层次组织和管理的销售组织。

（二）连锁商店

1859年，世界公认的第一家较为正式的连锁商店——"大西洋和太平洋茶叶公司"在美国成立，其后不久，连锁商店开始传入欧洲。1862年，英国第一家连锁商店股份公司——"无酵母面包公司"在伦敦宣告成立。法国兰斯经济企业联合会也于1866年创办了法国第一家连锁集团。在其后的100多年间，连锁商店在欧美各国均取得不同程度的发展。特别是近20年，连锁商店得到了空前发展，由过去十几家、上百家店铺的连锁，拓展为上千家，甚至上万家店铺的连锁。在经济发达国家，连锁商店涉及百货店、超市、廉价商店、仓储商店、便利商店等多种业态，一般都占零售市场销售份额的1/3以上，其中，以美国的比例最高，约占60%。连锁商店最初是以单一所有权形式即公司连锁形式出现的，随着长期的发展实践，逐渐形成了三种形式并存的局面，

[①] 李飞. 零售革命. 北京：经济管理出版社，2003.

即公司连锁、自由连锁和特许经营，其中，特许经营发展势头强劲。连锁商店是现代大工业发展的产物，是与大工业规模化的生产要求相适应的。其实质就是通过将社会化大生产的基本原理应用于流通领域，达到提高协调运作能力和规模化经营效益的目的。连锁商店的基本特征表现在以下四个方面。

（1）标准化管理。在连锁商店中，各分店使用统一的店名和标识，进行统一的装修，在员工服饰、营业时间、广告宣传、商品价格方面均保持一致性，从而使连锁商店的整体形象标准化。

（2）专业化分工。连锁商店总部的职能是连锁，而分店的职能是销售。表面上看，这与单体店没有太大的区别，实际上却有质的不同。总部的作用就是研究企业的经营技巧，并直接指导分店的经营，这就使分店摆脱了过去靠经验管理的影响，大大提高了企业的管理水平。

（3）集中化进货。连锁商店总部集中进货，商品批量大，从厂家可以得到较低的进货价格，从而降低进货成本，取得价格竞争优势。各店铺是有组织的，因此，在进货上克服了盲目性，不需要过大的商品库存就能保证销售需要，库存成本又得到降低。各分店专门负责销售，就有更多的时间和手段组织推销，从而加速了商品周转。

（4）简单化作业。连锁商店的作业流程、工作岗位上的商业活动会尽可能简单，以减少经验因素对经营的影响。连锁商店体系庞大，在各个环节的控制上都有一套特定的运作规程，以达到事半功倍的效果。

（三）超市

真正意义上的现代超市出现于1930年8月，是美国纽约市的金·库仑食品商场。传统零售商业经营以柜台交易为中心，商店经营效益的好坏在很大程度上取决于售货员素质的高低及操作技巧。超市采用开放柜台、开架售货、自选服务、在出口处集中付款的方式，使零售商业由传统的封闭式经营走向开放式经营，售货员的工作亦由直接服务变为间接服务，从而实现了商业的标准化、专业化、集中化、简单化，因而对消费者和流通企业都有很强的吸引力。

1. 产生背景

（1）经济危机的爆发。20世纪30年代，席卷全球的经济危机使得消费者购买力严重不足，零售商店纷纷倒闭，生产大量萎缩，店铺租金大大降低。超市利用这些租金低廉的闲置建筑物，采取节省人工成本的自助购物方式和薄利多销的经营方针，实现了低廉的售价，因而广受当时被经济危机困扰的消费者的欢迎。

（2）生活方式的变化。第二次世界大战后，越来越多的女性参加了工作，人们生活、工作节奏加快；城市交通拥挤，原有零售商店停车设施落后，许多消费者希望能到一家商场，停车一次就购齐一周所需的食品和日用品。超市正是为适应消费者的这种需求而产生的。

（3）技术水平的进步。制冷设备的发展为超市储备各种生鲜食品提供了条件，包装技术的完善为超市中的消费者自选提供了极大的方便。电子技术在商业领域的推广运用，更是促进了超市对电子设备的利用，极大地提高了售货的机械化程度。此外，冰箱和汽车在西方家庭中的普及使消费者的大量采购和远距离采购成为可能。

2. 革命性变化

（1）改进了售货方式。开架售货尽管不是超市首创，却因超市而发扬光大。超市采用的自选购物方式，作为一个重要的竞争手段不仅冲击了原有的零售形态，而且影响了新型的零售业态，后来出现的折扣商店、货仓式商店、便利店等都采取了开架自选或完全的自我服务方式。

（2）节省了购物时间。随着女性工作时间增加、闲暇时间减少，人们已不把购物当作休闲方式，而是对购物有了更方便、更快捷的要求。超市恰好满足了人们的这种新需求，将原本分散经营的各类商品集中到一起，大大节省了人们的购物时间，使人们能将有限的闲暇时间用于旅游、娱乐、健身等活动。可以说，超市创造了一种全新的现代生活方式。超市实施的统一结算和关联商品陈列，也大大节省了人们选购商品和结算的时间。

（3）改善了购物环境。超市营造了整齐、干净、舒适的购物环境，取代了原先脏乱、嘈杂的生鲜食品市场，使人们相信购买任何商品都可以享受到购物乐趣。

（4）丰富了商品包装。开架自选迫使厂商进行全新的商品包装设计，展开包装、标识等方面的竞争，出现了不同规格、包装齐全、装饰美观、标识突出的众多品牌，这也使超市显得更整齐、更美观，创造了良好的购物环境。

（四）无店铺零售

无店铺零售是一种不经过店铺销售而直接向消费者推销商品的销售方式。从广义上说，凡不设固定店铺并将商品销售给消费者的行为都可称为无店铺零售。从这个意义来讲，其发展历史可谓源远流长。最古老的无店铺零售是走街串巷的小商贩。到了17世纪，大规模生产让许多企业也加入了无店铺零售的行列。从此，送货上门的销售方式不再仅限于个人或家庭行为而发展成组织行为。19世纪末的通信革命和20世纪的信息技术革命使商家信息传递的方式由口头表达或打手势发展为多种媒介，推动了无店铺零售的萌芽和发展。无店铺零售虽然历史悠久，但直到20世纪70年代，借助信息技术的推动才在更广阔的空间取得了长足的发展。

1. 经营方式变革

（1）不需要设立店铺，打破了传统零售商业经营的空间限制。无店铺零售节省了大量店面租金和其他费用开支，从而得到较多的利润。除此之外，无店铺零售的"虚拟商店"还可以扩大市场辐射半径，突破传统商圈理论的限制，甚至可以跨国界经营，绕过贸易壁垒，避免直接投资的风险损失。

（2）无店铺零售使商业经营的技术含量不断提高，更易于操作和管理。无店铺零售完全消除了交易过程中的手工操作，使购物的自助化程度大为提高。零售管理的重点由店面设计转向以广告设计为主的"虚拟商店"的制作，技术密集型特征明显。以现代通信技术、计算机技术和空间技术为媒体的无店铺零售使零售经营管理的随意性大为降低，更易于操作和管理。

2. 网络零售发展

信息时代，网络技术的发展对零售业的影响是巨大的，其影响绝不亚于前几次生产方面的技术革新对零售业影响的深度和广度。网络技术引发了零售业的新变革，甚至改变了整个零售业。这种影响具体表现在以下几个方面：

（1）网络技术打破了零售市场的时空界限，店面选择不再重要。店面选择在传统零售商经营中，曾占据了极其重要的地位，有人甚至将传统零售企业经营成功的首要因素归结为："Place, place, place"（选址、选址还是选址）。因为没有客流量就没有商流，客流量的多少，成了零售经营至关重要的因素。连锁商店之所以迅速崛起，正是因为打破了单体商店的空间限制，赢得了更大的商圈范围。在信息时代，网络技术突破了这一地理限制，零售商只要通过一定的努力，就可以将目标市场扩展到全国乃至全世界，市场真正走向国际化，零售竞争更趋激烈。对传统商店来说，地理位置的重要性大大下降，要立足市场必须更多地依靠经营管理的创新。

（2）销售方式发生变化，新业态崛起。在信息时代，消费者的购物方式发生巨大变化，从过去的"进店购物"演变为"坐家购物"，足不出户，便能在网上轻松完成过去要花费大量时间和精力的购物过程。购物方式的变化必然导致商店销售方式的变化，一种崭新的零售组织形式——网上商店应运而生。网上商店具有的无可比拟的优越性使其成为全球商业的主流模式并与传统有店铺商业展开全方位的竞争。传统零售商为适应新的形势，也引入新型经营模式和新型组织形式来改造传统经营模式，尝试在网上开展电子商务，结合网上商店的商流优势和传统商业的物流优势，综合发挥两者的功效。零售业的变革不再是一种小打小闹的局部创新，而是一场真正意义上的革命。

（3）网络技术替代组织职能，零售商内部组织面临重组。信息时代，不仅零售业出现一种新型零售组织——网上商店，而且传统零售组织也面临重组。无论是企业内部的还是企业外部的，网络技术都代替零售商原有的一部分渠道和信息源，并对零售商的企业组织造成重大影响。这些影响包括：销售人员的减少、企业组织的层次减少、企业管理的幅度增大、零售门店的数量减少，而虚拟门市和虚拟部门等企业内外部虚拟组织盛行。这些影响与变化，促使零售商意识到组织再造流程的迫切性。尤其是网络的兴起，改变了企业内部作业方式以及员工学习成长的方式，个人工作者的独立性与专业性进一步提升。这些都迫使零售商进行组织的重组。

（4）经营费用大幅下降，零售利润进一步降低。信息时代，零售商的网络化经营实际上是新的交易工具和新的交易方式的形成过程。零售商在网络化经营中，内外交易费用都会下降，就一家零售商而言，如果完全实现了网络化经营，可以节省的费用包括：企业内部的联系与沟通费用；企业人力成本费用；大量进货的资金占用成本、保管费用和场地费用；店面租金费用；宣传营销费用和获取消费者信息的调查费用；等等。另外，由于网络技术大大克服了信息沟通的障碍，人们可以在网络上漫游、搜寻，直到找到最佳价格，这使市场竞争更趋激烈，导致零售利润进一步降低。

二、批发业的发展

批发是专门从事大宗商品交易的商业活动。批发业务一般由批发企业来经营，这种批发企业也称为批发商。批发业是指批发商向批发、零售单位及其他产业用户和事业用户批量销售商品与服务的产业，其中，产业用户指的是从事第一、第二、第三产业的企业用户，事业用户指的是非营利性组织。

（一）批发业与零售业的分离

流通产业发展过程中的第一次具有根本意义的变革是批发业与零售业的最终分离。批发业与零售业分离的意义，不仅在于流通职能上的专业化分工，即前者直接与生产企业相联系，后者为最终消费者服务，而且在于两者在分离之后，衍生出了一系列流通组织形式，促进了流通产业的内部分工及商品流通网络的形成，从而满足了不同层次、不同规模的生产与消费的需要，进一步促进了商业的发展。

（二）批发市场的产生

随着批发交易从零售交易中独立出来，批发商队伍日益扩大，于是，许多批发商为了沟通信息、扩大交易，开始自发地集聚在商品产地、销地或集散地进行集中交易，这样，就自发地产生了原始的批发市场。随着自发性批发市场的形成，商品流通规模进一步扩大，参与批发市场交易的个人和组织也越来越多。因此，为了规范批发市场的交易秩序，创造公平竞争与公平交易的市场环境，批发市场的组织化程度也逐渐提高，由行业自律发展到政府规制，从而使自发性批发市场发展成为有一系列制度与规则的现代批发市场。因此，批发市场的产生可以说是批发业的一次革命。

（三）期货交易与期货交易所的产生

批发市场的产生与发展并没有终止批发业的变革，大约在19世纪后期又产生了从事期货交易的市场即期货交易所。与批发市场主要从事现货交易不同，期货交易所主要从事期货交易。一般认为，1848年由82名谷物商自发组织创立的农产品交易所（芝加哥商品交易所的前身）是世界上第一个现代意义上的从事期货交易的期货交易所。到1865年，芝加哥商品交易所的组织机构和交易规则已基本完善。这一时期所形成并完善的谷物标准、质量单位、检验制度、交货月份等惯例沿用至今。期货交易的产生，进一步完善了流通当事人的风险规避机制，促进了生产的发展。因此，19世纪后期，期货交易及其交易所的产生也是批发业乃至商品流通产业的一次重大变革。

（四）批发销售形式的变革

批发业的变革不仅表现在现货批发市场和期货交易所的出现，而且表现在批发销售形式的变革上，即从现品销售到凭样品销售，以及凭样品销售到凭标准品级销售和凭规格销售的飞跃。从现品销售到凭样品销售的飞跃，虽然只是销售形式的变革，但是这种变革大大促进了商品流通效率的提高。这是因为生产者或批发商可以在生产或最终销售之前凭样品订货，从而在很大程度上减少了销售风险，也减少了商品在储藏、运输过程中的损失。不仅如此，以商品样品代表的品质作为买卖和交货的依据方便了大规模购买，提高了流通效率，也减少了交易中的纠纷。

然而，技术不断进步，特别是标准化在生产中的广泛应用，又把批发销售形式从凭样品销售推向更高一级的销售形式，即凭标准品级销售和凭规格销售。所谓凭标准品级销售，是指交易双方对某些商品以其标准品质为品质条件，作为买卖和交货的依据。凭规格销售是指交易双方以商品的一定规格，如反映商品品质的若干指标，包括成分、含量、纯度、大小、长短、粗细等，作为买卖和交货的依据。批发销售形式转变为凭标准品级销售和凭规格销售后，大批量交易既方便又准确，大大提高了批发商业的效率，促进了商品流通规模的扩大。

（五）批发业的组织变革、经营变革和技术创新

自从批发与零售分离以后，批发业得到了迅速的发展，特别是在19世纪80年代以前，批发业处于社会商品流通领域的绝对支配地位。但是，社会化大生产的发展，特别是大量生产与大量销售的结合，使批发业的发展受到挑战。这种挑战，一方面来自制造商自建商品营销系统、控制产品从生产直到零售的整个流通过程的挑战；另一方面来自大零售商的连锁化并通过自己的采购系统直接进货，以摆脱批发商控制的挑战。面对这些挑战，批发业又经历了一系列的变革与创新。

1. 批发企业的大型化、集团化、国际化

分散的零售网点开始向连锁发展，跨行业、跨部门的兼并加剧，推动了批发企业资本的积聚和集中。20世纪80年代与20世纪60年代相比，批发企业的平均规模扩大了一倍。此外还出现了几种大规模经营的典型形式，如日本的综合商社、连锁公司的配货中心、批发超市等。

2. 批零一体化

连锁经营组织形式的发展，使得零售商规模不断扩大，零售商开始向上游延伸，挤占批发商的活动领域和利润。同时，由于竞争的要求，批发商也开始向下游延伸，自设零售机构，挤占零售商的活动领域和利润，这就形成了批零一体化的发展趋势。

3. 经营方式的变革

许多批发商逐步推行批发销售的自我服务化，即"批发超市化"，以提高批发商的劳动效率，降低经营费用；同时，推行最低订货量制度，扩大每次交易的批量，实现一定意义上的大量销售；积极开展租赁经营，开辟、扩大商品销售的新途径。

4. 批发经营的专业化

批发商通过实行专业化经营，可以将精力集中于其想进入甚至力图控制的特定市场，以不断提高市场占有率。一般来说，大型批发商会从事几种专业化批发业务，其中每种业务面向一个不同的市场，这样成功的机会也就比较多。

5. 批发商的功能多角化

（1）流通与生产互相渗透。专职批发商除了直接到生产企业组织货源，还开始向销售—加工型或销售—生产型转化。专职批发商充分利用捕捉初期信息的优势，在自己的企业内设立产品开发部进行产品设计，然后向国内外生产企业下订单，组织加工，再批发出售，或者批发商直接向工厂投资，让生产企业为批发销售服务。

（2）服务成为重要职责。专职批发商的功能扩展为10个方面：①买卖；②储存；③组配；④运送；⑤促销服务；⑥承担风险；⑦融通资金；⑧提供信息；⑨开发产品；

⑩商品维修。

三、物流业的发展

物流业一般由四大行业构成：①交通运输业。它是物流业的主要行业，不但包括各种不同运输形式的小行业，而且包括对交通运输起支撑、保证、衔接作用的许多行业。②储运业。它是以储存为主体的行业，既包括若干细分行业，也包括某些和储存联系密切的运输业，兼有多种职能。③通运业。它是货主和运输业之外的第三者从事托运和担当货运委托人的行业。④配送业。它是以配送为主体的各类行业。物流活动虽然由来已久，但物流产业的产生和发展是经济发展到一定阶段、社会分工不断深化的结果。

（一）商物分流及物流观念的启蒙（1901—1949年）

物流最原始的含义是指物品的物理性移动。人类社会处于自给自足的发展阶段时，运输和仓储是物流活动的主体，而且主要表现在生产和生活领域中。随着生产和消费的分离，人们开始意识到，在生产活动中，过去被人们看成生产过程、生产工艺的组成领域中，有一种活动也没有直接参与实际生产过程，它与工艺有关但另有特性，这就是物流。生产活动由生产工艺和物流活动两部分组成。这两部分是两位一体的，很难实现分离，但在流通领域的商业交易（商流）和实物移动（物流）中实现了分离，即商物分离，如图2-1所示。那时的人们虽有感受并开始理性思考，但物流的主体仍不太清晰。

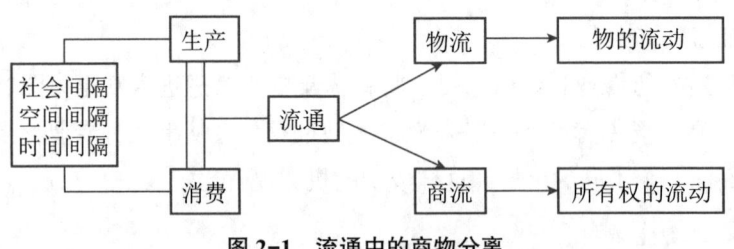

图 2-1　流通中的商物分离

（二）物流实践的广泛推广（1950—1978年）

进入20世纪50年代，随着物流理论体系的形成，美国、日本、英国等发达国家的物流实践也得到广泛推广和发展。根据1950—1975年的统计数据，美国的汽车数量增长了1.71倍。公路、铁路、水路、管道、航空五种交通运输方式得到了广泛应用，特别是公路运输的发展突飞猛进。1971年，美国汽车货运及相关行业，产值已占国民生产总值的7.6%；职工1 600万人，占全国职工总数的20%。1972年，美国允许车辆最大载重达32吨。1975年，美国长途货运企业年平均行程15万千米，汽车大修间隔里程达80万千米。1975年，在美国最大的100家营运企业中，有一半企业的货物平均运距超过了800千米，有的高达2 740千米。

（三）物流管理现代化（1979—1985年）

20世纪70年代以来，美国一系列规制，如《航空规制缓和法》《汽车运输法案》《铁路法案》《海运法案》等的通过，为物流业的迅速发展提供了广阔的前景。许多先进的管理方法的应用，使人们逐渐认识到需要从流通全过程来把握物流管理，而计算机等现代科技的发展，为物流全面管理提供了物质基础手段。1985年，美国物流管理协会正式改名为国家物流管理委员会，这标志着现代物流观念的确立，以及物流战略管理的统一化。

在这一阶段，美国内陆通过多种联运方式使集装箱运输呈现上升趋势，集装箱运输得到大力发展，交通基础设施、自动化仓库以及装卸自动化程度都有了空前的发展。物流企业的管理、调度和统计等工作广泛采用计算机和无线电通信，管理趋于现代化。日本在这一时期处于减量经营的时代，经营成本的降低成为经营战略的重要课题，"第三利润源"学说揭示了现代物流的本质，使物流在战略和管理上统筹企业生产、经营的全过程。在实践上，广泛设立合理化工程小组，实行物流活动中的质量和成本管理。在这一阶段，物流基础设施和管理逐渐走上现代化之路。

（四）第三方物流的发展（1986—2005年）

20世纪80年代以后，人们越来越认识到物流与经营、生产紧密相连，物流已成为支撑企业竞争力的支柱之一。值得提出的是，作为推动运输物流发展的政府政策，1996年美国提出了《美国运输部1997—2002财政年度战略规划》，该战略规划成为美国物流现代化发展的指南之一。

20世纪90年代，国际物流已进入了物流信息时代，物流的质量取决于物流信息的质量。随着国际贸易壁垒的拆除，国际物流要素流转速度提高，以提供专业物流信息和完整物流服务的专业物流公司开始出现，并逐渐发展为一种专门承担企业物流活动的物流形态——第三方物流。这一时期，第三方物流业发展迅速。在美国，第三方物流业的总收入从1994年的150亿美元增长到1996年的250亿美元，占全美相关市场的6%，2000年，美国物流服务合同的总金额为500亿美元。在欧洲，特别是在英国，第三方物流被认为有一定的成熟度。2002年，欧洲和美国使用第三方物流服务的比例分别为 76% 和 67%，同时，欧洲 24% 的非第三方物流服务用户和美国 33% 的非第三方物流服务用户开始考虑使用第三方物流服务。

物流业在信息化、标准化、自动化建设上都向纵深发展，物流业已成为国民经济的支柱产业。为了推动物流业的发展，各国都在不断地整合物流资源，不断地提高这个产业的整体能力。美国从 1991 年就开始发展国家多式联运运输系统，并把这个系统作为增强国家经济竞争力的基础。物流业大部分业务环节的活动通过政策的调整得到有效整合。

（五）物流业的信息化、全球化（2006年至今）

21 世纪以来，计算机技术和物流软件的发展日益加快，进一步推动了物流业的发展。工业物流信息化不断深化，供应链管理和协同水平逐步提升，智能化发展趋势日益明显。企业物流的信息化应用蓬勃发展，物流信息化和电子商务集成发展成为趋势。物流信息平台建设和运营模式不断创新，信息流对业务资源的调配能力不断提升。铁路、公路、水运、航空、邮政等重点行业基本实现了信息化管理，并在各自系统内部形成了有特色的信息服务体系。物流相关信息服务业和信息技术不断创新发展，应用范围不断扩大，应用效果初步显现。

近十年，物流业总体规模快速增长，物流服务水平显著提高，发展环境不断改善，全球物流体系逐步建成。在物品实体从供应地向销售地的流动过程中，运输、储存、装卸、搬运、包装、流通加工、配送、信息处理等基本功能实现有机结合而成为一个整体，上述各方面配置合理，将使物流达到最优。加强与世界各国的战略对接，实现多层次的国际物流合作对象、多元化的国际物流合作方式、多渠道的国际物流合作形式、多领域的国际物流合作内容、多任务的国际物流合作进程，是各国物流业发展的目标。

第四节 流通产业发展趋势

一、零售业发展趋势

受经济全球化和互联网时代的影响，当前，商业经营模式、市场运作模式、消费模式等都在发生着深刻变革。零售业发展呈现以下趋势。

(一）传统百货店从单纯卖货点向商业综合体转变

随着生活节奏的加快和消费者对消费多样化、享受化需求的提高，功能单一的百货店的客流量越来越少，只有向集购物、餐饮、娱乐、住宿、健身等多种功能于一体的商业综合体转变，才能形成商业集聚效应，节省消费者的时间和精力，吸引更多消费者光顾。单一功能、零散布局的商业设施和服务门店越来越难以生存。

(二）实体经济与电子商务向相互依托、相互借力转变

电子商务把销售成千上万种商品的百货公司分拆为成千上万个坐落于不同空间的网店，售货员变成了快递员，收银员变成了网银账户。传统实体企业只有充分利用电子商务跨时空、受众广、环节少的优势，才能降低成本、开拓市场。就像20世纪80年代拆掉与顾客隔离的柜台一样，现在是拆掉隔离现实与互联网的"柜台"。同时，再高效的电子商务也只是翅膀，如果没有产品做实体也飞不起来。如果实体企业不上线，或者线上企业没有自己的产品硬货，就会被市场淘汰。

(三）流通领域层层加价向直销直供转变

随着电子商务，特别是跨境电商的发展、货源渠道的扩大，信息越来越对称、透明，消费者渐趋理性，逐渐居于主导地位，层层批发、代理加价现象逐步消失。企业只有通过扁平化的营销渠道，精简流通环节，对消费者需求做出快速反应，生产符合市场需求的产品，才能形成自己的核心竞争力。

(四）市场信息不对称向公共信息平台化服务转变

过去市场体系不完善，开放程度低，供求信息的传播往往依靠口口相传。处于市场不利的一方通过"拉关系"等方式打破或利用市场信息不对称获取利润。随着卖方市场向买方市场转变以及信息技术水平的提高，利用大数据、智能化等手段，形成更加多样、透明、便捷的公共信息平台，降低交易成本、规范市场秩序、提高运作效率、促进上下游协作、打破行业壁垒、加速资源整合，是代表着买卖双方利益的必然选择。

(五）生产者定价向国际市场综合竞争定价转变

市场越封闭，产品就越紧俏，生产者就越能掌握定价的主动权。随着经济全球化发展，生产者要综合考虑多种因素对产品价格的影响。在国际市场中，产品定价主要受到定价目标、成本、市场需求、市场竞争结构和政府的价格调控政策五种因素的影响。当生产者参与国际市场竞争，面对其他国家的竞争对手时，要综合考虑以上五种

因素来制定产品的价格，从而保证产品能在国际市场中获得竞争优势。

（六）从产品营销为主向品牌营销为主转变

在市场经济繁荣发展的今天，企业的营销环境面临一系列的改变，产品的替代品增多、竞争增强；消费者的需求日益多样化，消费习惯不断改变。过去拼的是价格、卖的是产品，现在拼的首先是品牌，其次才是价格。单纯以产品为中心而没有品牌知名度的企业，即使销售的是日常的柴、米、油、盐等，消费者也不敢随意购买它们销售的商品。

（七）从生产决定销售向销售整合生产转变

在经济全球化的背景下，企业改变了原有以生产决定销售的方式，逐渐向销售整合生产的方式转变。品牌商通过渠道建设、品牌建设、技术创新等，维护核心品牌与消费者需求，在全球范围内整合价值链、产业链和物流链，在全球寻找最低成本的生产分工布局，使生产变成了品牌销售的辅助。

二、批发业发展趋势

随着产业经济不断发展，商品流通总量迅速扩大，城市内圈小、专、散的专业市场因难以配套物流、仓储而使经营商户的竞争力下降，批发市场必须向城市外圈大规模的集聚区搬迁、转型、升级，与互联网、大数据、大物流、大仓储融合发展。同时，批发市场一方面向生产领域延伸，与农户、生产基地、加工企业及储藏、保鲜、运输等环节联为一体，实现前向流通一体化；另一方面向消费领域延伸，将批发、拍卖、零售、直销、运送等环节联为一体，实现后向流通一体化。通过海关、检验检疫、税务等相关部门入驻批发市场集聚区，市场内商品可以直接出口，实现一站式采购外销，推动内外贸一体化发展，以最高的流通效率和最低的流通成本满足生产者和消费者的需求。

（一）服务优化将成核心

当前，受电子商务等新型采购方式的冲击，专业批发市场的价格发现、支付交易、信息汇聚等承载功能逐步分离。未来，专业批发市场将成为商品集散的服务商。第一，由于货源的不可把控性，电商平台的假货问题一直饱受诟病。对供应商投资，与其合作研发产品，从源头上控制商品质量将成为多数专业批发市场的主要策略。第二，建立数字仓储、发展智慧物流、搭建公共平台、拓展融资服务也成为专业批发市场提升商户运作效率的主要举措。第三，通过贸易展示、演出互动、公益活动等来优化营销服务的专业批发市场数量成倍增加。

（二）全渠道、智慧化运营管理

随着移动互联网与社交媒体的全面兴起，整个零售行业进入全新的发展时期，在移动互联网、大数据等现代信息技术的助力下，零售业线上线下销售渠道逐渐融合，全渠道零售正成为新的发展趋势。IDC（International Data Corporation，国际数据公司）在2017年年初的调查数据显示，相对于单渠道零售的消费者，多渠道零售的消费者会平均多消费15%～30%，而相比于多渠道零售的消费者，全渠道零售的消费者则会平均多消费20%。在忠诚度上，全渠道零售的消费者其顾客忠诚度更高，并能通过社交媒体和在线活动影响更多的消费者。与此同时，随着互联网、物联网、大数据和人工智能等技术的不断成熟，社会生活等各个领域的智慧化变革成为趋势。智慧化深入传统批发业，不仅能大幅提高传统批发业的运营管理和营销推广效率，还能为消费者带来沉浸式的购物体验。可以说，以全渠道、智慧化为特征的新批发将成为未来专业批发市场发展的重要方向。

（三）中心化、专业化齐头并进

由于产业基础、区域位置、经济水平、交通状况、商圈范围、目标定位、运营模式等诸多因素的不同，专业批发市场正表现出明显的分化演进趋势。一方面是专业批发市场的中心化更加明显。在经济水平较高、流通资本相对集中的区域，初级、传统、旧摊位式的批发市场朝着商场化、购物街区的方向发展，经营特点是将批发店、品牌专卖店、连锁商店等融合为一体，集购物、休闲、居住、办公等多功能于一体，涵盖高、中、低不同档次的商品，形成多品类商品输出的综合业态，以满足各层次消费群体的差异化需求。另一方面是市场更趋于专业化。依托产业集群，产地型市场具有资源优势、成本优势和效益优势。由于向少量潜在客户群提供产品和服务不具有经济上的合理性，产地型市场主要满足大量稳定客户的大宗商品需求，并成为重要的仓储基地。此外，地理位置优越、交通便利、辐射能力强的市场从小型批发商演变为区域性的集散中心。可以预见，批发市场将呈中心化和专业化并存的局面。

三、物流业发展趋势

随着世界经济一体化进程日益加快，企业面临着更加激烈的竞争环境，资源在全球范围内的流动和配置大大加强。世界各国更加重视物流发展对于本国经济发展、国民生活素质提高和军事实力增强的作用,十分重视物流业的现代化。现代物流业呈现一系列新的发展趋势。

(一) 信息化、网络化和电子化

现代社会已经步入了信息时代,物流的信息化是整个社会信息化的必然要求和重要组成部分。信息化是现代物流发展的基础,没有物流的信息化,任何先进的技术装备都无法用于物流领域。信息技术在物流中的应用将会彻底改变世界物流的面貌,一些新的物流信息技术在物流活动中正在得到普遍采用。

网络化是指物流配送系统的组织网络和信息网络体系。从组织上来讲,它是按客户订单、采取分散形式组织生产,将全球的制造资源都利用起来,将计算机的所有零部件外包给世界各地的企业去生产,然后通过全球的物流网络将这些零部件发往同一个物流配送中心进行组装,由该物流配送中心将组装的计算机迅速发送给客户。这一过程需要有高效的物流网络支持。信息网络是供应链上企业之间的业务运作通过互联网实现信息的传递和共享,并运用电子方式完成操作。

电子化是指商业过程实现电子化,即电子商务,它是以信息化和网络化为基础的。作为电子商务发展关键性因素之一的物流,是商流、信息流和资金流的基础与载体。全球电子商务的推广和普及使跨国和跨区域物流更加频繁。物流中心不仅成为信息聚散中心,而且成为管理决策中心、观念与技术创新中心、市场和消费中心。

(二) 自动化、集成化和智能化

物流自动化的基础是信息化,核心是机电一体化,其外在表现是无人化,效果是省力化。物流自动化的效果有扩大物流作业能力、提高劳动生产率、减少物流作业的差错等。物流自动化的技术很多,如条码技术、射频自动识别技术、自动化立体仓库技术、自动存取技术、自动分拣技术、自动导向和自动定位技术、货物自动跟踪技术等。

集成化的基础是业务过程的优化和管理信息系统的集成,而两者都需要有完善的信息系统解决方案通过计划、决策、优化、执行等方法和功能来予以支持,并使所有成员各自的信息系统进行无缝连接,实现系统集成、信息集成、业务集成、流程集成、资源集成。同时,集成化也是共享化和协同化的基础,如果不首先实现集成化,就无法实现共享化和协同化。

智能化是自动化、信息化的一种高层次应用。物流作业过程涉及大量的运筹和决策,如物流网络的设计与优化、运输(搬运)路径的选择、每次运输的装载量选择、多种货物的拼装优化、运输工具的排程和调度、库存能力的确定、补货策略的选择、有限资源的调配、配送策略的选择等问题都需要进行优化处理，这些都需要管理者借助优化或智能工具和大量的现代物流知识来解决。近年来，专家系统、人工智能、仿真学、运筹学、智能商务、数据挖掘和机器人等相关技术在国际上已经有比较成熟的研究成果，并在实际物流作业中得到了较好的应用。因此，物流的智能化已经成为物流发展的一个趋势。

（三）共享化、协同化和柔性化

供应链管理强调供应链上企业的协作和社会整体资源的高效利用，以最合理、最少的资源来最大限度地满足整体市场的需求。供应链上的企业只有在建立互惠互利的共赢伙伴关系的基础上，才能实现业务过程的高度协作和资源的高效利用。只有通过资源共享、信息共享、技术共享、知识共享、业务流程共享等，才能实现社会资源优化配置和供应链上物流业务的优势互补以及更快地对终端市场和整个供应链上的需求做出响应。近年来，一些新型的供应链管理策略，如供应商管理库存、第四方物流、准时制生产、协同计划、预测和供给、零售商—供应商伙伴关系以及分销商一体化等都能很好地使供应链上的企业有效地实现信息、技术、知识、客户和市场等资源的共享化。

为了实现物流作业的协同预测、规划和供应，快速响应供应链上总库存的最佳配置等目标，企业需要做到与合作伙伴间业务流程的紧密集成，达到零阻力、无时差的协作，共同分享业务数据，联合进行预测和计划、管理执行以及完成绩效评估等。只有企业间真正达到了协同化，才能使物流作业的响应速度更快、更具有预见性、更好地抵御各种风险、降低成本和提高产出，满足客户的需求。

物流作业的柔性化是生产领域柔性化的进一步延伸，它可以帮助物流企业更好地适应消费需求的"多品种、小批量、多批次、短周期"趋势，灵活地组织和完成物流作业，为客户提供定制化的物流服务来满足他们的个性化需求。

（四）社会化与标准化

物流的社会化也是今后物流发展的方向，其最明显的特征就是物流业中出现第三方物流、第四方物流等方式。物流合理化的一个重要方面就是物流活动的社会化。物流的社会化一方面是为了满足企业物流活动社会化要求而形成的，另一方面又为企业的物流活动提供了社会保障。第三方、第四方乃至未来发展形成的第N方物流是物流业发展到一定阶段必然出现的产物，在某种意义上，可以说它们是物流过程产业化和专业化的一种形式。因此，学术界预测下阶段的物流将向虚拟物流和第N方物流发展，除了物流活动，物流管理也将逐渐被外包出去。这将使企业告别"小而全、大而全"

的纵向一体化运作模式，转向新型的横向一体化的运作模式，集中精力去做自己最擅长的业务，增强自己的核心竞争力。

标准化是现代物流技术的一个显著特征和发展趋势，同时也是现代物流技术实现的根本保证。货物的运输配送、储存保管、装卸搬运、分类包装、流通加工等各个环节中信息技术的应用，都要求有一套科学的作业标准。例如，物流设施、设备及商品包装的标准化等，只有实现了物流系统各个环节的标准化，才能真正实现物流技术的信息化、自动化、网络化、智能化等。特别是在经济全球化和贸易全球化的背景下，如果在国家间没有形成物流作业的标准化，就无法实现高效的全球化物流运作。

本章小结

流通产业是一种专门从事商品交换的产业，是商品交换发达形式的产业载体。流通产业的分类方法包括按业种或业态划分、按商流或物流划分、按商品流通的阶段划分、按商品流通的范围划分。按业种进行分类可以将流通产业划分为生产资料流通产业与消费品流通产业，或工业品流通产业与农产品流通产业等。按商流或物流划分，可以将流通产业划分为商流产业与物流产业。按商品流通的阶段分类，流通产业包括批发业与零售业。批发业可进一步细分为综合批发业、专业批发业、经纪业、代理业等；零售业可进一步细分为有店铺零售业与无店铺零售业。按商品流通的范围分类，可以将流通产业划分为国内流通产业与国际流通产业。

流通产业的贡献可以从以下几个方面来把握：①流通产业对经济发展的贡献；②流通产业对社会就业的贡献；③流通产业对消费的贡献；④流通产业对民生福利的贡献；⑤流通产业对城市形成和发展的贡献。

流通产业发展趋势包括零售业发展趋势、批发业发展趋势和物流业发展趋势三个方面。总体而言，随着政治、社会、文化、技术环境的变化，流通产业将借助现代信息技术的升级进行全方位的深刻变革，呈现一系列新的发展趋势。

课后案例

中国药品流通行业发展的新趋势

2021年是实施国家"十四五"规划的开局之年，也是深化"健康中国"战略的关键之年。商务部发布《关于"十四五"时期促进药品流通行业高质量发展的指导意见》，对我国药品流通行业"十四五"期间高质量发展提出明确要求。在此背景下，药品流通行业加快数字化转型，医药供应链协同发展，经营模式不断创新，保障能力持续提升。

1. 药品批发企业持续优化网点布局和提升服务能力

药品批发企业将进一步推进"区域一体化和多仓联动为核心"的绿色物流建设，加快融入以多种业态集聚形成的城市社区服务商圈，全面实现端到端的药品配送与服务。加快构建县、乡、村三级药品配送网络，推动药品供应与服务下沉乡村。同时，创建以数字化为支撑的医药营销服务模式，加快流通要素、结构、流程、服务迭代升级，增强对医疗机构的院内服务能力和对供应商的市场服务能力，提升药品供应链上下游协同和流通效率。利用市场营销、仓储物流、客户服务等环节的数字化应用，推进精准营销、精心服务和精细管理。

2. 零售药店向数字化、专业化、多元化方向发展

面对患者及消费者需求的个性化、渠道的多样化以及大健康服务的升级发展，零售药店业态创新提速，互联网、大数据、云平台等科技手段助企业拓宽业务范围和服务群体，延伸服务内容，服务大健康多元化发展趋势明显。依托零售药店特药药房、慢病药房药学服务标准，专业药房模式快速发展，为顾客提供智能化、精准化、标准化的专业服务。同时，利用智能化医疗设备创新集顾客购药体验与健康管理于一体的新零售模式，探索药妆店、药诊店、健康小站与智慧药房等特色发展模式。

3. 数智化赋能医药供应链物流体系降本增效、协同发展

医药互联网业务的快速发展、分销和零售的整合规划、客户端配送服务的增加，对传统的医药物流配送模式提出新挑战。医药供应链将持续提升物流全程信息化管控能力和医药供应链智能化、透明化、网络化、专业化运营水平，完善医药供应链物流标准，加强医药物流一体化和医药供应链精细化管理，推动仓配体系的优化变革。同时，供应链上下游探索以技术、模式驱动融合的数字化供应链新模式，通过商流、物流、信息流及发票流等数据的共享，提高协同效率。

4. 医药电商强化药品全渠道、全场景服务能力

随着线上问诊购药业务的不断发展和线上医保支付渠道的打通、医院处方外流逐步放开，实体药店将不断深化线上布局，通过线上商城、入驻第三方医药电商平台和O2O（Online to Offline，从线上到线下）服务平台扩大服务半径；互联网企业也会持续加深与实体药店的合作或布局线下实体药店，为患者提供更优质的服务体验。医药B2B企业通过微服务化，向消费者服务延伸；大型药品流通企业联合医药工业、商业保险两大行业，积极构建"互联网+医+药+险"生态链模式。药品流通行业通过线上线下融合，不断强化全渠道、全场景服务能力。

资料来源：商务部市场运行和消费促进司. 2021 药品流通行业运行统计分析报告.（2022-08-01）[2022-09-06]. http://images.mofcom.gov.cn/scyxs/202209/20220906181153114.pdf. 引用时有修改。

思考题：

1. 药品批发和零售有哪些发展特点？
2. 分析除了药品，哪些流通行业也有类似的发展趋势？

自测题

1. 流通产业的含义是什么？
2. 简述流通产业的分类。
3. 简述流通产业的特点和贡献。
4. 简述零售业、批发业、物流业的发展。
5. 试分析流通产业发展的趋势。

第三章 流通渠道

导言

美国商品流通渠道的结构

美国商品流通渠道的结构伴随着工业化进程发生了多次变迁。在工业化前期（1815—1850年），美国制造业还处于传统生产状态，但部分行业已经开始利用一些简单的机器提高了生产效率，只是一些资源型的基础产品仍然依赖从欧洲进口。英国工业革命的进行及其对欧洲贸易的恢复与繁荣作用，使美国在这一时期几乎成为英国工业原料的主要供应地和机器制造的新纺织品的重要市场。美国南方种植园的种植品种在这一时期由烟草变成了棉花，前所未有的棉花贸易不仅使纽约成为全国首屈一指的大城市，也使早期全职商人急剧没落。棉花的交易逐渐由专业公司来经营，它们不再采用早期商人买进的方式，而采取代理销售获得服务佣金的方式进行棉花贸易。最早从事棉花贸易的代理商是由英国纺织公司出售布匹和采购原棉的代理商转化而来的，后来逐渐加入这个代理商队伍的大多是一些新的商人，而不是原有的全职商人。这些棉花代理商除了为种植园主提供销售服务，还为他们采购各种供应品。一些交易量巨大的港口，在这一时期出现了一种新的批发商——经纪公司，它们为代理商提供交易服务，并收取佣金。

而到了工业化后期，大规模生产的工厂体制已经在美国经济中建立起来，随之而来的是城市化进程的加快和消费者消费水平的提高。在这样的背景下，消费品流通渠道实现了又一次变革。19世纪80年代早期，批发商对美国零售业的支配达到了顶峰，而后百货店建立了与批发商不相上下的采购组织，直接从制造商那里采购商品，然后直接卖给中心城市的消费者。对批发商这个市场产生巨大冲击的是继百货店之后兴起的邮购商店。同时，在那些大零售商还没有占领的行业和地区，一种新的零售组织——连锁商店，开始显现其巨大的影响力。它们首先进入了那些百货店没有建立起强大支配力的杂货业、药品业和家具业，并将商店主要开设在小城镇和大城市的郊区。由于在组织方面的革新，到20世纪20年代，连锁商店已经发展成为全国性的零售机构，在数量和销售额上很快超过了百货店和邮购商店，并日益成为美国具有代表性的大零售机构。在20世纪30年代，一种革命性的新零售业态——超市的诞生和发展加速了连锁商店的发展步伐。这些新兴的大型零售机构由于组织规模的庞大，基本上都是从制造商那里直接采购商品，再直接销售给消费者。更有一些大零售商拥有自己的工厂，进入了生产领域。

思考：
1. 什么是流通渠道？它的参与者有哪些？
2. 我国的流通渠道曾发生了怎样的变化？

学习目标

完成这一章内容的学习之后，你将可以：
1. 说明流通渠道的概念与参与者；
2. 概括流通渠道的结构、影响因素与流通渠道行为；
3. 阐述流通渠道系统。

第一节 流通渠道的概念与参与者

一、流通渠道的概念

（一）流通渠道的内涵

渠道一词使人联想起水流的通道，而商品流通渠道则是商品从生产领域向消费领域转移的通道。商品不会像水一样自然流动，体现着社会经济关系的商品要从生产领域向消费领域转移，必须借助社会力量的推动，这种推动力量就是各种类型的社会经济组织和个人为了实现各自的利益而进行的商品交易活动。只有经过一系列的交易过程，商品的流通才成为可能。所以，构成商品流动的载体正是这些从事商品交易活动的各种类型的社会经济组织和个人，涵盖所有参与商品流通活动的组织机构和个人，既包括商品在从生产者向消费者转移过程中参与流通活动的各类批发商、零售商、物流服务商及消费者合作社等专业化流通机构，也包括将产品生产出来的生产者和购买商品的最终消费者，这些机构构成了广义上的流通机构，它们构成了商品或产品从生产领域向消费领域转移的通道。

这样，我们可以将流通渠道定义为促使商品从生产领域向消费领域转移而由批发商、零售商等流通机构组成的通道。由此可见，可以从以下几个方面来理解流通渠道的内涵：

（1）流通渠道横跨生产与消费两个领域，是商品转移的通道。这个通道是由参与商品流通过程的各种类型的组织和个人构成的，每一个参与商品转移活动的组织和个人都被称为渠道成员。

（2）流通渠道运行的目的是促使商品能够顺利地被使用和消费，从而满足渠道最终用户的消费需求。

（3）渠道成员之间是相互依赖的。狭义的渠道成员包括生产者、流通者和消费者，这里的"流通者"是指专门从事商品流通活动的各类批发商和零售商；广义的渠道成员除包括上述流通机构外，还包括提供各种金融、信息、物流等服务的辅助机构。为了完成商品从生产领域向消费领域的顺利转移，这些渠道成员之间必须相互协作。任何生产者、流通者和消费者都不能单独完成商品的这一转移过程。只有经过这些机构有组织的协作活动，商品才能顺利完成流通过程。这种相互依赖是渠道成员之间专业化分工的结果。

（4）渠道成员之间存在共同的目标，它们都希望通过专业化的合作提高自身在市场中的竞争力。所以，在渠道中纵向排列的成员之间存在着最低限度的合作，否则这条渠道是不可能存在的。

（5）流通渠道涉及的活动发生在不同的社会经济组织之间，是组织间关系，而不是组织内部关系。这些渠道成员一般都是独立的经济活动主体，所以它们又有着各自不同的目标，因而渠道关系中先天地隐含着相互冲突的因素。也正是因为如此，无论哪个渠道成员要对整个渠道的运行进行协调和管理，其难度和复杂性都要远远大于其协调和管理组织内部的关系。

（6）商品在流通渠道内的转移表现为两种形式：一种是价值形态的转移，表现为商品所有权在渠道成员之间的转移；另一种则是实物形态的转移，表现为商品实体在空间上的转移。因而，在商品从生产领域向消费领域转移的过程中，商品的所有权至少要被转移一次，通过这种转移，各渠道成员的经营与消费目标才能实现。伴随着商品所有权的转移，商品实体也要随之进行相应的转移。

（二）流通渠道的外延

与流通渠道密切相关且相似的另一个概念是营销渠道，可以通过明确二者的相同之处与不同之处来认识流通渠道这一概念的外延，即适用范围。

1. 相同之处

流通渠道与营销渠道的相同之处在于它们都是指商品通过一系列交易活动从生产领域向消费领域转移的通道。

2. 不同之处

（1）关注的视角不同。营销渠道是站在生产者的角度，关注商品通过什么样的途径才能迅速、有效地转移给消费者，以满足消费者的相关需求，因此营销渠道关注微观视角；而流通渠道则关注宏观视角，聚焦于商品从生产领域向消费领域的转移过程。这个宏观视角既可以是国家的角度，也可以是行业的角度。

（2）涉及的内容不同。营销渠道涉及的内容主要集中在厂商的分销战略与策略等方面，即侧重于营销渠道的设计与管理；而流通渠道涉及的内容则更为宽泛一些，除了涉及厂商的渠道行为，还涉及专业化流通机构的行为，即渠道中间商的渠道行为以及消费者的消费行为。

（3）包含的组织关系不同。根据美国市场营销协会的定义，营销渠道是指包括企业内部和外部代理商、经销商的组织机构。通过这些组织机构，商品才得以上市销售，因此营销渠道涉及的活动既发生在相同的社会经济组织之间，也发生在不同的社会经济组织之间，包含组织内部关系与组织间关系。流通渠道成员一般都是独立的经济活动主体，因此流通渠道涉及的活动则发生在不同的社会经济组织之间，是组织间关系，而不是组织内部关系。

尽管两者在上述方面存在着一定的差异，但两者涉及的问题仍存在着较大的关联，如渠道微观主体的经营行为、渠道成员之间的依赖关系，以及相互作用机制等。这些问题既可以从市场营销学的视角进行研究，也可以从流通经济学的视角加以探讨，而且其研究成果也是可以相互借鉴与应用的。

二、流通渠道的参与者

流通渠道是由参与商品从生产领域向消费领域转移的相关组织和个人构成的组织序列，我们将这些履行特定功能的组织和个人统称为流通渠道参与者。根据这些参与者是否参与有关商品交易或所有权转移的谈判活动，以及是否参与商品所有权的实际转移活动，可以将其分为两大类：一类是包括生产者、专业流通者和最终用户的成员性参与者；另一类是包括提供各种专业服务的专业机构在内的非成员性参与者，即流通辅助机构。流通渠道参与者的分类如图3-1所示。

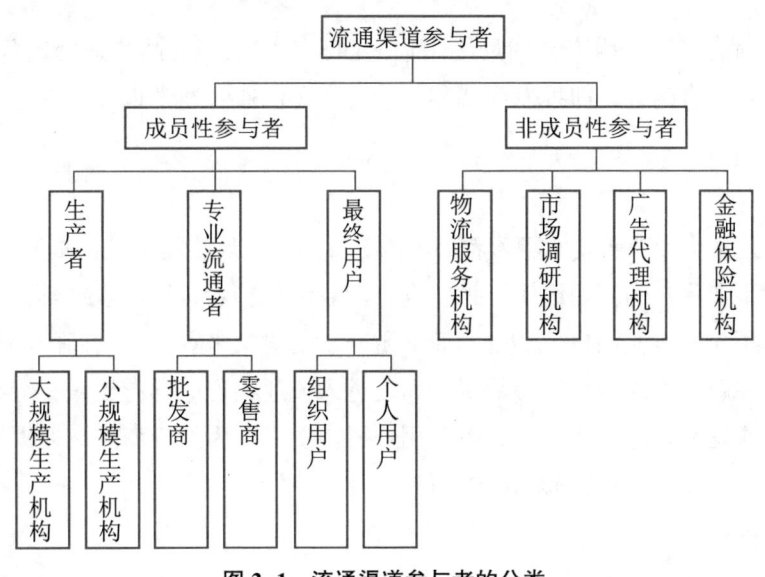

图 3-1 流通渠道参与者的分类

（一）生产者

流通渠道中的生产机构是指那些生产或制造产品的经济组织，其所涵盖的行业范围是十分广泛的，从农业生产的基本农户，到制造业中的企业都在从事产品的生产活动。这些生产者在流通渠道的运行中有着举足轻重的作用，因为它们所生产的产品是整个流通过程的核心，没有这些产品，流通渠道也就失去了赖以生存的基础。尽管这些经济组织在其规模、生产的产品类别等方面存在着巨大的差别，但这些机构的生产经营活动都有着一个相同的目标，即满足市场的消费需求。显然，生产者要将生产的产品提供给需要这些产品的消费者进行消费，就必须通过某种方式将产品投入相应的目标市场，即完成商品从生产领域向消费领域转移的过程。要完成这个过程，生产者有两种基本的选择：一种是依靠自己的力量完成商品的流通；另一种则是依靠外力来完成商品的转移。然而，一个基本的事实是，无论是小规模生产机构，还是大规模生产机构，一般都没有合适而有效的方式推动商品完成流通过程。因为要有效地将商品从生产领域转移到消费领域需要具备完成这一任务所必需的专业技能和规模经济，而这些生产者往往缺乏必需的专业技能和规模经济。

生产者在流通渠道中的基本职能就是按照市场的需求生产相应的产品，而为了高效率、高质量、低成本地完成商品流通过程，生产者需要将商品流通交给那些既具备专业的流通技能，又能获得商品流通规模经济的专业流通者去完成。

（二）专业流通者

专业流通者是介于生产者和最终用户之间，专门从事商品流通活动的经济组织，其基本形式主要有两种，即批发商和零售商。专业流通者通常也称为渠道中介机构或中间商。

1. 批发商

批发商是从生产者或其他经营者那里购进商品，然后转售给其他批发商、零售商、产业用户和事业用户的流通组织。批发商上游联结生产者，下游联结其他批发商、零售商及产业用户和事业用户。从批发商下游交易的对象来看，批发商的经营业务完成以后，商品一般不进入最终消费领域，而是进入流通渠道的下游组织，继续向终端消费者移动，或是为其他产业用户和事业用户所消费。因为处于商品流通渠道的中间环节，批发商在流通渠道中发挥着重要功能。

2. 零售商

零售商是将商品直接销售给个人或家庭消费者的流通组织，它是联结生产者与消费者，或批发商与消费者的重要机构。通过零售商的经营活动，商品才会真正进入最终消费领域。作为直接与最终消费者交易的零售商在流通渠道中也发挥着重要的功能[①]。

（三）最终用户

根据用户购买动机和行为的不同，可以将最终用户分为个人用户和组织用户两类。其中，前者是指那些为满足自身及其家庭成员的需要而购买商品的人；后者则是指所有非个人用户的组织，包括工商企业、政府机构以及各种非营利性组织，它们购买商品的目的是从事经营活动，从而进一步向社会提供服务。显然，从社会再生产的角度来看，个人用户的消费是最终消费，而组织用户的消费则属于中间消费。

无论是个人用户还是组织用户，他们都是整个流通渠道的终点，流通渠道的所有活动都是为了能够在适当的时间、适当的地点，以适当的价格、适当的形式满足最终用户的需求。尽管最终用户是商品的消费者，但其在流通渠道中仍然承担一些渠道功能。例如，当消费者在大型超市购买了大量食品，并在家中储存时，他们就承担了如下功能：首先，他们在商品使用之前就向零售商支付了货款，即将现金注入渠道，从

[①] 李春成，李崇光. 农产品零售终端绩效评价与比较. 农业经济问题，2007（1）：81-85.

而承担了部分融资功能；其次，他们需要把商品自己运送回家，从而承担了部分运输功能；最后，他们在家中储存尚未消费的商品，不仅发挥了储存功能，还为零售商节省了仓库空间，并承担了与商品所有权相关的如遗失、破损、变质等风险。因此，从这一意义上讲，最终用户也是渠道的成员性参与者。

（四）流通辅助机构

流通辅助机构是流通渠道的非成员性参与者，它们本身并不参与商品的买卖，而是帮助渠道的成员性参与者执行商品买卖、商品实体的转移以及商品所有权的转移等活动。虽然这些流通辅助机构不是渠道的成员性参与者，但它们在渠道中发挥的作用是非常关键的。根据它们主要承担的流通功能，可以将其分为以下四类：

1. 物流服务机构

物流服务机构是为委托人（生产者或中间商）提供各种物流服务的流通组织，根据它们提供的主要服务类型，可以将其分为运输机构、仓储机构、配送机构及物流信息机构等。无论是何种类型的物流服务机构，它们在为生产机构和中间商提供物流服务时，都不拥有商品的所有权，而只是帮助交易双方更高效地完成商品实体在空间上的位移。

2. 市场调研机构

市场调研机构是在流通渠道中执行市场信息的搜集、整理与分析的专业组织，它们能够向生产者或中间商提供市场需求等方面的信息，以帮助生产者和中间商更好地了解最终用户的需求，从而使商品的流通过程更加顺畅。

3. 广告代理机构

这类机构是为生产者和中间商提供广告服务的专业组织，它们在流通渠道中的主要功能是帮助生产者和中间商进行广告策划、设计、发布及效果评估等活动，向市场传递关于商品和企业的信息，从而促进商品的销售。

4. 金融保险机构

这类机构是为成员性参与者以及其他非成员性参与者提供资金融通和保险服务的专业组织，它们在渠道中的主要功能是为成员性参与者以及其他非成员性参与者提供资金融通，加速资金流动，以及提供规避经营过程中可能发生的风险等服务。

除上述四类流通辅助机构以外，还有电信和邮政部门、会计师事务所、律师事务所等专业机构，它们均会为成员性参与者和其他非成员性参与者提供所需的各种专业服务。

第二节 流通渠道结构及其影响因素

一、流通渠道结构

流通渠道结构是指参与完成商品由生产领域向消费领域转移的各种组织机构的构成方式。流通渠道的结构可以从多个维度进行考察,以下我们分别从流通渠道的类型结构和流通渠道的长度结构两个方面对流通渠道结构进行考察,这两个方面是从宏观角度考察流通渠道结构的基本维度。

(一)流通渠道的类型结构

根据渠道最终用户的不同,可以把流通渠道分为消费品流通渠道和工业品流通渠道两类。其中,消费品流通渠道的最终用户是个人用户;工业品流通渠道的最终用户是组织用户[①]。

1. 消费品流通渠道结构

消费品流通渠道结构如图 3-2 所示,从图中可以看出,消费品流通渠道结构是多样的,既可能非常简单,也可能比较复杂。渠道模式 1 代表了一种最简单的消费品流通渠道模式,生产者直接将商品销售给消费者,这种模式也称为直接渠道。直接渠道虽然不是消费品流通渠道的主流模式,但也是非常常见的,比较具有代表性的有:一些农产品的生产者——农民将自己生产的农产品带到城市农贸市场,直接出售给城市居民;生产者通过建立网站等形式直接向消费者销售产品。渠道模式 2、渠道模式 3 和渠道模式 4 都是有中间商参与的渠道模式,区别仅在于渠道中所包含的中间商数量不同。渠道模式 2 只有一个零售商参与商品流通,零售商直接从生产者处采购,然后再转售给消费者。这种渠道模式近年来很常见,如大型家电专业连锁商店直接从家电生产厂家采购,然后销售给消费者。渠道模式 3 同样也是一种比较具有代表性的消费品流通渠道模式,商品依次经过批发商、零售商,再转移到消费者的手里。对于一些消费品而言,其经过的批发环节可能不止一个,即经过多次批发,然后经过零售商销售给消费者,这就是渠道模式 4 的体现。

2. 工业品流通渠道结构

工业品流通渠道结构如图 3-3 所示,工业品流通渠道结构要比消费品流通渠道结

---

① 夏春玉,梁守砚,张闯. 农产品流通渠道的维度:基于政治经济分析框架的研究. 经济管理,2010(10):96-105.

构简单一些，主要体现在制造商与组织用户之间的中间商数量相对较少。另外，由于工业品流通渠道的服务对象是组织用户，所以它区别于消费品流通渠道的一个显著特征就是渠道中不包含零售商。根据是否有中间商参与，工业品流通渠道的模式也可以分为直接渠道和间接渠道两种。渠道模式1就是直接渠道，其在工业品流通渠道中非常普遍，原因在于工业品的用户往往在地理位置上比较集中，购买批量大，产品的单位价值也较大，加之工业品往往需要更多的售后服务和技术支持，因而直接渠道模式可以更好地为组织用户服务。根据参与渠道的中间商类型的不同，工业品流通渠道的模式如渠道模式2、渠道模式3、渠道模式4和渠道模式5所示。它们的不同之处在于制造商的分销机构是制造商所有的批发机构，而代理商和工业品经销商则是独立的批发机构。

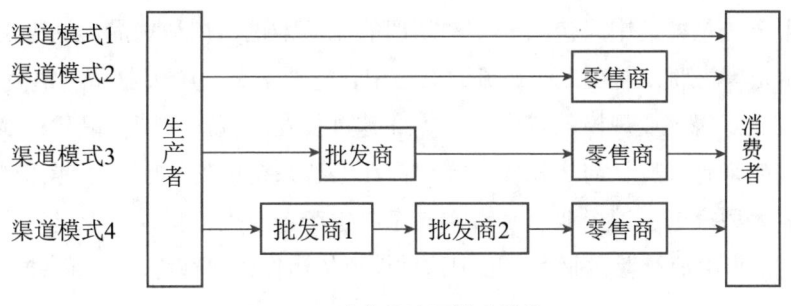

图 3-2 消费品流通渠道结构

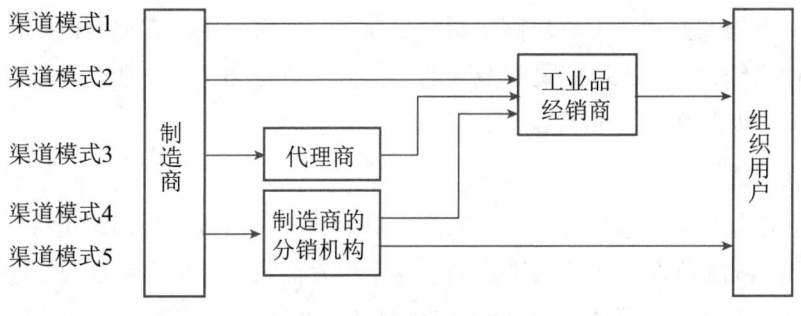

图 3-3 工业品流通渠道结构

（二）流通渠道的长度结构

流通渠道的长度结构也称为渠道的层级结构，是指一个渠道中所包括的中间商的层次数量。每个中间商只要在推动产品及其所有权向最终用户转移的过程中承担若干工作，就是一个渠道级，我们用中间商的级数来表示渠道的长度。按照渠道中间商数目的多少，流通渠道可以分为零级渠道、一级渠道、二级渠道和三级渠道。

1. 零级渠道

零级渠道是指产品从生产者直接流向最终消费者，而不经过任何中间商的渠道。零级渠道一般也称为直接渠道，主要用于工业品流通渠道，以方便工业品制造商更好地为组织用户提供服务与技术支持。但在消费品流通渠道中，也存在一些比较典型的形式，如上门推销、邮购等需要商品实体流动的直复营销方式。但是，随着互联网的普及，一些商品甚至可以不经过商品实体的流动而完成流通过程，如书籍和音像制品，因此，越来越多的生产者都开始尝试通过网络直接将产品销售给消费者。但在通常情况下，大多数消费品的生产者都需要专业物流公司的协助来完成商品实体的转移。

2. 一级渠道

一级渠道是指渠道中只包括一个中间商的流通渠道，在消费品流通渠道中，这个中间商通常是零售商；而在工业品流通渠道中，它通常是一个工业品经销商。近年来，随着一些大型零售企业规模的扩大，零售商越过批发商直接向消费品生产者采购商品的渠道模式越来越普遍，与之相应，零售商在渠道系统中的影响力也越来越大。如国美、苏宁等大型家电连锁企业就是直接向家电生产企业大批量采购家电产品，然后在连锁店铺内销售给消费者，业界一般把这种渠道的运作模式称为厂家直供模式。

3. 二级渠道

二级渠道是渠道中包括两级中间商的渠道模式，在消费品流通渠道中，两级中间商通常是一个批发商和一个零售商；而在工业品流通渠道中，它们可能是一个代理商和一个工业品经销商，也可能是制造商的一个分销机构和一个工业品经销商。在消费品市场上，二级渠道是一种标准的渠道形式。

4. 三级渠道

三级渠道是渠道中包括三级中间商的渠道模式，在消费品流通渠道中，这些中间商往往是两个批发商和一个零售商，而这两个批发商可能是同一种类型，也可能是不同类型；在工业品流通渠道中，这种渠道模式则比较少见。实际上，在一些消费品流通渠道中包括的中间商数量还可能更多，即商品经过多级批发商，再经过零售商，最终转移到消费者的手中。因此，消费品流通渠道一般要比工业品流通渠道长一些。

二、流通渠道结构的影响因素

如上所述，商品流通渠道结构是多种多样的，既有直接渠道，也有间接渠道；既有长渠道，也有短渠道。因此，在现实的商品流通过程中，就必须依据市场、商品以及生产者、流通者和消费者等因素来科学、合理地确定流通渠道结构,以实现高效、快速、低成本的商品流通。

(一)市场因素

市场需求的满足是商品流通活动的最终目的,因而市场因素将对流通渠道结构产生巨大影响。一般而言,市场因素中的市场性质、市场区域、市场规模、市场密度和市场行为是影响流通渠道结构的主要因素。

1. 市场性质

市场性质是指产品类型,一般而言,工业品市场一般采用不包括零售商的短渠道,而消费品市场则一般采用包括零售商的较长的流通渠道。

2. 市场区域

市场区域是指市场的地理规模、位置以及其与生产者之间的距离。一般而言,生产者距离市场越远,市场的地理规模越大,在流通渠道中就可能包括更多的中间商。

3. 市场规模

市场规模是指市场中最终用户的数量。一般而言,市场规模越大,渠道可能越长;而如果市场规模较小,直接渠道则可能成为较为有效的渠道结构。

4. 市场密度

市场密度显示了最终用户在空间上的集中程度,用每单位区域内最终用户的数量来表示。总体上讲,市场密度越低,将商品有效地销售给最终用户的难度越大,因而需要采用包括中间商较多的间接渠道;相反,市场密度越高,则越可能使用直接渠道。

5. 市场行为

市场行为是指最终用户购买行为的特征,包括购买的方式、时间、地点以及实施购买的主体类型。如果用户的购买方式为少量、多频次购买,则需要使用长渠道;如果用户的购买行为受季节的影响较大,则需要使用长渠道,以让中间商履行存货的职能,由此减少生产过程的波动;如果用户喜欢在家里购物,则可以取消中间商,采用直接渠道;如果消费品市场由家庭中的夫妻双方共同参与购买,则需要将服务于夫妻双方的零售商纳入流通渠道;工业品市场中由于有多个主体影响采购决策,需要采用能够对做出采购决策的各方成功施加影响的直接渠道。

(二)商品因素

商品是商品流通的对象,因此,商品因素是选择商品流通渠道的"决定性因素"。一般来说,影响商品流通渠道结构的商品因素包括以下几个方面:

1. 商品种类

如前所述，工业品流通渠道一般要短一些，而消费品流通渠道则较长。在消费品中，非选择性商品，即消费者经常购买、价格低廉，且消费者数量众多、分布广泛的商品，渠道要长一些；反之，选择性商品和特殊性商品的渠道则要短一些，因为这类商品的价格较高，使用时间较长，且消费者的购买频次也较少。

2. 体积与重量

对于体积大且重量较重的商品，其流通渠道会短一些，因为这类商品的物流成本很高，在多个渠道成员之间转移时需要花费大量的物流成本，因此，这类商品可以选择由生产者直接向用户供货的方式。相反，对于体积小、重量轻的商品，其流通渠道则可以长一些。

3. 易腐性

易腐性包括实体商品的腐烂变质和商品的有效期或流行期较短两项内容。易腐性商品的流通渠道一般要短一些，以缩短商品在流通渠道中滞留的时间，因此，这类商品可以采用直接渠道，而当商品通过直接渠道到达市场的成本过高时，也要尽可能少地使用中间商。

4. 单位价值

总体来说，商品的单位价值越低，其流通渠道就可以越长，这是因为低单位价值所发生的流通费用也较低。这也是日用消费品流通渠道比工业品流通渠道长的原因。

5. 标准化程度

标准化程度较低的定制品一般采用直接渠道，由生产者直接提供给用户；而标准化程度较高的产品则可以采用间接渠道，由中间商销售给用户。

6. 技术服务要求

商品在使用过程中所需要的技术服务越多、要求越高，其适用的流通渠道就越短，通常采用直接渠道，以保证生产者向用户提供此类服务的质量；相反，技术服务要求不高的商品，其流通渠道可以长一些。

（三）生产者因素

对流通渠道结构产生较大影响的生产者因素主要指生产者的流通策略，流通策略的变化将会影响生产者对流通渠道类型的选择。例如，生产者如果采取保护市场份额的垄断竞争策略，那么就必须对流通渠道实施程度较高的控制，从而尽可能强化其直接渠道的功能。另外，生产者的财务能力、产品组合的宽度以及管理能力和经验，也会对流通渠道结构产生影响。

(四)流通者因素

流通者对流通渠道结构的影响主要产生于其对规模经济的追求。例如，为了获得规模经济，零售商通过连锁经营或组建集团等方式代行批发商职能，直接从生产者处采购，这些行为会导致原有流通渠道结构发生变化。

(五)消费者因素

消费者购买习惯、生活方式等方面的改变也会对流通渠道结构产生影响。例如，为了购物的方便，消费者倾向于将一段时间内所需物品一次购全，从而促进了经营非选择性商品的超市的发展。

第三节　流通渠道行为

对流通渠道的研究，一是研究渠道结构，关注渠道设计、成本与功能差异等问题；二是研究渠道行为（渠道权力与冲突等），关注渠道成员对渠道关系的感知与处理。本节将在考察渠道成员依赖关系的基础上着重介绍渠道行为理论的核心——渠道权力与渠道冲突。

一、渠道成员的依赖关系

渠道成员的依赖关系是渠道行为的基础，它一方面为渠道成员提供了合作的必要性和冲突的可能性，另一方面也提供了针对彼此的权力。因此，要更加深入地认识渠道成员之间的交互行为，渠道成员之间的依赖关系是首先要明确的问题。

(一)渠道成员之间的相互依赖

在渠道行为理论中，依赖一般被定义为一个渠道成员为实现目标而需要保持与特定渠道成员关系的程度。由于专业化分工的结果，渠道成员在功能上是专业化的，这就决定了渠道成员之间的相互依赖性，它们只有有效协作，才能确保渠道正常运转。在一个非专业化的经济系统中，生产者将产品直接销售给消费者，因而根本不需要依赖其他组织或个人就可以完成再生产过程。然而，随着人类社会的发展，社会分工相应出现，而专门作为商品交换媒介的商业组织的出现则是社会分工的直接结果。随着社会分工的深化，以及社会经济系统的发展，产销直接见面的交易方式变得越来越不经济。因此，专业化流通机构开始参与商品流通过程，并且成为商品流通的主流形式。在有若干中间商参与的多级渠道中，渠道成员对自身优势功能加以专业化。这种专业化分工的结果一方面有助于渠道成员获得规模经济效益，从而提升整个渠道的运营效率；另一方面则导致渠道成员之间的相互依赖。因此，渠道成员之间的相互依赖是渠道成员功能专业化的必然结果。这种相互依赖关系，使渠道成员在参与渠道运营时，必须首先关注整个渠道的运行绩效，因为只有整个渠道运营目标实现了，渠道成员才可能实现它们各自的目标。

（二）渠道成员间依赖的确定及测量

虽然渠道成员之间是相互依赖的，但任何两个渠道成员之间的依赖水平与依赖结构都存在着较大的差异。其中，依赖水平是一个渠道成员对另一个渠道成员依赖程度的高低；而依赖结构则表示相互依赖的渠道成员之间依赖水平的对称性，即一个渠道成员对另一个渠道成员的依赖水平可能比后者对前者的依赖水平高或低，也可能相当。那么如何才能确定一个渠道成员对另一个渠道成员的依赖水平及依赖结构呢？

美国社会学家爱默森指出：B对A的依赖与B对A所介入和控制的目标的激发性投入成正比，而与B由A—B关系以外的途径达到其目标的容易程度成反比。这说明，A越是能直接影响B的目标实现，B正常运转所需要的A以外的替代来源越少，则A对B的权力就越大。在爱默森的结论中，有两个方面是值得注意的：第一个方面，A对B的目标实现的影响力越大，则B对A的依赖程度越高。目标既包括显性的目标，如报酬，又包括隐性的目标，如在关系中得到的心理满足。科兰等学者则将这个目标的内容称为"效用"（价值、利益和满足感），这就意味着，B对A的依赖使B能够从A那里得到B所期望的效用，而B的这种期望则产生于A占有对B实现目标非常有价值的资源。第二个方面，B能否从A以外的来源获得对B实现目标非常有价值的资源决定了B对A的依赖程度，可替代的来源越少，B对A的依赖程度就越高。综合以上两个方面，科兰等学者将渠道中的依赖性描述为"由替代来源的稀缺性造成并放大的效用"。如果B从A那里得不到太多的价值，那么是否存在替代关系都无关紧要，因为这时B对A的依赖程度比较低。相反，如果A能够为B提供较高的效用，但B可以很容易地找到其他可以提供相同效用的来源，那么A对B的价值也就无从谈起，因为B可以轻易地转向其他利益提供者，B对A的依赖程度则比较低。因此，较高的效用和替代稀缺性是构成渠道依赖关系的两种不可缺少的要素。

从上述分析思路出发，我们可以从以下两个方面来衡量一个渠道成员对另一个渠道成员的依赖程度：一是对一个渠道成员向另一个渠道成员提供的效用进行评估；二是对提供效用的渠道成员的稀缺性进行评估。对所提供的效用的评估主要是评估渠道伙伴对效用提供者所提供的利益的评价。一个可以替代的衡量指标是估计效用提供者在其渠道伙伴的销售额和利润额中所占的比例，这个比例越高，则渠道伙伴对效用提供者的依赖程度越高。对提供效用的渠道成员的稀缺性进行评估主要考虑两种因素：一是可以提供类似服务和利益的竞争者的多少；二是渠道伙伴转向竞争者的难易程度。竞争者越少、渠道伙伴的转换成本越高，则渠道伙伴对效用提供者的依赖程度越高。

二、渠道权力

（一）渠道权力的概念与来源

1. 渠道权力的概念

英语中的权力（Power）一词来源于拉丁语的 Potestas 或 Potentia，其基本含义是"能力"，在渠道行为理论中，渠道权力一般被定义为一个渠道成员对渠道中其他成员的行为和决策变量施加影响的能力。当一个渠道成员使另一个渠道成员做了其原本不会去做的事情时，我们就认为前者拥有影响后者的权力。但是权力是一种潜在的影响力，权力的运用则意味着发挥这种影响力。

2. 渠道权力的来源

渠道权力的来源是指渠道权力赖以产生的源泉或基础。关于渠道权力的来源，存在两个重要的理论：一是依赖—权力理论；二是渠道权力基础理论。

依赖—权力理论发源于社会学家爱默森，他认为渠道权力产生于依赖，当 A 依赖 B 时，B 就对 A 拥有权力，A 对 B 的依赖水平越高，B 的权力就越大，这种观点得到了大多数渠道行为理论学者的认同。但值得注意的一个问题是，在功能专业化的渠道系统中，渠道成员之间的依赖关系是相互的，即如同 B 依赖 A 提供某种效用一样，A 同时也依赖 B 提供另一种效用。这种相互依赖的关系中，A 对 B 的依赖赋予了 B 对抗 A 的影响的抵消性权力，这削弱了 A 对 B 的影响力。因此，单方面衡量一个渠道成员对另一个渠道成员的依赖程度是不够的，为了全面理解渠道权力的作用，还要评估渠道成员依赖关系中的净依赖程度。这种净依赖程度直接决定了渠道关系中权力的均衡程度和结构特性，进而影响着整个渠道的运行效率。

渠道权力基础理论来源于社会心理学家弗伦奇和雷文。该理论认为渠道权力的来源有以下五种：

（1）奖赏。奖赏是某一渠道成员因为改变其行为而得到的作为补偿的利益，而来自奖赏的权力是指某个渠道成员通过向其他渠道成员提供某种利益而对其产生的权力。奖赏权的有效行使取决于渠道权力主体拥有权力客体认可的资源，以及权力客体的一种信念，即它如果遵从权力主体的要求，就会获得某些报酬。

（2）强制。来自强制的权力是指某个渠道成员通过行使某种强制性的措施而对其他渠道成员的行为产生影响的权力。强制权行使的前提是渠道权力客体如果没有遵从权力主体的要求就会遭受某种惩罚的心理预期。

（3）专业知识。来自专业知识的权力是某个渠道成员通过某种专业知识而产生的对其他渠道成员的影响力。基于专业知识的专长权在渠道功能组织中居于劳动分工、专业化和比较优势的核心地位，正是这种专业化分工使得渠道系统内的每一个成员都具有一定的专长权。

（4）合法性。来自合法性的权力（简称合法权）是某个渠道成员通过渠道系统中的权利与义务关系的合法性而产生的对其他渠道成员的影响力。合法权的重要特点是渠道权力客体感到从道德、社会或者法律的角度出发它都应该同权力主体保持一致，或者它有义务去遵从权力主体的要求。这种责任感和职责感有两种来源——法律和规范（或者价值观），前者产生了法律上的合法权，后者产生了传统的合法权。

（5）参照与认同。来自参照与认同的权力是某个渠道成员作为其他渠道成员参照与认同的对象而对它们产生的影响力。来自参照与认同的感召权本质上是渠道权力客体对权力主体的一种心理认同，并希望成为与权力主体一样的类型，这种权力的深层来源是权力主体的声望与地位。

另外，还有学者认为信息也是产生权力的基础。这种权力也称信息权，其表现为一个渠道成员提供某种有价值的信息的能力。信息权与产生于专业知识的专长权很相似，只不过专长权是长期经验积累或专业学习的结果，而信息权则是某一渠道成员更容易接触到某些信息，以及对信息具有掌握能力的结果。

（二）渠道权力的结构与平衡

渠道成员间的相互依赖关系为我们分析渠道权力的结构提供了一个较好的视角。下面以渠道成员 A 和 B 之间的依赖关系为例来分析它们之间的权力结构。以 A 和 B 之间的依赖关系为坐标，可以将该渠道系统中的权力关系分为如图 3-4 所示的四种类型。

1. 高度权力均衡

在图 3-4 的左上角，A 与 B 之间处于彼此高度依赖的状态，这意味着双方都拥有高度的权力，双方的任何一方对另一方的净依赖程度均很低。这种状态的形成或是由于双方都在占有对方认为"有价值的资源"的基础上，为对方提供高效用；或是由于双方各自拥有"有价值的资源",而其替代来源具有很高的稀缺性;或是即使存在替代来源,但双方之间的"双边锁定"导致了共同的高转换成本。

	A对B的依赖程度	
	高	低
B对A的依赖程度 高	高度权力均衡	权力倾斜(A)
B对A的依赖程度 低	权力倾斜(B)	低度权力均衡

图 3-4　渠道权力结构四分图

2. 低度权力均衡

渠道依赖关系结构的另一种极端情况是处于图 3-4 右下方的状态,A 与 B 之间彼此低度依赖,这意味着双方彼此都缺乏对对方的权力,双方的任何一方对另一方的净依赖程度均很低。这种状态的形成最重要的原因或许在于二者处于一个竞争比较充分的市场环境当中,关系中任何一方所占有的资源对于另一方而言或是没有吸引力,或是能够轻易地从替代来源处获得,关系的解散与重建的成本均很低。

3. 权力倾斜(A)

处于图 3-4 右上方和左下方的权力关系与前面两种状态不同,在这样的权力关系中,渠道权力处于不均衡的倾斜状态。在图 3-4 右上方所示的依赖结构中,B 对 A 的依赖程度高于 A 对 B 的依赖程度,或者说除去 A 对 B 的依赖后,B 对 A 的净依赖程度较高,这导致了渠道权力向 A 倾斜,A 对 B 的影响较大。

4. 权力倾斜(B)

与上一种情况完全相反,处于图 3-4 左下方的权力关系向 B 倾斜。在这样的依赖结构中,A 对 B 的依赖程度高于 B 对 A 的依赖程度,这种依赖关系的直接后果就是渠道权力向 B 倾斜,B 对 A 的影响较大。

可见,由于渠道成员之间的相互依赖,每个渠道成员都具有一定的权力,但渠道系统的运作效率取决于特定渠道关系中权力的平衡。高度的相互依赖可以使渠道成员创造更高的渠道价值。因此,较高水平并且相互平衡的权力是促使渠道成员达成协调一致的有效方式,其原因在于:第一,渠道权力双方都可以促使对方形成并且实施创造性的双赢方案。因为非平衡权力的最大缺点就是较弱的一方没有办法让较强的一方对它们的合作关系给予足够的投资,这无疑会妨碍附加价值的创造。第二,高度平衡的权力能够消灭剥削,由于双方都很强大,因而每一方都可以迫使对方平等地分享收益。这有助于促进公平和团结规范的形成,从而更容易达成协调一致,进而提高渠道的运行效率。

(三)渠道权力的使用

渠道权力是一种潜在的影响力,而权力的运用过程是渠道成员发挥影响力的过程,即潜在的影响力实际影响对方行为发生改变的过程,在这个过程中渠道成员需要进行沟通,让对方感知到这种影响力。一个渠道成员对另一个渠道成员运用权力的方式,可以称为影响战略。一般而言,渠道成员可以选择下述六种战略来发挥影响力:

(1)许诺战略。如果你按照我的要求去做,我就会奖励你。

(2)威胁战略。如果你不按照我的要求去做,我就会惩罚你。

(3)法律战略。你必须按照我的要求去做,因为根据协议,你曾经答应这样做。

(4)请求战略。请按照我的要求去做(没有更进一步的说明)。

(5)信息交换战略。不需要说明我的要求是什么,只是为对方提供信息,或与对方探讨什么方式对双方的合作更为有利,其目的是改变对方的态度,让对方自愿做出有利于己方的决定。

(6)建议战略。这种战略与信息交换战略相似,但它指明了结果,即"如果你按照我的要求去做,你的盈利情况会更好"。

每一种战略都是基于特定的权力基础,影响战略与权力基础的对应关系如图 3-5 所示。

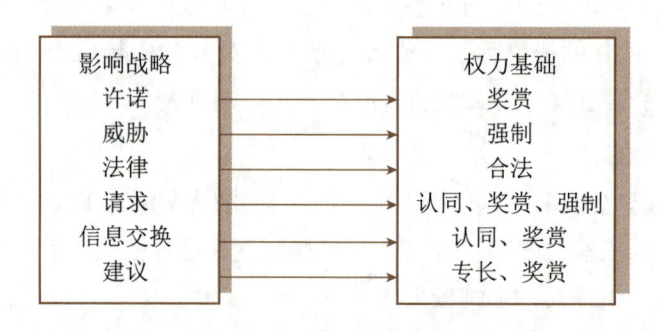

影响战略	权力基础
许诺	奖赏
威胁	强制
法律	合法
请求	认同、奖赏、强制
信息交换	认同、奖赏
建议	专长、奖赏

图 3-5 影响战略与权力基础的对应关系

三、渠道冲突

(一)渠道冲突的概念与类型

英语中的冲突(Conflict)一词来源于拉丁语"Confligere",意为"碰撞"。从这个名词的本义来看，冲突经常与诸如争夺、分裂、分歧、争论、摩擦、敌意、对抗等具有负面影响的意义联系在一起。但在渠道系统中，冲突的含义并非只是上述消极的一面，我们应该以一种更加中立的观点来看待渠道成员之间的冲突。因为在渠道系统中，有些冲突不仅不是消极的，而且具有一定的建设性，它会提高渠道的运行效率。渠道冲突是渠道关系中的一种常态，其根源在于渠道成员之间既相互独立，又相互依赖。

在渠道行为理论中，渠道冲突一般被定义为渠道成员之间相互对立的不和谐状态。一般来说，渠道中的冲突基本上可分为两种类型：一种是水平冲突；另一种是垂直冲突。水平冲突主要是指处于同一流通阶段的流通主体之间的冲突，即买方之间的冲突与卖方之间的冲突，具体包括生产者之间的冲突、批发商之间的冲突及零售商之间的冲突。当然，水平冲突还可以进一步细分为许多类型，如就生产者之间的冲突而言，主要有不同规模或相同规模的生产者之间的冲突、不同地区或同一地区不同生产者之间的冲突，以及专业化生产者与综合性生产者之间的冲突等；就批发商（或零售商）层次上的水平冲突而言，则可以进一步细分为相同业种或业态之间的冲突，以及不同业种与不同业态之间的冲突等。垂直冲突主要是指处于不同流通阶段的流通主体之间的冲突，如生产者与批发商之间的冲突、批发商与零售商之间的冲突、生产者与零售商之间的冲突，以及生产者、批发商与零售商之间的冲突等。其中，垂直冲突是渠道冲突问题的重点方面。

（二）渠道冲突的原因

渠道冲突产生的原因是多方面的，主要包括：

1. 角色对立

角色是对各个渠道成员在渠道中应该发挥的功能和行为范围的界定。由于渠道是由功能专业化的渠道成员构成的，每一个渠道成员都必须承担其应该执行的任务，任何一个渠道成员偏离了自己的角色范围，都可能造成渠道成员之间的对立，从而产生渠道冲突。

2. 资源稀缺

在渠道运行过程中，渠道成员为了实现各自的目标，往往会在一些稀缺资源的分配问题上产生分歧，从而导致渠道冲突。如对于受许者而言，其所服务的市场就是一种稀缺资源，如果特许者在该市场上又增加了一个新的受许者，就会造成市场资源的重新分配。原有的受许者认为新的受许者会争夺现有市场，因而可能导致特许者与受许者之间产生冲突。

3. 感知差异

感知是指个体对外部刺激进行选择和解释的过程。由于背景、知识、个性等方面的差异，人们在面对相同刺激物时会产生感知方面的差异。在渠道系统中，不同的渠道成员在面对同一事物时，其解释与态度可能大相径庭，如制造商认为卖场POP（Point of Purchase，购买点）广告是一种有效的促销方式，而零售商认为现场宣传材料对销售没有多大作用，反而会占用卖场空间。显然，这种感知差异会导致渠道冲突。

4. 期望差异

渠道成员往往会对其他成员的行为有所预期，并根据这种预期采取相应的行动。当这种预期存在偏差的时候，该渠道成员就可能采取错误的行动，进而导致其他渠道成员采取相应的行动，最终引发渠道冲突。例如，某零售商凭借自己在竞争激烈的家电零售业中的龙头地位，认为只要其向某制造商提出价格要求，后者就一定会屈服。然而，现实情况是，该制造商认为自己在该零售商的销售额只占其总销售额的很小一部分，况且还有其他渠道伙伴可以依靠，因此，其并不会屈从于该零售商的要求，从而可能引发激烈的渠道冲突。

5. 决策领域分歧

由于在渠道系统中承担着特定的职能，每个渠道成员都有一个属于自己的决策领域，而当渠道成员认为其他渠道成员侵犯了本应由自己进行决策的领域时，冲突就会发生。如对于渠道中的商品价格而言，零售商可能认为价格决策属于零售商的决策领域，而生产者则认为只有生产者才能拥有对商品的定价权，这种分歧将导致渠道冲突。

6. 目标不一致

在渠道系统内，各渠道成员都是独立的经济组织，因而都有自己相对独立的组织目标，并力求实现这些目标。因此，当各渠道成员的组织目标出现不一致甚至矛盾时就会产生冲突。目标不一致是渠道冲突产生的重要原因。

7. 沟通障碍

沟通是渠道成员之间相互了解、化解误解的重要手段。当某个渠道成员不向其他渠道成员及时传递重要信息，或在信息传递过程中出现失误或偏差，从而不能准确地传递、理解信息时，渠道冲突便会发生。

（三）渠道冲突的过程与结果

渠道冲突并不是突然发生的，也就是说，冲突的发生要经历一个过程。渠道冲突过程一般包括以下发展阶段[①]：

第一阶段，冲突的酝酿阶段。只要建立渠道系统就会产生渠道冲突。渠道冲突的根源产生于渠道成员之间为进行交易而相互发生作用，以及渠道系统所固有的垂直关系（管理与被管理）。当然，渠道成员有时能够直接意识到冲突根源的存在，有时则无法意识到冲突根源的存在。

第二阶段，渠道冲突契机的出现，即渠道成员意识到冲突的存在或即将发生。渠道成员一旦感觉到上述任何一种情况已经存在，那么就会使潜在的冲突状态开始向具体的冲突状态转化。在该阶段，渠道成员只是意识到了冲突即将发生或已经存在，还没有出现具体的冲突行为。

第三阶段，渠道冲突行为。渠道成员在意识到冲突将要发生以后，就会出现具体的冲突行为。这时，冲突行为一般有两种：一种是某个渠道成员对采取敌对行为或破坏行为的其他渠道成员直接采取冲突行为，从而使冲突表面化；另一种是某个渠道成员对采取敌对行为或破坏行为的其他渠道成员不直接采取冲突行为，从而使冲突潜在化。之所以会有两种不同的冲突行为，是因为每个渠道成员的能力存在差异，或者每个渠道成员对渠道系统的依赖程度不同。采取第一种冲突行为的渠道成员一般对渠道系统的依赖程度较低，或者具有较强的能力，从而能够承受其他渠道成员的敌对行为或破坏行为所产生的副作用（冲击）；相反，采取第二种冲突行为的渠道成员一般对渠道系统的依赖程度较高，或者能力较弱，从而不能承受其他渠道成员的敌对行为或破坏行为所产生的副作用（冲击），或者担心直接采取冲突行为会损害与其他渠道成员的关系并导致报复，从而不得不采取避免冲突表面化的行为。显然，第一种冲突行为是显在性冲突行为，第二种冲突行为是潜在性冲突行为。

第四阶段，渠道冲突的结果。渠道成员采取以上冲突行为后，可能会产生如下结果：

（1）进一步强化渠道系统的统一性或渠道成员对系统的凝聚力。如果渠道成员所采取的冲突行为（特别是显在性冲突行为）能够解决渠道成员之间的矛盾，从而使渠道成员之间能够做到相互理解，那么，渠道系统的统一性就会更高，渠道成员对系统的凝聚力也会变得更强。

（2）渠道系统的解体。渠道成员的冲突行为还有可能使渠道成员之间的关系进一步恶化，甚至可能因找不到解决渠道成员之间矛盾的办法，从而导致一部分渠道成员脱离系统，或使渠道系统解体。

（3）渠道冲突的潜在化。如前所述，一些意识到发生渠道冲突的渠道成员往往并

---

① 李春成，李崇光．渠道冲突对渠道绩效的影响：以生鲜农产品市场调查为例．中国流通经济，2010（12）：49-53．

不直接采取与敌对的渠道成员相对抗的冲突行为，从而使渠道冲突潜在化。这时，在表面上看不到明显的渠道冲突行为，而且渠道系统也可以正常运转，但是，这并不意味着渠道成员之间的矛盾已经解决了，或冲突已经不存在了。事实上，渠道成员之间的冲突仍然存在，只是冲突没有表面化而已。当然，这种潜在的冲突也可能一直持续下去。但是，将冲突行为潜在化的渠道成员往往会通过其他替代行为适当化解与其他渠道成员的矛盾，或者按照渠道系统的要求采取相应的行为。当冲突发生的原因持续存在时，那些将冲突行为长期潜在化的渠道成员的不满程度会逐渐增强，最终可能使破坏性的冲突行为表面化，而这种长期潜在的冲突行为一旦转化为表面的显在性冲突行为，其激烈程度往往会超过直接发生显在性冲突行为的激烈程度，从而导致渠道系统解体的可能性大大增加。

对于渠道冲突的结果，还可以从渠道冲突水平对渠道效率的影响来考察。图3-6是一条显示渠道冲突与渠道效率关系的曲线图，从中可以看出，当渠道冲突的水平不超过C_1时，渠道冲突不会对渠道效率产生影响，即渠道冲突水平处于可以承受的区间内；在C_1至C_2，渠道冲突对渠道效率的影响是积极的；当渠道冲突的水平超过C_2时，渠道冲突会对渠道效率产生负面影响。

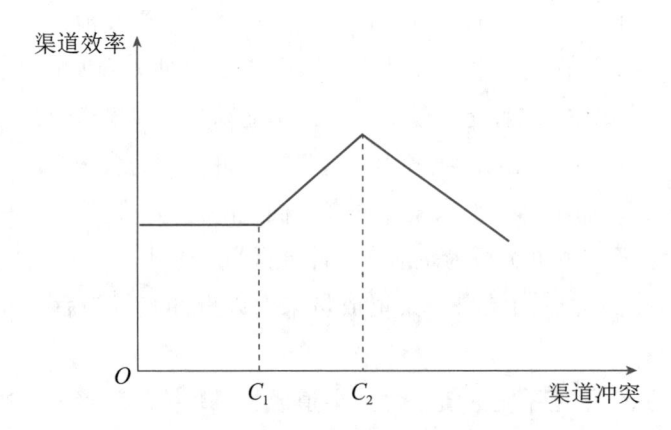

图3-6　渠道冲突与渠道效率关系曲线

（四）渠道冲突的解决机制

渠道冲突是不可避免的，建立渠道冲突解决机制的目的在于将渠道冲突控制在对渠道系统无害的范围内，从而抑制具有破坏力的渠道冲突的发生。解决渠道冲突的方法主要有：

1. 有效沟通

有效沟通不仅可以实现各冲突方的沟通，而且可以影响各冲突方的行为。有效沟通对避免、减少或解决渠道成员之间因职能分工及其履行而发生的冲突比较有效。

2. 观念渗透

宣传与教育活动的进行可以使渠道成员之间的观念相互渗透,从而有利于减少或解决冲突。

3. 业务融合

业务融合是指为了避免对组织稳定性产生威胁或破坏,在组织领导成员或决策机构中吸收新要素的过程。例如,在生产者支配的渠道系统中,当生产者受到中间商的威胁时,前者可以将后者作为新要素吸收到自己的决策机构中,从而避免该中间商对组织稳定性产生威胁或破坏,进而解决渠道冲突。

4. 制定共同目标

共同目标是指冲突各方都希望实现,但每个冲突方又无法独立完成,必须通过冲突各方的共同努力与协调才能实现的目标。因此,通过制定这样的目标,冲突各方超越各自的立场,围绕该目标的实现来共同解决问题,这有助于将渠道成员统一到渠道系统中来,促使冲突得以有效解决。

5. 提高信息准确度

提高信息准确度是指处于系统中心地位的渠道成员通过向其他渠道成员传递正确的信息,以减少或纠正其他渠道成员的信息失真或信息错误。显然,提高信息准确度有利于解决因渠道成员对现实的认识不同而产生的冲突。

6. 观测

观测是指对渠道冲突状况进行观察、监视,到渠道冲突水平(程度)达到严重影响或破坏渠道绩效时为止,因此,观测也是为制订冲突解决方案准备时间的过程。

7. 谈判

渠道成员之间可以通过谈判找到渠道冲突的具体解决方案。

8. 人员交换

渠道成员之间相互派遣人员可以加深渠道成员之间的相互了解,从而有利于解决冲突。

9. 共同加盟同业合作组织

生产者加盟中间商的同业合作组织,或中间商加盟生产者的同业合作组织,可以加深二者的相互了解与合作,从而有利于解决或减轻渠道冲突。

10. 设立渠道外交官

设立渠道外交官,并与其共同制定有关工作规则,进而授权该外交官与渠道成员进行谈判，并让该外交官对有关企业进行考察，提交考察报告。这样也可以解决部分冲突问题。

11. 调解与仲裁

调解是指通过调解者的介入来增强冲突各方之间的协调或协调意识。仲裁是指比调解更积极的第三方干预，即担当仲裁任务的第三者对冲突各方是继续进行谈判，还是采纳仲裁者的意见进行说服，从而结束冲突各方的争论。

12. 法律诉讼

法律诉讼即通过法律诉讼途径来解决渠道冲突。该方法主要由渠道领导者以外的其他渠道成员使用。

13. 联合

一些实力弱小的渠道成员因没有能力单独与有实力的渠道成员抗衡，而通过联合与有实力的渠道成员抗衡。因此，联合是实力弱小的渠道成员解决冲突问题的重要方法。

14. 退让

某些渠道成员通过退让来结束冲突。

如前所述，渠道冲突是不能完全避免的，因此，上述解决渠道冲突的各种方法自然也无法从根本上杜绝渠道冲突。然而，可以肯定的是，使用上述方法有助于在一定程度上减轻或消除部分渠道冲突，从而将渠道冲突水平控制在系统可承受的范围内。

第四节　流通渠道系统

一、流通渠道系统的构成

所谓系统是指由相互作用和相互依赖的若干组成部分结合而成的、具有特定功能的整体。要正确地对渠道结构进行分析，首先需要明确流通渠道是由相互依赖的组织或机构组成的一个系统，一个为了共同的目标——满足用户的消费需求，而相互联系、相互作用、相互依赖的系统。这个系统由两个子系统组成，即营利子系统和最终用户。前者包括一系列纵向排列的组织机构，即生产者、批发商和零售商等；后者则包括个人用户与组织用户。基于流通渠道系统的运营目的，最终用户对营利子系统的结构起着决定作用。同其他系统一样，流通渠道系统从属于一个更大的系统——流通经济系统。大系统提供输入，并规定子系统的运行规则。国家经济系统是一个包括众多子系统的更大系统，流通经济系统是其中之一。国家经济系统又是国家系统的子系统，而国家系统又是国际系统的子系统。国家系统和国际系统都包括自然的、经济的、社会的、文化的、技术的以及政治和法律的子系统，它们对某个特定系统的发展变化会产生各种影响。流通渠道在环境内作为一个处理子系统的位置如图3-7所示。

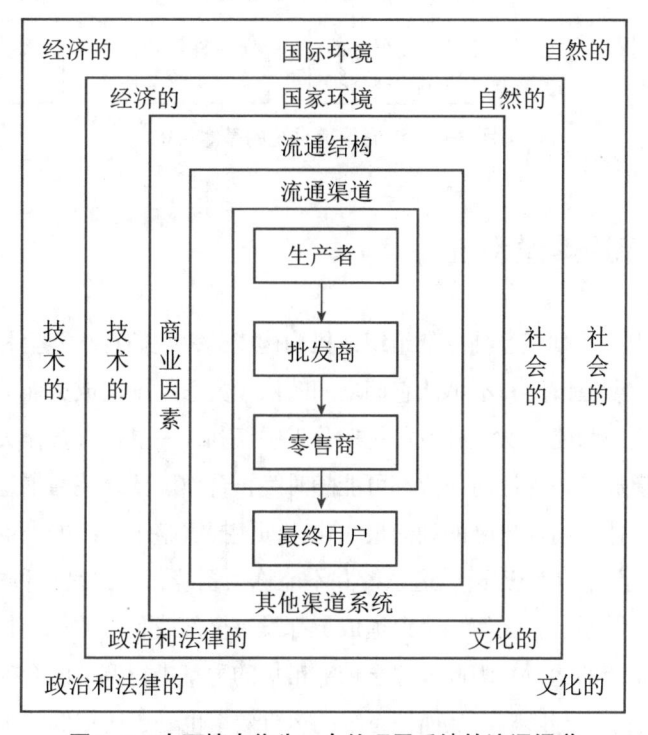

图 3-7 在环境内作为一个处理子系统的流通渠道

同所有的系统一样，流通渠道系统也是有界限的。这些界限包括地理上的（市场区域）、经济上的（处理一定业务的能力）以及人事上的（系统涉及的人员范围）。流通渠道结构的不断变化也说明流通渠道系统是一个开放的系统，每一个渠道成员都必须适应不断变化的环境，尤其是环境中的关键要素——用户需求的变化。因此，流通渠道结构的演变过程实际上是渠道中各个组织机构对渠道内部与外部环境中的经济、政治、技术以及社会力量不断适应的结果。

按照渠道成员相互联系的紧密程度，可以将流通渠道系统划分为两大类，即传统流通渠道系统和整合流通渠道系统，其基本结构如图3-8所示。

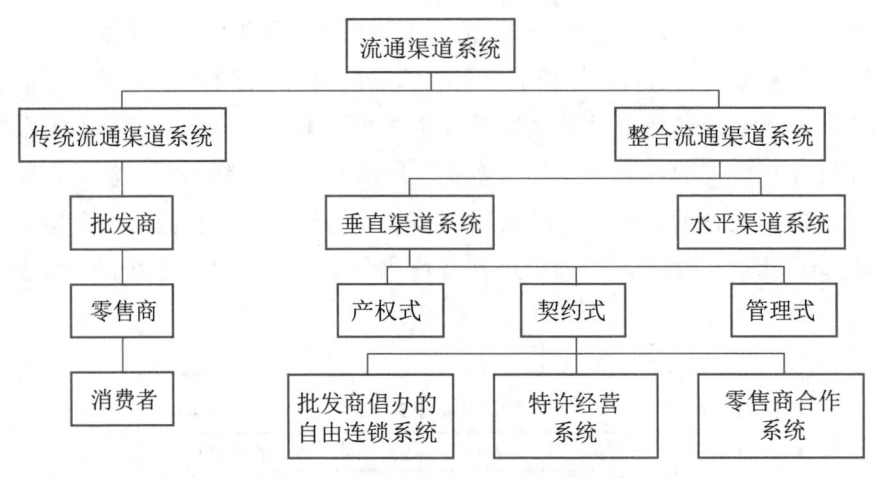

图 3-8　流通渠道系统的基本结构

二、传统流通渠道系统

流通渠道是由一系列相互独立的组织或机构构成的，它们在功能上相互依赖。在传统流通渠道系统中，渠道成员并不承认它们之间的依赖关系。渠道成员能够在一定程度上相互合作是因为它们认为能够从这种专业化的分工中获利，一旦这种合作关系无法达到各自的预期目标，渠道成员中的任何一方都可能随时终止合作。传统流通渠道系统中的渠道成员都作为独立的实体在追求自己的利润最大化，即使损害整个系统的利益也在所不惜，因此，从严格意义上讲，传统流通渠道系统并不能称为系统，而只是一种松散的合作关系。在这种松散的合作关系中，任何一个渠道成员都没有全部或足够的控制权，去影响其他成员的行为和整个系统的运行。因此，完全依靠市场的力量进行调节的合作关系为这种渠道系统的稳定性带来了不利影响，从而使系统的运行效率也处于比较低的水平。

三、整合流通渠道系统

为了使渠道系统的运作更加有效率，每一个渠道成员都必须履行相应的职责，并采取协调一致的行动。因此，必须改变传统流通渠道系统的松散状态，创造一种能够使渠道协调一致、高效率运行的机制，垂直渠道系统和水平渠道系统就是实现渠道协调的两种典型形式。

（一）垂直渠道系统

垂直渠道系统是由生产者、批发商和零售商构成的一种统一的联合体，每个渠道成员都把自己看作系统的一部分，着眼于整个渠道系统的运营效率。根据渠道成员之间联结方式的不同，垂直渠道系统包括产权式、契约式和管理式三种典型形态。

1. 产权式垂直渠道系统

产权式垂直渠道系统也称公司式垂直渠道系统，这种系统依靠产权关系在渠道成员之间建立关联，因而是一种最为紧密的组织形式。产权式垂直渠道系统是通过生产者对中间商，或中间商对生产者实施控股或参股的形式来加强渠道成员之间的联系。因此，产权式垂直渠道系统的主导者既可能是生产者，也可能是中间商。

2. 契约式垂直渠道系统

契约式垂直渠道系统通过合作契约在独立的渠道成员之间建立起比较紧密的联系，从而形成一个统一的联合体。契约式垂直渠道系统中又包含特许经营系统、批发商倡办的自由连锁系统和零售商合作系统。

（1）特许经营系统。特许者将自己所拥有的商标、商号、专利、经营模式等以合同的形式授予受许人使用，后者按合同规定，在特许者统一的业务模式下进行经营，并向特许者支付相关费用。特许经营主要有三种组织模式：第一种是由生产者组织的零售商特许经营组织，如汽车生产企业以特许方式建立的汽车专卖店；第二种是由生产者组织的批发商特许经营组织，如可口可乐公司特许各地的饮料灌装公司生产可口可乐饮料并出售给当地的零售商；第三种是由服务企业组织的特许经营组织，如麦当劳通过特许的方式开设餐厅等。

（2）批发商倡办的自由连锁系统。批发商为了与大型零售商抗衡组织独立的小型零售商成立连锁组织。

（3）零售商合作系统。若干独立的零售商组成一个新的实体来开展批发业务和可能的生产业务，进而获得规模经济效益。

3. 管理式垂直渠道系统

管理式垂直渠道系统是由某个实力强大的渠道成员组织其他成员形成的一个统一体，这种渠道系统的联结方式可以称为实力联结。在实力强大的渠道成员领导下，其他成员愿意接受该渠道领袖的领导，整个渠道系统统一运行。充当渠道领袖的渠道成员既可能是生产者，也可能是大型批发商和零售商。相对于产权式和契约式垂直渠道系统而言，这种渠道系统的紧密性要差一些。

（二）水平渠道系统

水平渠道系统是流通渠道内同一层次的若干企业采取横向联合的方式，以合资或合作等多种方式组成新的渠道系统。渠道成员之间这种联合的主要目的就是获得协同效应，充分利用其他渠道成员的资源，获得单独行动难以达到的效果。水平渠道系统既可能存在于生产者之间，也可能存在于中间商或消费者之间。

1. 生产者之间的水平渠道系统

生产者之间的水平渠道系统的典型形式是由作为小规模生产者代表的农业生产者组建的农业合作社。农业生产是一种小规模的分散生产，每个生产者都无法对市场产生影响，而当其面对相对处于垄断地位的农产品流通渠道中间商和农资流通渠道中间商时，就处于不利地位。农业生产者通过共同出资组建一种新型的商业机构——农业合作社，来进行农业合作社成员商品的销售和农资的购入，这有助于增强农业生产者在流通渠道中的影响力。

2. 中间商之间的水平渠道系统

中间商之间的水平渠道系统的典型形式是零售商合作组织，也称为零售商合作社。它在本质上也是若干小型零售商通过共同出资组建一个渠道上游机构，实现对批发和生产环节的控制。只不过在垂直渠道系统中，我们是基于渠道上下游的整合角度来看待零售商合作组织的，而这种合作组织的本质是零售商之间的水平渠道系统。

3. 消费者之间的水平渠道系统

消费者之间的水平渠道系统的典型形式是消费者合作社。消费者合作社是消费者集资入股，自愿联合的以微利价格向社员销售商品的准商业组织，因而消费者合作社的经营目的是提高消费者的经济福利，而不是获得利润。但消费者合作社为了以较低的价格向社员消费者提供商品，或以与市场相同的价格提供更高质量的商品，因此必须采取大规模采购和大规模销售等合理化经营来降低经营成本。正是这种大规模采购与大规模销售行为，使消费者合作社还可能具备批发商的职能。还有一些消费者合作社甚至从事商品生产活动，从而使消费者合作社也具有垂直渠道系统的特征。

本章小结

流通渠道是促使商品从生产领域向消费领域转移而由批发商、零售商等流通机构组成的通道。流通渠道参与者包括生产者、专业流通者、最终用户，以及流通辅助机构。

流通渠道结构是指参与完成商品由生产领域向消费领域转移的各种组织机构的构成方式。可以从流通渠道的类型、渠道的长度等方面考察流通渠道结构。影响流通渠道结构的因素包括市场、商品以及生产者、流通者和消费者等因素。

渠道权力是一个渠道成员对渠道中其他成员的行为和决策变量施加影响的能力。

渠道权力的来源有奖赏、强制、专业知识、合法性、参照与认同。一个渠道成员对另一个渠道成员运用权力的方式是影响战略，渠道成员可以选择许诺、威胁、法律、请求、信息交换、建议战略实施权力。

渠道冲突是渠道成员之间相互对立的不和谐状态。渠道冲突产生的原因包括角色对立、资源稀缺、感知差异、期望差异、决策领域分歧、目标不一致和沟通障碍。

流通渠道是一个系统，按照渠道成员相互联系的紧密程度，可以将流通渠道系统分为传统流通渠道系统和整合流通渠道系统两类，其中后者包括垂直渠道系统和水平渠道系统。

课后案例

山西某知名老陈醋的流通渠道

山西某知名老陈醋集团有限公司，是业内公认的山西老陈醋的正宗传承者，它生产的老陈醋被国人誉为"华夏第一醋"，在山西老陈醋行业中占据不可逾越的地位。它生产的老陈醋历经消费市场几十年的检验，成为享誉全国及海外市场的名品，并连续获得诸多国家级殊荣。但在当前行业标准不够健全而市场竞争日趋激烈的环境下，它的品牌影响力开始弱化，市场份额开始下降。食醋行业的微利特点使它的制造成本进一步降低的空间十分有限，而且流通渠道建设的不足导致流通渠道中的交易成本很高。供应链管理的思想为企业流通渠道整合和再造提供了全新的视角，也是当代市场竞争中制胜的必备法宝。

1. "醋香"源自品质

它在产品生产的原料供应和酿造工艺及生产流程中都严格执行各项制度及技术要求，以保证、提高产品质量，诠释品牌的诚信内涵。

一方面，在原材料采购方面，酿造产品所需的谷物原料90%以上来自它自建的生产基地。基地位于晋中盆地核心地带，远离污染源。在基地的谷物种植过程中，从选种、种植到收获，全程控制。其余部分原料由长期稳定合作的优质种植农户提供，且它对其提供的原料从种植到收获进行跟踪监测。另一方面，它承袭传统精酿工艺，能够酿出高品质的老陈醋。它生产的老陈醋不仅具有清香浓郁、绵酸醇厚的独特风味，还因富含多种游离氨基酸和有机酸，对身体健康有好处。此外，它生产的老陈醋的包装容器皆由正规生产企业提供并以托盘封闭方式运输，进一步保证了产品的安全健康。

2. 山西某知名老陈醋与消费者间的桥梁——流通渠道

现阶段连接山西某知名老陈醋生产和消费终端的渠道主要有三类：大中型连锁商

超、批发市场（经销商）、特殊渠道。具体来看，在国内大中型城市的国际性连锁商超或当地成规模的连锁商超是它的最主要流通渠道。其次为批发市场，主要是选择具有良好资质的当地经销商，将其作为一级批发商，由其辐射下级区域市场（如地市级经销商对县级及以下地区的业务辐射）。另外，还有较低比例是山西特产专卖店、火车站和飞机场的便利店及部分中高端餐饮市场等特殊渠道。

3. 流通渠道仍是"短板"

常言道："酒香不怕巷子深"，但在市场竞争愈加激烈的今天，这样的观念已经无法立足。拥有优质产品的同时，渠道建设已成为品牌走向成功不可或缺的关键步骤。它生产的老陈醋虽然品质好，但相对于市场竞争模式的快速革新，基于传统商业模式下的流通渠道已成为制约其品牌发展的"短板"。目前，它生产的老陈醋的销售基本靠一级渠道和二级渠道完成，在少数区域甚至还存在三级渠道。虽已开发了网上购物、电话购物及"东湖醋园"内直销等零级渠道，但这些渠道在渠道结构中所占比重很低。

当前，在它的流通渠道中，产、供、销各主体关系松散，整个渠道缺乏协同效应。各环节中的主体大多只重视对内的自身优化，销售企业的利润主要来源于销售收入和成本之差。各渠道成员把过多的精力用于采购价格的讨价还价，这一方面导致交易成本上升，甚至零供关系的恶化；另一方面，也易为假冒伪劣产品流入市场提供可乘之机。此外，由于整体互动和信息沟通不够，渠道中各批、零环节在库存管理、物流配送及信息反馈等方面存在低效率、高成本的现象。食醋行业微利的特点，再加上食醋市场普遍存在的低价恶性竞争，长期挤压着食醋生产企业的利润空间，它也不例外，在有限的资金能力范围内，产品研发、技术改进、品牌塑造及渠道建设等诸多方面皆需投入，进而导致其在库存管理、物流配送及信息共享等方面的基础支持系统及设施投入和建设的资金不足。支持供应链体系高效运作所需先进信息化手段及系统的缺失，直接影响了供应链体系功能的发挥，也制约着流通效率的提高。

4. 供应链体系下的流通渠道再造

英国著名的供应链管理专家认为，市场只有供应链而没有企业，21世纪的竞争不仅是企业与企业之间的竞争，也是供应链与供应链之间的竞争。在供应链的视角下，各企业间由竞争转向合作，由商业信息的互相保密走向交流共享。整个供应链的各环节通过物流、信息流、资金流彼此相连，实现整体价值最大化。

山西某知名老陈醋集团有限公司是典型的工贸一体化企业，在长期的生产经营活动中已基本奠定了其在流通渠道中的主导地位。因此，利用现代信息技术改造和集成业务流程，以其为主体向批发商、分销商、零售商再到最终用户实现前向整合。在供应链的体系下，通过对流通渠道组织结构、成员关系和基础平台的整合再造，增强产品的竞争优势。

思考题：

1. 本案例反映出来的问题是什么？
2. 你对山西某知名老陈醋的发展有何建议？

自测题

1. 什么是流通渠道？它与营销渠道有什么区别？
2. 流通渠道的参与者有哪些？
3. 流通渠道结构有哪些类型？
4. 垂直渠道系统和水平渠道系统有哪些形态？
5. 什么是渠道权力？其来源是什么？
6. 渠道冲突的原因是什么？解决渠道冲突有哪些方法？
7. 商品流通渠道结构的影响因素有哪些？

第四章 流通创新

导言

基于大数据技术的农产品流通

随着电子信息技术的不断发展，以"人工智能＋云计算"为基础的大数据技术已经在农产品生产、加工、配送、消费等各环节得到初步应用。在农产品生产、加工、配送、消费各节点嵌入大数据技术，应用数据采集和分析系统对农产品流通中的各类信息进行采集、融合、处理，构建基于大数据信息平台的智能交易网络，打造基于大数据技术的流通一体化链条。

一是在生产资料采购环节，利用大数据技术对相关供应商进行筛选，了解各供应商产品（如种子、化肥等）的价格、品牌影响力、售后服务、消费者满意度等，优中选优，为农民推荐最优的生产资料供应商。

二是在种植生产环节，收集不同农产品的种植生产信息等，建立农业生产数据库，利用基于大数据的生物信息探测技术和地理探测技术分析土壤营养度、光照、湿度、温度等种植环境因素，并与生产数据库中相关产品最优的种植条件进行比对，再利用全天候的信息监管系统对农产品种植生产进行实时调整。

三是在农产品加工环节，基于对加工商品牌实力、加工成本、加工时间、出成率、残品率等相关数据的分析，促进流通效率的提升。

四是在物流配送环节，对农民而言，要基于对物流提供商类别、服务、成本、时效、损耗率等因素的分析，根据用户需求，筛选最优的物流提供商进行合作，降低农产品流通成本，提高流通时效；对物流提供商而言，要基于对相关物流数据的收集和分析，寻求运输成本最低、运输效率最高的运输方案，实现物流资源的有效配置；对零售商而言，要基于对消费者需求信息（消费者需要什么样的产品和服务等）、农产品相关市场信息的收集和分析，对农产品种植生产信息进行修正，同时通过电商平台与消费者保持密切联系，建立供需对接的双向信息共享机制，逐步实现以需定产，以产定销。

此外，考虑到农业生产的分散性，在大数据分析基础上，具体行动措施还需要依靠农民专业合作社或农业互助协会根据分析结果来对农民进行指导，同时逐步完善农民专业合作社流通职能，保障农民利益。

资料来源：赵晓飞，付中麒. 大数据背景下我国农产品流通渠道变革实现路径与保障机制. 中国流通经济，2020，34（12）：3-10.

思考：
1. 大数据技术如何影响和改变农产品流通？
2. 农产品流通还有哪些创新方式？

学习目标

完成这一章内容的学习之后，你将可以：
1. 说明流通创新机制；
2. 概括流通创新发展趋势和驱动力量；
3. 阐述流通业态创新的内容；
4. 概述流通商主导供应链的发展模式；
5. 概述流通管理创新。

第一节 流通创新概述

一、流通创新机制

创新是发展的源泉，流通领域的创新对进一步优化资源配置、调整经济结构具有不可替代的重要作用。当前经济全球化和价值链分工不断推进，服务型经济和高新技术服务业发展趋势日益明显，流通领域的改革创新对于我国经济结构调整和产业升级至关重要。所谓流通创新是指在实体经济以信息化带动工业化的进程中，流通主体凭借先进理论、思维方法、经营管理方式和科学技术手段，对传统流通格局中的商流、物流、资金流和信息流所进行的全面改造和提升，以便全面、系统、大幅度地提高流通的效能。在此过程中，流通主体实施流通创新变革的目的是降低流通成本、提高流通效率、增进流通服务、提升企业整体竞争力。具体来讲，流通创新主要包括十个方面，即流通体制创新、管理机构创新、流通结构创新、企业制度创新、流通秩序创新、信用体系创新、中介组织创新、基础设施创新、技术手段创新、产业政策创新。从宏观的视角来讲，流通创新的内容包括流通技术创新、流通业态创新、流通模式创新、流通管理创新与流通政策创新，这几方面内容相互联系，相互影响，且流通技术创新、流通业态创新、流通模式创新、流通管理创新是围绕流通政策创新展开的，即流通政策创新是流通创新的核心。

流通创新不是单因素的创新，它需要各种因素共同发生作用。流通创新源于新技术的开发与运用，以硬性创新作为流通创新的初始动力。在表现形式上，通过对硬性创新的灵活应用，从而实现商业模式的软性创新。较制造业创新强调技术研发而言，流通创新的内涵更加多元化，更富于动态性。全球分工、技术进步、消费升级、交易成本等因素对流通创新的各个方面也起着直接、重要甚至是决定性的作用。因此，流通创新系统应遵循以下运行机制：创新主体是真正发挥流通作用和实施流通行为的组织，在当今经济和技术格局下，受全球分工、技术进步、消费升级、交易成本等因素的共同影响，创新主体开始主动谋求流通创新行为。与此同时，创新主体也从流通企业不断转变为供应链、企业联盟等组织化的形式。最后，这些驱动因素共同促进整个创新系统在政策、技术、业态、模式和管理等方面不断创新。流通创新运行机制如图 4-1 所示。

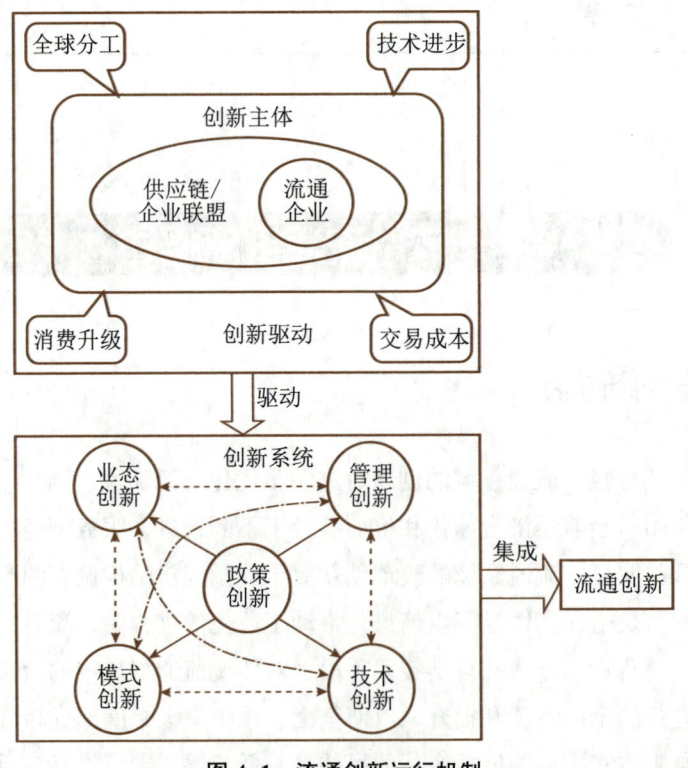

图 4-1 流通创新运行机制

二、流通创新发展趋势

（一）创新组织化

随着技术创新的加速和全球流通市场竞争的日趋激烈，企业生存与发展问题的复杂性、综合性和系统性逐渐凸显，现代市场的竞争日益表现为供应链组织之间的竞争，而非单个企业之间的竞争。因此，从供应链的角度出发，整合上下游企业，形成相互信任、共担风险、共享收益的流通伙伴关系，加强供应链管理，提高产业链整合能力和流通供应链的整体竞争力，已经成为流通领域发展的主流方向。供应链是由产品流通过程中围绕"将商品或服务送达最终用户"这一过程的上下游企业形成的网链结构。供应链上的生产商、批发商、零售商以及物流商之间已超出了原有的市场竞争和交易关系，日益发展成为相互依赖、相互协作的战略联盟。只有通过建立供应链伙伴机制，搭建信息共享平台，整合各企业的核心能力，扬长避短，优势互补，才能提升流通主体的创新能力和竞争力，最终创造更多的价值。此外，流通企业间通过重组、兼并、收购以及结成企业联盟等方式来实现技术引入和流通渠道的整合也并不少见。

（二）技术密集化

科学技术是第一生产力。过去我国一直把流通产业视作劳动密集型产业，不重视流通领域相关技术的开发与应用，但是，发达国家的流通产业早已显示出技术密集型特征。随着新一轮技术革命的到来，现代流通技术创新重点在移动互联网技术、数据分析技术、电子商务技术、一体化技术以及人工智能、区块链等新领域发展，流通技术的密集创新和广泛应用使流通的时间与空间距离极度压缩，社会经济生活的运行效率全面提高，这充分说明现代流通领域技术密集化的发展趋势。流通技术的应用促进了我国流通领域自动化、信息化、标准化和现代化，改造了传统的流通体系，为流通产业的跳跃式升级提供了技术保障。甚至有人认为，流通发展史就是一部人类技术进步史。

（三）流通国际化

从全球范围来看，现代流通的发展已呈现国际化趋势。在社会生产力空前提高、全球分工和交易空前扩大、科学技术特别是信息技术空前发展的阶段，流通从过去局部的、碎片化的、不连贯的运动过程，变成了规模化、专业化、国际化的运动过程；

从过去只有有形商品的流通，变成了包括有形商品和无形商品等有着更多要素禀赋的全要素流通；从生产和流通相对分离、相对独立，变成了两者日益融合与统一的过程。现代流通已经成为一种黏合物，把全球经济连接在一起。所以，经济全球化实际上就是流通国际化，就是现代流通推动经济全球化的形成过程。当部分国家采取贸易保护行为使流通受阻时，"一带一路"倡议、《区域全面经济伙伴关系协定》（Regional Comprehensive Economic Partnership，RCEP）等区域经济一体化协议成为流通国际化的主要途径，它有助于打破国家间的贸易壁垒，促进伙伴成员间的贸易互惠和流通便利化。

（四）消费主导化

从临时集市到随时随地购物，从千里传书到即时通信，从粮票、布票到移动支付，从漫长的邮件配送到门到门的极速送达，购物方式、通信方式、支付方式、物流配送的变革极大地拉近了生产者与消费者之间的距离，流通过程大大缩减，消费体验不断提升，以消费者为主导的时代已经来临。一方面，由于传统的生产主导的供应模式存在诸多弊端，生产与消费严重脱节，流通企业越来越重视消费需求的动态变化；另一方面，移动通信技术进一步打通各个流通环节，互联网、大数据等技术使消费者需求分析和预测更为精准，满足消费者需求的能力成为衡量流通企业核心竞争力的重要标准。因此，服务主导型产业结构逐渐形成，流通经济从制造主导型向消费主导型转变，消费主导化成为流通的发展趋势。

三、流通创新驱动力量

（一）经济全球化

以创新驱动发展战略引领流通产业发展

21世纪，随着国际范围内市场经济体制的基本建立和逐步完善，跨国公司根据各个国家和地区要素禀赋与价格的差异进行全球配置，产生了全球价值链。伴随着全球价值链的不断拓展和深化，制造与服务被不断细分，贸易全球化和流通国际化趋势不断加强。虽然略微抬头的贸易保护主义使传统的多边贸易体制受到挑战，但区域经济的一体化发展打破多国经济区域内的壁垒，在便利供应链潜在成员之间贸易、促进生产网络的跨国分布、形成更广阔的产品和资源要素流通市场方面发挥了重要作用。这种流通经济的国际化和区域化使流通创新成为创造利润价值的行为，流通技术、流通业态、流通模式、流通管理的创新成为流通企业提高竞争力的途径，流通技术、流通组织、流通体系、流通政策的创新成为促进经济体内流通产业整体升级的重要方式。因此，流通国际化不仅增强了流通主体的创新动力，而且促进了流通创新要素的跨区域流动。

（二）技术创新

在特定的经济技术发展环境下，外在的技术革命推动流通领域技术的迭代，流通企业在全球激烈的市场竞争中为了获得超额利润和竞争优势而不断进行技术创新，进而推动了流通领域技术的不断变革。流通技术创新是指流通产业或企业通过采用新技术、新的流通作业方式，对流通资源、流通要素进行新的组合，以提高流通效率，实现流通利润，提升产业或企业竞争力的过程。其目标在于尽可能地消灭流通过程中一切的停顿，全面提高经济运行的效率和质量。流通技术创新是流通创新的关键驱动力，新业态、新模式、新管理的衍生和发展离不开技术的加持。

随着新一轮信息技术革命的展开，电子商务、移动互联网、大数据、物联网、云计算、RFID（Radio Frequency Identification，无线射频识别）技术等新型信息技术不断涌现并得到了广泛应用，而且推动一系列流通创新加速涌现。例如，电子商务、移动互联网、快捷支付等技术使网上购物成为主流零售业态，电子数据交换和移动通信技术的发达实现了供应链的快速和柔性响应，大数据采集与分析技术提升了流通企业对消费者的洞察效率，物联网、RFID技术使物流透明化、商品全程追踪得以实现。5G通信技术、区块链技术在流通领域的应用大幅提升了流通的效率和安全性，使流通更加透明化。这些技术的应用不仅颠覆了流通主体的发展理念和经营形态，而且改变了消费者的需求和期望服务模式，这对流通的业态、发展模式、流通渠道、服务方式、组织结构、增值服务等都产生了重大影响。

（三）消费升级

现代消费升级分为以下三个维度。

1. 消费结构升级

消费结构升级是指以商品本身的变革升级，随着我国经济的发展，城乡居民收入水平普遍提高，需求结构从生存型向社会型、享受型和自我实现型转变，促使居民消费结构中的休闲消费和服务消费占比上升，而实物消费的占比下降。

2. 消费方式升级

消费方式升级是指社会生产和交换的方式升级，生产者利用大数据来实现按需生产、智能生产、定制生产，消费方式由线下向线上线下融合转变，呈现个性化、多元化消费。

3. 消费观念升级

消费观念升级是指消费者开始追求精神上的享受，消费理念和行为从以往的大规模、同质化、普及型的消费，向差异化、多元化、高品质的新消费转型，进入了"从量到质""从有到好""求新求特"的新阶段。

消费升级对产业升级具有引导作用，给生产和流通带来了机遇。在消费端用户驱动模式下，数据驱动颠覆了以往生产和流通的运作模式，产业供应链管理逐渐从工业时代模式转向互联网模式，以往的"金字塔模式"被扁平化的供应链结构取代；"互联网+"推动流通变革继续纵深发展，全渠道零售、仓配一体化、跨境电商、供应链管理、集成物流高速发展。

（四）交易成本

交易费用是在交易过程中所需费用的统称，从广义上来解释，它源于交易成本。企业的存在是为了节约交易费用。在存在分工的条件下，交易是人们的各种经济关系的中心环节，也就是说，有交换活动就有交易成本，有交易存在就有流通成本。降低流通成本意味着交易成本的降低。我国在加入世界贸易组织以后，与世界的融合越来越深入。在面对国内产业结构、需求结构不断优化带来的发展机遇的同时，我国的流通产业在严峻的国际化竞争态势下始终面临着降低流通成本的难题。流通环节薄弱、成本过高始终是影响我国经济国际竞争力的一个重要问题。传统流通领域存在诸多问题。例如，流通主体经营管理及组织模式僵化，传统流通技术现代化、信息化程度低，物流配送技术落后，流通业态和发展模式无法满足消费者需求等。再加上租金费用、人工成本的上升和配送要求的提高等，流通企业必须进行自主创新，重新审视流通环节，优化供应链系统，降低系统流通成本。

第二节　流通业态创新

在不同的发展时期，流通业，尤其是零售业的业态创新适应时代的发展，给消费者带来全新的体验，也促进企业提高盈利能力和开辟新的市场空间。当前我国流通组织现代化程度不断加深，流通组织形式不断发展，流通业态结构比例不断调整。"虚实结合、分工协作、多元模式"是当前流通业态模式创新和组织结构调整的基本原则。以满足消费者个性化需求为目的，流通业态模式和结构转型的主要方向为：一是不断创新电子虚拟流通方式；二是大力发展线上线下综合业态模式；三是创新多种新型零售业态的混合发展模式；四是开发购物与综合服务为一体的便民零售业态模式。也就是说，流通企业为了能更好地满足消费者的需求，获得更高的利润水平，一方面会不断谋求在原有业态下的协同融合，推陈出新，以充分发挥业态自身所具有的原发优势；另一方面会通过业态创新或引进新业态来形成自己的竞争优势或实现自身的多业态经营。

一、流通业态融合

（一）批零去边界化融合

过去，我国的批发业更注重向生产领域延伸，将生产基地、加工企业及储藏、保鲜、运输等环节连为一体，实行前向流通一体化。但是网上商店、拼团类电商平台、社区O2O店铺等新零售业态日益成熟，上游生产企业开始寻求直接与消费终端连接，"去中间化"的趋势使批发环节逐渐被弱化。因此，批发业越来越向消费领域延伸，将批发、拍卖、零售、直销、运送等环节连为一体，实行后向流通一体化，甚至与批发商、零售商及消费者通过合同关系形成协约一体化。"线上+线下+批发+零售"的业态组合成为传统实体批发商的转型方向，在新的业态经营方式下，流通企业批零兼营，更加注重消费体验和终端零售，强调以线上为引导、线下为主导，走相互融合的发展之路。拼多多依靠"社交+电商"的拼团模式使得市场份额快速增长；浙江义乌小商品城依托实体市场上线"义乌购"官网，开启在线零售业务，吸引数万家商户入驻。

（二）零售多元化融合

零售进入多元时代，业态朝着复杂化、多元化的方向发展，尤其是在"新零售"理念的渗透下，传统零售业态不断创新融合。零售业态融合指将多种单一的业态形式在空间或服务方式、服务内容、服务对象上组合成为一种能满足人们需求的新业态形式的现象。在零售实践中，零售业态融合的主要形式包括：

1. 实体店铺与虚拟店铺融合

零售企业倾向于有店铺业态与无店铺业态的混合经营。这种模式弥补了有店铺业态的时间、空间以及互动等方面的不足，同时又具有无店铺业态所不具备的购物体验和感受。例如，沃尔玛、银泰百货等企业纷纷通过入驻电商平台、自建网上商城等方式开启线上零售业务。

2. 零售业态多元融合

传统零售业态为了生存纷纷采取多业态战略，即把两种或两种以上的业态按各自的功能有机组合的战略[①]，其结果就是业态的创新融合。典型模式如"百超模式"，它是指百货业态和超市业态相互融合、自成一体，通常是在同一场所、采用统一商号的百货和超市联合经营。

3. 新业态空间融合

实体门店的升级、服务商的涌现使复合零售业态中出现了更加丰富的业态布局和组合，更多地强调顾客体验，体现人文关怀理念。例如，购物中心里的业态包括大型综合超市、专业店、专卖店、饮食店、杂品店和创意产品体验店、快闪店以及其他休闲服务场所等，把购物和娱乐休闲结合在一起。

（三）物流集成化融合

数字化、信息化集成技术改变了物流原有的业态形式和运作流程，加速了物流与其他流通环节的协同和融合，促使整个供应链系统最优化。一方面，电商物流呈现爆发式增长。物流业，尤其是快递业的蓬勃发展离不开电子商务市场的发展和壮大，特别是物流业掌握着消费终端的"最后一公里"，因而电商物流一体化成为发展趋势。除了电商企业选择自营物流或者自建物流集成平台来提升流通效率和优化物流配送服务，物流企业也纷纷涉足零售领域，切入生鲜农产品、进口商品等品类零售，甚至把关生产环节，推行产销直供模式。例如，京东自建物流系统；菜鸟物流整合了基于淘宝业务发展起来的"通达系"物流企业；顺丰上线了顺丰优选，开设了线下顺丰嘿店等。另一方面，物流集成平台发展如火如荼。技术是流通创新的第一动力，除了第三方物流企业和供应链企业，智能物流集成平台也发展起来并日益成熟。基于互联网、云计算、物联网、GIS（Geographic Information System，地理信息系统）等技术，这些背靠科技力量的虚拟物流集成企业整合了如图 4-2 所示的"云 + 网 + 端"的物流区块结构，即集成了终端数据运营和数据采集终端，物流管理 SaaS（Software as a Service，软件即服务）、物流管理系统开发平台和物流集成平台，支撑大数据处理的云端服务，从而打造出物流运输公共信息平台、智能物流港、跨境电商公共服务平台、智能云仓系统平台等一系列物流集成平台。需要指出的是，物流管理 SaaS 是"网"的核心。SaaS 指通过网络提供的软件服务，而物流管理 SaaS 就是以"互联网平台 + 移动互联网平台"为载体，将流通渠道的参与者连接起来，通过对订单产品进行导入、调度、追踪与异常管理等，密切了解消费者在各环节的需求，这为物流管理系统开发平台与物流集成平台的运营奠定了基础，实现了物流管理效率的提升。可见，"网"是通过数据采集终端和终端数据运营支撑的，即"网"由"端"支撑，最终又形成"云"服务，致力于为

---

① 贺翔. 零售企业的业态战略. 经营与管理，2007（9）：39-40.

消费者提供极致的物流服务体验。

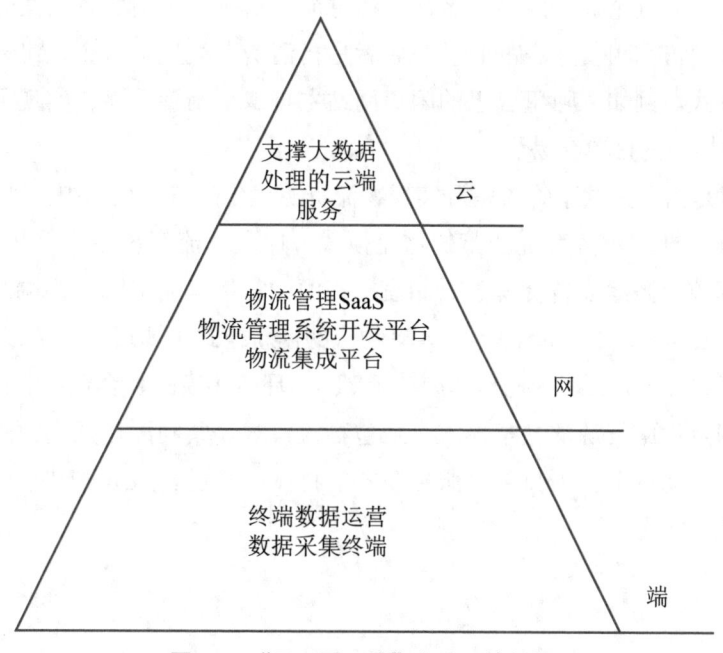

图 4-2 "云+网+端"物流区块结构

二、流通业态升级

（一）共享业态

流通业态创新的过程，实际上就是流通企业针对市场需求重新进行市场定位和实现定位的过程。所以，新业态的产生来源于目标市场需求的更新，用户需求就是共享业态的土壤。作为备受市场和资本青睐的新经济形态，共享业态在各个领域遍地开花。共享经济又称分享经济、协作经济，是从商品未被其所有者充分利用的闲置潜能中获得价值。共享经济的本质就是整合闲置资源，以较低的价格提供商品或服务，从而换取经济收益的一种方式，其核心是使开放和共享成为提供良好顾客体验的低成本、高效率路径。

共享经济转变了流通企业和消费者的观念，使流通企业开始接受"共享有形产品、升级无形服务"，使消费者尝试部分商品销售使用权而非所有权。共享零售充分体现了"社交+商务+利益共享"的理念，它具备三个基本要素：一是 App 商品与服务，由零售平台提供，由参与者在社交网络分享；二是零售平台，提供商品、信息、链接、支付、售后服务等技术支持；三是众多参与者，众多参与者免费利用平台，从分享中获利。共享零售的主要形式分为 B2C 和 C2C（Customer to Customer，消费者对消费者）两种，前者是指通过企业之间共享客流、信息流、物流以及消费者之间分享信息的方式来增加企业销售和租赁业务的收益；后者是指消费者通过平台企业出售闲置资源来获得收入的方式。例如，阿里巴巴的闲鱼网站主打二手闲置交易，实现了过亿的用户注册量和高速增长的订单交易量。

共享物流是指通过共享物流资源实现物流资源优化配置，从而提高物流系统效率，降低物流成本，推动物流系统变革的物流模式。这些物流资源主要是物流信息资源、技术与产品资源、搬运设备资源、仓储设施资源、货物运输资源、终端配送资源、物流人力资源以及跨界的相关资源等。共享物流的创新模式主要可以分为以下 10 种：云仓资源共享模式、单元器具（托盘、周转箱等）循环共用模式、企业物流设备资源共享模式、末端网点设施资源的共享模式、众包物流模式、共同配送共享模式、运力整合服务共享模式、物流工程项目共享服务模式、物流中心运营服务的共享模式和物流设施设备跨界共享模式。

案例

共享物流解忧生鲜冷链物流

生鲜电商生意难，主要原因在于保"鲜"。生鲜品的物流对仓储设备、运输设备等都有较高的要求，因而冷链物流成本和服务质量都是影响生鲜电商发展的重要因素。生鲜冷链物流的痛点在于 B2C 冷链外包难以做好。以顺丰冷链为例，顺丰宣称拥有强大的空中干线网络，时效优势明显，但是顺丰的生鲜品中转和普通快递是在一起的，生鲜品在此过程中极易受损，而且生鲜品对储运环境设备要求高，顺丰并非专业冷链物流商，并不能在根本上解决冷链物流难题。但是，共享物流业态有助于解决冷链物流难题，通过众包物流模式可以破解生鲜电商流通难题。

"微仓+门店+O2O"众包物流模式借助分散面广、网点多、渗透于城市社区内部的微仓、门店，结合线上线下的融合，广泛整合社会闲散力量，尤其是优秀的同城配送队伍，共同解决生鲜品配送难题。在共享业态下，外卖到家服务已有相当规模，一群收入稳定的兼职外卖员和电商订单的配送员构成了配送服务的人员基础。以阳澄湖大闸蟹进京的运作模式为例：首先，大闸蟹通过产地干线运输的方式进入北京新发地农产品批发市场；然后，大闸蟹被输送至北京城区的众多微仓，如社区生鲜超市、小型生鲜农产品批发市场等，通过信息同步传递，联动完成"最后一公里"的配送。原来大闸蟹从北京新发地农产品批发市场送达用户手中需要大约 5 个小时，而从农产批发市场到城市微仓或门店，再到用户，借助兼职配送人员的服务，1小时便可以完成。此外，城市微仓还可以完成给门店补货、退货处理、订单生产等任务，极大提升了供应链服务水平。

共同配送的众包物流模式最大的优点就是灵活，随叫随到。在移动互联网时代，只要拥有一部智能手机和简单的交通工具，就可以加入众包物流模式中。目前，许多企业采取众包物流模式解决"最后一公里"的配送难题。比如，鲜活农产品的同城配送，在众包物流模式下，任何人只要有闲暇时间，都可以参与配送。对于物流配送公司来说，众包物流模式可以减少固定人员的使用，而且可以提高配送货物的速度。

目前，生鲜电商的冷链物流正在朝着自建和外包两个方向发展，但是缺少整体资源的统筹衔接。如何将同城配送的渠道下沉，将城市大仓和微仓高效地衔接起来，是解决渠道下沉的突破口。

资料来源：燕鹏飞. 智能物流：链接"互联网+"时代亿万商业梦想. 北京：人民邮电出版社，2017.

思考题：

1. 如何理解生鲜电商配送难？
2. 共享物流的业态优势在哪里？

（二）无人业态

在共享经济之后，无人业态被誉为流通领域的下一个"风口"。相较传统流通业态而言，无人业态背后凝结着人脸识别、指纹识别、电子支付、物联网等多种技术，技术的深度渗透和支撑成为无人业态的显著特征。

从阿里巴巴提出的"新零售"，到京东倡导的"无界零售"，再到苏宁主张的"智慧零售"，都属于零售创新。如今，无人零售成为零售的创新业态。根据艾瑞咨询发布的《中国无人零售行业研究报告（2017年）》，无人零售是指在没有营业员、收银员以及其他商店工作人员的情况下，由消费者自助进行进店、挑选、支付等全部购物活动的零售形态，也就是基于智能技术而实现无人值守的新零售业态。无人零售包含以开放货架、自动贩卖机、无人便利店和无人超市为主的实体零售中无人值守的部分。无人零售的出现改变了人们对传统意义上的"人、货、场"三要素的理解，随着应用场景的丰富、市场渗透率的不断提高，再加上资本的加持，无人零售发展前景被普遍看好。

在物流业，随着无人仓、无人车、无人机等众多无人物流科技产品的落地与常态化运营，无人物流2.0时代正在加速到来。无人物流，顾名思义就是指在物流运输、储存、装卸搬运、包装、流通加工、配送等环节中，由智能化的无人设施和设备进行货物的实际操作的物流新业态。2018 年是无人物流技术加速实践的一年，一批专注于科技创新的电商物流企业率先将智能云仓、智能车队投入运营，这不仅更新了物流的运作流程，创新了无人操作的物流新业态，而且推动了物流业的自动化、标准化、透明化和智能化进程。无人物流的代表企业为京东、苏宁等。无人技术的使用促进了流通升级，全流程的智慧物流布局能有效解决流通行业降本增效的难题，同时这些智能设备逐渐走进人们的日常生活，将为用户提供更加"智慧、准时、轻简"的服务。但是，无人技术的发展面临着众多"瓶颈"。例如，政策管制、成本与商业模式、技术安全及标准、受众偏好等因素均制约着无人车、无人机、无人仓的发展，真正推广全流程的无人业态仍然存在困难。

第三节　流通模式创新

我国进入经济发展"新常态"，流通经济的发展环境和条件发生了根本性改变，特别是随着我国进入工业化中后期、"中国制造 2025"战略深入实施、居民消费结构加速升级、信息技术飞速发展和广泛应用，以"互联网＋流通"和跨界融合为特征的新一轮流通革命正在悄然兴起。与以往的流通革命不同，这一轮流通革命是对流通本质的突破性或创造性改变，其本质是跨界、融合与服务集成。因此，只有顺应"互联网＋"发展趋势，加快推进流通模式创新发展，促进线上线下的全渠道融合、基于功能集成的产业融合和全流通链条协同的供应链整合，才能有效推动经济结构转型和实体经济升级。

一、线上线下融合的全渠道模式

根据马克思的流通理论，商品流通是商品交换的过程，流通的主要功能是中介交易功能。随着经济的不断发展和现代信息技术的深度应用，流通的范围越来越大，渠道越来越丰富。互联网、电子商务、大数据技术的发展和应用重塑了传统的流通方式，促进了新兴流通方式的出现和发展。特别是在"互联网＋"和实体经济转型的背景下，本质上基于互联网技术的商业模式创新成为流通发展的必然趋势，流通企业纷纷从单纯的线上创新转为线上线下融合的全渠道模式。这种模式将线下商务与线上互联网结合，不仅表现为实体流通企业向线上拓展业务和渠道，也表现为电商企业向线下延伸。

（一）电子商务模式创新多元发展

电子商务、移动支付、物流的崛起使网上商店这一零售业态异军突起，网络购物成为大众化的消费方式。在电子商务发展初期，B2B 和 C2C 是电子商务的主要模式，对改变消费者消费观念和消费方式起到了重要作用。随着新技术和商业模式普及程度的提升以及大量多样化需求的涌现，各种新兴电商模式开始出现并得以快速发展。例如，在网络零售领域，在 C2C 模式快速发展的带动下，B2C 等新型网络购物模式不断涌现，形成了包括电商平台、自营电商、品牌电商、团购电商、专营电商等多元化和差异化的网购业态格局。

（二）实体流通企业积极"触网入云"

面对电商的冲击，传统实体流通企业也纷纷"触网"，依托自身的线下优势，积极向线上拓展业务和渠道，通过自建购物网站、与电商平台合作、投资并购电商网络等多种方式，尝试将互联网和电商平台作为延伸业务和整合渠道的重要途径，探索线上线下融合创新发展。许多中外大型零售企业积极实施电子商务战略，开拓网络销售渠道，探索线上线下业务联动，实现"互联网＋实体店铺"的融合互动发展。不过，实体流通企业上线网络零售业务，面临的一个重要难题是如何实现线上线下同品同价。流通的本质是要创造利润，是要实现成本与收入差额的最大化。网上商城最大的竞争力就在于方便和实惠，线上线下同价就是为了缩小消费者认知中的不确定性造成的障碍，使消费者毫无顾虑地购买。但是如果网上商城的产品售价过低，就会对实体门店的销售产生冲击。此外，采销统一影响线上的灵活度，厂商、渠道商、导购三方利益博弈以及线下调价存在延迟等因素会阻碍线上线下同品同价的实现。

（三）电商企业加快落地实体

从增长趋势看，经过多年快速增长之后，电子商务扩张速度开始变慢，依托资本运作、用户点击、增值服务的线上发展模式也正在发生一定的改变。为了寻求可持续发展，一些电商企业纷纷加速线下业务布局，通过与实体商业流通企业合作、投资入股、兼并重组等方式，开展线上线下联动的创新探索。通过与线下实体商业流通企业合资合作，电商企业着力对线下实体商业资源进行网络化、信息化和数字化改造，借助大数据和移动端，进一步整合线上线下资源，以创造新的商业模式，改善用户体验和更好地满足用户需求，提升电商企业的整体竞争力。例如，电商企业与实体流通企业合作，线上做平台，线下做体验店，探索线上线下融合发展模式。

案例

"门店+互联网+物联网"助力乡镇零售店

汇通达网络股份有限公司（简称"汇通达"），成立于2010年，总部位于江苏南京，是中国领先的立足于农村市场的产业互联网平台。汇通达通过"门店+互联网+物联网"的数字化方式，建设城乡双向流通"新商路"，培养乡村本地化"新农商"，培育乡镇经济"新动能"，助力乡村振兴。

1. 建设城乡双向流通"新商路"

以产业互联网的方法建设城乡双向流通的数字化"新商路"：重点解决"两端一路"。在供应端，以"产业+互联网+数据+服务"的方式，助力上千家品牌工厂产品直达乡镇，让农民"买得好，少花钱"，推动供给侧柔性制造、降本增效。在乡镇零售端，通过"5+赋能"（+互联网工具、+供应链、+社群营销、+培训、+金融服务）帮助乡镇零售店"一店三开"（线下体验店、线上网店、社群直播店），实现数字化转型，精准服务农民，让农民"卖得好，多赚钱"。同时，建设了链接端到端的全链路的数字服务平台，为城乡两个市场的生产、经营主体搭建了一个共享的类似GPS（Global Positioning System，全球定位系统）的数字服务系统，对城乡两端的资源和需求进行精准对接和匹配。目前，已经初步建成了一条链接城乡的"双向六车道"数字化高速公路（"新商路"）。

2. 培养乡村本地化"新农商"

汇通达积极在农村开展"新农商""新农人"培训，助力乡村人才振兴。成立了天网、地网、人网"三网合一"的运营服务组织，针对会员店数智零售转型需求，开发面向会员店的课程体系，做到课程细分、精准培训。围绕乡镇零售店的经营能力提升，开发"扶智扶技""店老板培训班""老板娘培训班""薪火计划"等各类培训项目，开展互联网知识、互联网工具使用、互联网营销手段、网络直播带货等方面技能培训，帮助农村经营者认同新技术、善用新工具、武装新思维，真正让手机成为新农具、让数据成为新农资、让直播成为新农活。目前，已经累计培训农村电商人才超10万人次，带动3万多名新农人回乡创业。

3. 培育乡镇经济"新动能"

汇通达始终秉承"做大会员店的生意就是我们最大的生意"，始终坚持赋能理念，通过持续帮助它们做大生意，改善经营之道，提升管理观念，同时将乡镇店的"消费、服务、经营、税收、就业"本地化，真正实现乡镇经济的良性循环，推动全产业链降本增效，源源不断地为农村经济增添新活力，助力乡村振兴战略落地及国家数字乡村建设。

资料来源：中国连锁经营协会. 全渠道融合可持续发展最佳实践案例集（2021）.（2021-11-26）[2021-11-29]. http://www.ccfa.org.cn/portal/cn/xiangxi.jsp?id=443042&type=10004. 引用时有修改。

思考题：

1. 如何对乡镇零售店进行数字化改造？
2. 农村商品流通如何实现线上线下融合的全渠道模式？

二、跨越产业边界的产业融合模式

产业融合是一种为适应更好的产业增长而发生的产业边界的收缩或消失。产业融合通过技术革新和放宽限制来降低行业间的壁垒，加强企业间的竞争合作关系[1]。作为一种新的产业创新和变革方式，产业融合通过技术、产业间的相互渗透、功能互补和延伸，改变了原有产业的性质和形态，创新了企业经营的商业模式。产业融合既包括技术融合，也包括功能融合和市场融合，流通业通过与农业、工业和其他服务业的融合，促进了产业链延伸、功能集成和商业模式创新，推动了产业的升级。

（一）流通业与农业融合

流通业与农业融合可以促进农产品流通。最初，流通业只单纯承担农、林、牧、渔产品的交换功能。随着分工的深化和细化，流通业作为农业服务的投入要素，对推进农业现代化生产和流通，优化农产品供应链条发挥了重要作用。基于线上线下融合的农产品O2O模式是实现流通业与农业融合的重要途径，它能够提高农产品流通效率，可以在一定程度上平抑农产品价格，确保农产品质量。现有的各类生鲜电子商务业态主要分为平台型电商、垂直电商、专业化本地电商和O2O电子商务四类。随着消费者进入移动社交互联的SoLoMo（Social+Local+Mobile，社交+本地化+移动）时代，应用LBS（Location-based Service，基于位置的服务），生鲜农产品流通朝着本地化、社区化、社交化、服务化方向发展，O2O模式在实践中不断衍生出农超对接、社区支持农业（Community Support Agriculture，CSA）、生鲜社群模式、特色订单农业等多种方式。

（二）流通业与工业融合

流通业与工业融合引导工业转型升级，实现从消费、流通到生产的全面创新。其中，在消费者需求多样化与个性化的驱动下，全球服务业迅速发展，社会经济由传统工业经济进入服务经济时代，流通业与制造业出现向对方延伸、渗透的融合发展趋

---

[1] 植草益. 信息通讯业的产业融合. 中国工业经济，2001（2）：24-27.

势，呈现两者互动的新特点。流通业直接连接消费市场，能够对市场需求变化做出敏锐的预测和反应，对互联网、大数据等新技术的创新和应用也最为活跃，已经成为引领生产变革、促进供需有效对接的"市场化机制"。促进流通与制造融合，推动批发、采购、制造等供应链上游各环节加速创新，并形成众筹、定制等新型的商业模式，引发制造业进行以市场为导向、以信息为中枢、以柔性制造技术为基础的产业革命。这有助于优化流通环境，提升产业链绩效，改变我国制造业大而不强的产业链分工弱势地位。

（三）流通业与其他服务业融合

流通业与其他服务业融合促进消费升级。近年来，随着我国服务业的快速发展，居民消费结构由物质消费向服务消费升级，"互联网+流通"的融合模式在向商品领域全面拓展的同时，也开始向服务领域加速渗透。服务业内部业务集成、资源整合与跨界融合成为我国经济发展"新常态"的重要特征。在流通领域，电子商务、分享经济等新业态、新模式的发展，推动了流通业与文化、旅游、健康、养老等服务业的融合渗透，服务化成为流通业发展的新特征。基于功能集成的产业融合衍生出了商、旅、文一体化发展模式，社区商业服务集成模式等。基于高新技术服务业的技术优势，O2O模式在住宿、餐饮、家政、装修、婚庆、教育等服务领域中的应用层出不穷，尤其是休闲娱乐和住宿餐饮业。流通业与其他服务业的融合大大降低了交易成本，丰富了增值服务，并提升了客户体验。例如，作为业态融合先锋的盒马鲜生，是零售、电商和物流融合的典型代表，丰富新鲜的商品、兼具"堂吃+到家"两种餐饮模式、完整的物流配送体系，充分迎合了消费者的新需求。

三、全流通链条互动的供应链模式

互联网通信技术在全球分工网络中的应用使加工制造与物流、批发、零售等流通产业链上下游各环节实现一体化集成创新，流通组织朝着扁平化方向发展。同时，现代产业链的发展方向逐渐由商品主导转向服务主导。在服务主导的逻辑下，产业链各个环节所有参与者都是资源整合者，共同组成服务生态系统。由流通环节中某一企业主导，以流通服务集成创新为核心，形成了供应链服务集成模式。流通商主导供应链的发展模式主要有制造商主导模式、批发商主导模式、零售商主导模式和物流商主导模式四种。随着流通在社会中的地位不断提高，过去由制造商在分销渠道中占主导地位的局面逐渐被打破，供应链上的主导力量正由生产环节向流通环节转移，处于中下游的批发商、零售商以及第三方、第四方物流商的地位不断提升，因此，更贴近消费端的流通商主导模式逐渐发展成主流模式。

（一）制造商主导模式

传统的制造商主导模式是指由一个大型制造企业主导，通过特定的互联网平台，形成生产、检验认证、物流、贸易、金融、营销、价格指导、交易等业务集成并跨界融合的供应链服务集成创新模式。典型的路径就是从生产商转变为制造业零售商。制造业零售商是生产商借助产品优势向下游扩展，自辟销售渠道，直接与消费者对接，对消费需求快速反应的组织方式。这种组织方式适用于大型的生产制造商。在价值网络中，生产商居于核心地位，对整个产品设计、制造过程进行控制，在向用户搜集需求信息和产品使用信息的基础上，确定系统的设计规则，并自由选择供应商、产品设计者和制造商生产产品，通过自建物流或自由选择物流企业直接向用户销售商品。这种模式使制造业零售商大大缩短了流通时间、提高了流通效率，促进了生产和零售的产业融合。

（二）批发商主导模式

虽然互联网技术的广泛应用使信息不对称问题得到一定程度的解决，但是流通组织结构扁平化、"去中间化"的趋势越发明显，生产商采取前向一体化方式接受终端市场，零售商采取后向一体化方式自行采购兼营批发，使作为流通体系和市场网络中心的批发环节的分销功能被逐步弱化。但批发商在流通供应链的动态演进中，在双向整合和约束流通供应链条方面仍然存在着专业优势，许多批发商、分销商等中间流通商向供应链综合服务提供商、集成商转变。批发商主导型模式是指批发企业综合运用其信息、渠道、采购等方面优势，重新组合制造商和中小零售商，汇聚多维供应链关系，形成一个相互依赖、紧密合作的利益共同体，并居中进行服务优化和关系协调。批发商主导的供应链管理模式有助于减少组织成员之间由过度搜寻、谈判、磋商、甄别等导致的市场成本和交易风险。实现批发商主导的关键在于：一方面，批发商要走规模经营的道路，通过兼并、联合、控股等方式实现规模化、组织化；另一方面，批发商要实现功能创新，向现代物流中转和配送中心转化，实现信息化建设，向线上交易转化，与零售商、生产商、物流商建立起长期的合作伙伴机制。

（三）零售商主导模式

在买方市场条件下，生产方式实现了由"推式"到"拉式"的变革，产业链的发展动力逐渐由生产者驱动转向采购者驱动。具有较大规模、有一定纵向控制能力和议价能力的大型零售商作为终端销售平台，利用其消费者信息优势和市场规模，通过向上游环节整合资源及渠道，带动和促进采购、物流、配送等环节一体化创新，并加快向全渠道、全供应链管理的经营模式转变，不断整合提升整个服务价值链的绩效和水平，成为服务主导型经济的主导力量。一个典型的路径就是实现从零售商到零售制造商的供应链逆向整合。零售制造商是零售商借助市场势力通过逆向约束上游制造企业而运营自有品牌所形成的商业形态，是零售商逆向整合供应链所形成的动态联盟。其运营理念是针对市场需求趋势盘整敏捷制造，增加商品价值创造，并消除产销中间商的双向约束，实现盈利。在分工与专业化日益精细的今天，通过零售商向零售制造商的转型，零售商能够网罗大量的供应商，能够最大限度地使供应商和中小生产商专注于自己的专业领域，并帮助其把握市场机会和发展动向，也有利于供应商的生存。中小零售商在创业初期或转型发展时期，并不具备控制全产业链、关键环节、技术和标准的能力，可以选择依附大型批发组织，依靠批发商的主导作用参与供应链逆向整合。

（四）物流商主导模式

随着社会分工深化和服务外包兴起，我国供应链管理呈现向服务化、外包化、专业化转变的趋势，形成了以进出口贸易、物流、报关、信息服务、金融等为一体的网络化、整合化、平台化的供应链服务新模式。这些专业化供应链服务企业有时也称为第四方物流企业。具备全球协调能力的大型第四方物流企业，将供应链上的制造商、批发商、运输商和零售商产生的物流、商流和信息流进行分析和整合，提供覆盖产品的需求预测、研发、设计、原料采购、生产、物流、分销等整个生命周期的专业化服务，帮助供应链上的其他企业优化业务流程和分销网络、物流网络，实现基于整条价值链的增值服务，使服务对象专注核心业务，提高市场竞争力。对于大型物流企业，尤其是具有技术和资金优势的企业而言，它们具备物流仓储与配送、信息管理和共享、数据收集与分析、提供优质末端增值服务等方面的能力，便于对物流、信息流、商流及资金流进行整合，进而能够更好地满足信息互联时代生产端与消费端的双重要求。

第四节　流通管理创新

过去在我国，"重生产，轻流通"的观念烙印很深，对流通的地位和作用认识不足，对流通创新的重视程度不足，导致流通管理创新处于落后的状态。如今在全球化的市场经济条件下，流通从附属产业上升为主导产业，新的流通理念不断形成，流通管理创新被重新定位，其包括流通组织创新和流通制度创新两个实施层面。流通组织创新通过产业组织的形式和模式创新，以及组织管理的手段和技术创新这两种途径提高流通企业适应性，增强企业竞争力。流通制度创新主要是指流通组织赖以生存的市场秩序、经济体制、经济政策以及社会习惯等的创新。

一、流通组织创新

在"互联网+"时代，传统的流通组织形式和管理方式已经远远不能适应市场生态的变化，充分利用互联网技术，改变组织结构，优化管理流程和手段，才能最大化地满足顾客的多样化、个性化需求。流通组织创新是指为适应社会经济环境的变化而进行的流通组织的新组合，即通过流通组织的创造、集中、分散、融合与协作等途径，改变流通组织的形态，提高流通组织的运行效率。流通组织创新的目标是实现专业化、规模化经营，最大限度地提高流通效率。流通组织创新的目的是在社会化的基础上实现专业化、规模化经营，最大限度地提高流通增长的质量和效益，进而提高流通产业的整体竞争力。

（一）流通产业组织创新

流通产业组织是商品流通企业市场关系的集合体，它的结构形式既显示流通产业内部的资源配置结构及其关联性，也表明了流通产业内大、中、小企业间的关系格局。流通产业组织创新改善了过去我国流通产业组织化程度低、集中程度低、专业化分工协作水平低、流通组织间低水平的过度竞争、运行机制不健全等问题。当前，我国流通产业组织创新主要体现在流通产业组织形式创新和流通产业组织模式创新两个方面。

1. 流通产业组织形式创新

进行流通产业组织形式创新，建立现代化的流通组织形式，就是建立与现代化的市场经济、科学技术和社会法制相适应的新型商业、物流业和产销联合组织的实现形式。组织形式可以看作组织模式的外在，它代表了组织的合作机制、市场地位和资源配置格局。流通组织结构由多层次、长渠道向扁平化方向发展，流通组织运作由中间商操作为主向供应链主导商操作为主发展。这种合作形式的建立就是要通过流通组织的纵向一体化和横向一体化的协作延伸，实现流通组织的互联互通，由单个企业经营转向社会化经营，共同构建联结供求多方的流通组织价值网络模式。

流通组织价值网络模式的构建分为两种：

（1）核心企业协调下的网络组织模式。这种组织模式是指在核心企业的协调下，各个流通参与者负责提供各种商品和服务，最后由核心企业统一整合成最终商品和服务供消费者选择。在这种组织模式下，组织结构可分为核心企业和模块参与企业。

（2）模块集群化的网络组织模式。这种模式是指大量的模块参与者集聚于某一特定的网络平台上，共同从事商品的生产和流通。平台规则可以由所有平台参与者共同选择和协商制定，也可以由网络平台服务商根据参与者的特征和诉求整合而得。在这样的网络平台下，不存在处于控制和支配地位的运营商。

2. 流通产业组织模式创新

流通产业组织模式创新，即合作竞争模式，使原来流通渠道上由各企业的对立走向企业经营流通的共生，各企业经营长板，在非优势领域寻求外部合作，创造的成果由各参与企业共同分享。我国的流通组织逐渐打破传统的流通组织模式，按照互联网思维重构流通组织的运行机制，实行生态圈式的组织管理模式，流通组织间的关系由直接的利益关系向共赢的合作伙伴关系发展。因此，流通组织模式现代化转型的内涵就是流通组织从竞争机制向合作机制转型，从供应链管理模式向价值网络模式的构建转型。

（二）流通组织管理创新

流通组织的管理手段必须符合组织形式，流通组织管理创新必须适应消费市场的需求。在管理手段创新方面，流通组织管理、经营机制方面的创新能够疏通流通过程中纷繁复杂的关系，简化流通流程和环节，提高流通效率，推进流通组织的快速发展。在流通组织形式由单个企业衍化为供应链联盟形式，进而朝着价值网络模式转变的过程中，多元分工协作的工作流程使供应链主导企业的管理功能呈现扩大和外延融合的趋势。因此，契约化管理、价值网络管理等管理手段有助于构建供应链上流通企业间的良好合作规则，大型制造业零售商、零售制造商的出现有利于对商品流通的关键环节、品牌规则、标准规则的控制，从而规范流通秩序，增强供应链整体的协同性。

流通技术创新改善了流通企业的管理方式和效率，提升了流通生产力。流通各环节的软硬件基础设施条件得到改善，销售系统、电子商务技术、大数据技术、条形码技术、系统集成技术、计算机辅助订货系统、计算机补货系统、电子订货系统、管理信息系统、决策支持系统、企业资源计划、财务管理软件、流通办公自动化等信息技术在采购、销售、物流过程的应用，改变了传统的流通业务流程，实现库存结构的优化，实现业务整合和拆分，增强供应链集成优势，促进了流通行业的信息化、透明化、标准化、智慧化建设，推动流通体系不断完善和产业链健康发展。

二、流通制度创新

流通制度是指约束在商品流通中的人与人的相互关系、界定彼此权利与义务的一系列正式和非正式规则的总和。根据康芒斯对交易活动的分类，流通制度分为企业、市场和政府对流通活动的管理三方面的制度[①]。制度创新是一种效益更高的制度对另一种制度的替代过程。制度创新的动力来源于创新利润，创新利润是预期收入和预期成本之差。

从世界各国流通产业发展过程来看，流通制度创新大致包含了以下三方面内容：一是流通企业制度创新。从个体商人和合伙商业企业到现代商业有限责任公司，正是流通企业制度创新的真实历程。二是市场交易制度的创新，产权制度和契约制度是市场交易制度的核心。这两者的创新降低了商业活动中的不确定性风险，有效地节约了交易的签约费用和监督费用。三是政府流通管理制度的创新。

（一）流通企业制度创新

流通制度创新的目的在于明晰产权关系，使经营权和所有权真正分离，使流通企业真正成为市场运行主体。改革开放 40 多年来，国家鼓励发展混合所有制经济，集体、个体私营商业企业和中外合资合作商业企业迅速发展，突破了以往单一的国有流通企业一统天下的局面。同时，国有流通企业积极进行股份制改革，建立规范的董事会试点并推动企业改制上市，不断转变经营机制，改革企业内部制度，实现了组织创新。此外，在业态上突破了原有三级批发、传统百货店形式，出现了诸如连锁经营的超市、便利店和加盟制的快递门店等经营模式，大型综合商业集团、物流集成平台、供应链企业、零售制造商等新型流通主体队伍不断壮大，形成了"企业+合作社""农户+批发商+农业企业""农场+社区"等新流通模式。

（二）市场交易制度创新

我国流通市场交易制度创新主要表现在政府培育市场，使之逐渐取代传统的流通体系，在适度保留一部分战略计划内商品的同时，缩小计划管理商品的品种，取消对固定购销关系的限制以及改革价格管理体制等，逐步扩大市场开放，健全商品流通体系，完善市场流通渠道，切实发挥市场机制在流通产业中的决定性作用，实现线上线下的全渠道流通。规范流通秩序，在反垄断、反欺诈的过程中，使流通市场从低水平无序竞争走向规范化、法制化的有序竞争。例如，盒马鲜生通过创新买手制的采购模

---

① 赵德海，毛学伟，邵万清. 我国流通产业的创新研究. 物流科技，2004，27（6）：63-65.

式，采取去除渠道费、买断经营、定牌定制等方法，改变传统的零供关系，去除中间多余环节，提高产品质量，降低商品流通价格。

（三）政府流通管理制度创新

我国政府逐步推进了适应市场经济的流通管理制度创新，对流通产业的管理正朝着宏观把握、适度调控的方向转变。国家通过颁布、实施一系列规范流通秩序、监管新业态模式、保护消费者权益、保护知识产权以及监控物价的法律法规和适当的行政手段来实现对流通的宏观调控。此外，国家还通过一系列政策，通过引导资金、试点发展、减税补贴等方式支持新业态、新经济发展，通过建设自贸区和保税区、实行负面清单制度等举措，进一步开放流通市场，优化营商环境，促进内外贸一体化发展。例如，为保护通过电子行为进行的商事活动的各利益主体，促进我国电子商务健康发展，我国于2018年8月31日在第十三届全国人民代表大会常务委员会第五次会议上表决通过了《中华人民共和国电子商务法》，并自2019年1月1日起施行。

现阶段，我国流通制度创新已产生了巨大的成果效益：①向商品活动主体提供了充分的激励机制，充分支持流通领域新业态、新模式、新技术的发展，激发民营企业活力，鼓励流通领域创新创业。②在一定程度上抑制了交易费用的过快上涨。政府通过税制改革、物流运输收费调整、行政审批等方面的政策创新，全面降低社会物流总成本和制度性交易费用。③确保了流通的平稳运行。流通基础设施和先进设备不断加强，形成了更加开放和平等竞争的市场秩序。政府鼓励和扶持流通领域薄弱环节的发展，构建积极的流通产业政策体系，注重流通产业的宏观布局。④提高了商业活动的规模效益。流通企业逐渐朝着规模化、规范化、连锁化、品牌化的方向发展。流通企业不断发挥集成协同效应，通过建立供应链联盟、智能集成平台等方式提升流通效能。

本章小结

流通创新是指在实体经济以信息化带动工业化的进程中，流通主体凭借先进理论、思维方法、经营管理方式和科学技术手段，对传统流通格局中的商流、物流、资金流和信息流所进行的全面改造和提升，以便全面、系统、大幅度地提高流通的效能。从比较宏观的视角来讲，流通创新的内容包括流通技术创新、流通业态创新、流通模式创新和流通管理创新与流通政策创新。流通主体实施流通创新变革的目的是降低流通成本、提高流通效率、增进流通服务、提升企业整体竞争力。

全球分工、技术进步、消费升级、交易成本等因素共同驱动着流通领域不断创新变革。流通技术创新是流通创新的关键驱动力，新业态、新模式、新管理的衍生和发展离不开技术的加持。在此背景下，流通创新展现出创新组织化、技术密集化、流通国际化、消费主导化等发展趋势。

流通企业为了能更好地满足消费者的需求，获得更高的利润水平，一方面会不断谋求在原有业态下的协同融合，推陈出新，以充分发挥业态自身所具有的原发优势；另一方面会通过业态创新或引进新业态来形成自己的竞争优势或实现自身的多业态经营。流通业态融合主要是指批零去边界化融合、零售多元化融合和物流集成化融合。流通业态升级主要指共享业态和无人业态两种新业态的产生，以及在零售和物流领域的应用逐渐常态化。

顺应"互联网+"发展趋势，加快推进流通模式创新发展，促进线上线下的全渠道融合、基于功能集成的产业融合和全流通链条协同的供应链整合，才能有效推动经济结构转型和实体经济升级。随着电子商务模式创新多元化发展，流通企业积极发展线上线下融合的全渠道模式，这不仅表现为实体流通企业向线上拓展业务和渠道，也表现为电商企业向线下延伸。流通业通过与农业、工业和其他服务业的产业融合，促进产业商业模式的创新，从而推动产业不断发展。上下游一体化集成创新形成了全流通链条互动的供应链模式，在服务主导经济的逻辑下，更贴近消费端的批发商、零售商、物流商主导供应链的流通商主导模式逐渐成为趋势。

流通管理创新包括流通组织创新和流通制度创新两个实施层面。流通组织创新通过产业组织的形式和模式创新，以及组织管理的手段和技术创新这两种途径提高流通企业适应性，增强企业竞争力。流通制度创新大致包含三方面内容：流通企业制度创新、市场交易制度的创新和政府流通管理制度的创新。

课后案例

科技引领产业未来，试水无人新业态

1. 无人零售之友宝在线

近年来，背靠电子支付、生物识别、芯片与感应以及物联网等技术，象征新零售出现的无人零售新业态逐渐走进百姓的生活。友宝在线成立于2011年，旗下智能零售产品包括友宝智能货柜、友宝智能售货机、友咖、友唱KTV等。其招股说明书显示，友宝在线已经构建了一个覆盖学校、工厂、办公场所、公共场所、交通枢纽等核心消费场的销售网络。目前，友宝在线的收入主要来自四大业务板块：智慧零售、供应链运营服务、数字增值服务和其他。其中，智慧零售业务的收益主要来自自动售货机的

商品零售所得。

不过，面对一批无人便利店关店，有人质疑，无人零售是噱头还是趋势？从效率来看，无人零售解决了传统零售高人力支出的问题，通过"集约化运营+规模化收益"，建立了综合运营成本低的新业态，提升了行业的数字化水平和生产要素的流动效率。更重要的是，这个赛道既不是纯粹的模式制胜，也不是纯粹的技术制胜，而是需要技术创新与模式创新结合起来制胜。然而，换一个视角来看，无人零售行业有四大难题：物流难题、运营难题、系统难题、管理难题。这些难题并非独立存在，而是相互嵌套的，必须每个环节都有所突破，之后才能考虑整体的竞争力提升。同时，无人零售的"无人"特性决定了在前端的视觉识别、防损、支付、误差干预等问题上，后台需要依靠算法和大数据规则实现线上智能运营，线下有序执行。只有具备极致的运营效率，才能降低成本，也才有可能盈利。因此，无人零售被视为噱头也是情理之中的事。无人零售究竟是噱头还是趋势，最终应当交给市场来检验。

2. 无人物流之京东物流

京东物流基于过去十多年在供应链基础设施以及技术上的大力投入，在"短链、智能、共生"的理论指导下建立起了一套平时服务、灾时应急的智能供应链体系。在疫情中，京东物流的无人配送产品发挥了功不可没的作用，目前无人机、配送机器人等产品已在全国多地展开常态化运营。

在无人车自动驾驶配送方面，京东在2022年上半年拿到了导航电子地图制作甲级测绘资质，导航电子地图制作甲级测绘资质有着"测绘资质天花板"的戏称，拥有此资质的企业可以开展高精度地图的绘制，根据《中华人民共和国测绘法》规定，基础地图生产与地图更新等涉及的测绘行为需要具备测绘资质，没有测绘资质的企业无法采集最基本的地理位置信息和道路标志标牌等。因此，高精度地图对自动驾驶实现商业化落地至关重要，随着智能网联汽车与无人驾驶技术的发展，跟进高精度地图绘制的企业越来越多。特别是疫情在武汉暴发之后，京东物流依托长期以来积累的无人技术优势，第一时间完成了在武汉的配送地图采集和机器人测试工作，迅速向一线投入无人配送车，该无人车正是高精度地图的具体应用之一。在疫情防控常态化后，京东物流累计在上海落地超过1 600个无接触社区保供站，部署100多台智能快递车，为封闭社区、方舱医院等地进行物资的无接触配送。在北京与街道、社区共创"酒仙桥模式"，以"短程接驳+志愿服务"的方式保障"最后一百米"的物资配送。通过产品的"入乡随俗"，结合区域特点进行模式创新，将无人产品最大化融入现实场景，为抗疫保供贡献了重要力量。

在打破道路限制、提升流转效率、降低运营成本方面，无人机是不可忽视的重要物流运输工具。目前京东内部三级智能物流体系已经建成，包含干线、支线、末端三个层级的物流服务。干线级无人机运输范围跨省跨区域；支线级无人机主要在省内城市间运输；末端级无人机适用于物流服务的"最后一公里"。

"降本增效"是发展智能物流的终极目标，三级智能物流体系是实现这一目标的有效手段，无论是无人机技术还是无人驾驶技术，目前我国都在国际处于并跑甚至领跑的局面，由技术迭代带来的产业变革正在酝酿翻涌，人们的生活方式与行为习惯也在这场技术浪潮中被不断重塑。

资料来源：陈辰. 疫情驱动 无人零售赛道热度重燃. 中国商界，2022（7）：90-93. 孙溥茜. 京东物流：智能物流体系中的配送机器人与无人机技术. 机器人产业，2022（5）：56-58.

思考题：

1. 简述什么是流通创新。
2. 如何评价流通的无人新业态？
3. 简要谈谈技术在流通创新中发挥的作用。

自测题

1. 如何理解流通创新的内涵？
2. 简述流通创新包含的内容。
3. 简述流通创新的发展趋势和驱动力量。
4. 简述流通业态创新的内容。
5. 简述流通模式创新的内容。
6. 简述流通制度创新的内容。

第五章 零售业概述

导言

零售回归线下，无人零售业态成新风口

目前，实体经济成为最重要的发展引擎。国家在实体经济的发展上不遗余力，政策的天平亦在向其倾斜。作为实体经济重要组成部分的线下零售市场，正享受着天时地利的优势，政策、资本及技术三者合力下的零售业正迎来突飞猛进的变革。

尽管国内两大线上巨头（阿里巴巴及京东）依然保持高速增长，但其线上的增长已快接近"天花板"，显然未来的增量空间已颇有限，这也是两大巨头近来频频发力线下的首要原因。但就整体而言，线下依然占据整体零售业市场80%以上的份额。可以预见，线下将成为未来零售市场竞争最为重要的战场。

长远而言，线下实体零售被持续看好，但政策、资本及技术都有其滞后性，实体零售正面临转型之痛，人工、租金及水电等成本的持续增长在不断压榨传统零售商的利润，业绩低迷、下滑、亏损乃至关门歇业几近业界常态，再加上线上巨头们纷纷布局线下，企图分一杯羹，使得传统零售商不得不面临两难选择，不变则等死，变则可能求生。

零售新业态在不断涌现。其中，无人零售的诞生堪称当下实体零售的一抹亮色，得益于支付、生物识别、人工智能等相关配套技术的成熟，无人零售在提升购物体验的同时，亦在一定程度上缓解了零售商在人工及租金等方面的支出压力。诸多主打无人零售业态的企业成为资本市场的宠儿，纷纷获得千万元级乃至亿元级的融资。

无人零售业态的野蛮生长，一则说明当前线下实体零售确实需要新业态的加入，以激活原有的存量市场；二则反映出当下实体零售所面临的问题，如人力、租金等成本的持续增加等。准确地说，当下的无人零售业态主要是指无人便利

店、无人货柜及无人货架这几类。对无人便利店及无人货柜而言，二维码、计算机视觉识别、重力感应识别等技术的应用对业态的发展非常重要。

资料来源：佚名. 这里，看懂无人零售业态的现在与未来只需3天！.（2018-02-11）［2018-09-16］. https://www.sohu.com/a/222235701_464023. 引用时有修改。

思考：传统零售的优势是什么？

学习目标

完成这一章内容的学习之后，你将可以：

1. 理解零售的概念；
2. 概括零售商的分类体系；
3. 概述零售经营环境及零售经营要素；
4. 解释零售营销的特点；
5. 比较单体零售业态和复合零售业态。

第一节 零售与零售商

一、零售的概念

零售包括将商品直接销售给最终消费者，供个人非商业性使用的过程中所涉及的一切活动。这里所说的最终消费者，是指为了生活而消费的消费者。商品经过零售，卖给最终消费者，就从流通领域进入了消费领域。为了更好地理解零售的概念，还需要把握零售所对应的要素以及几个特性：

（1）零售的服务对象是最终消费者，最终消费者购买商品是为了生活消费，而不是为了生产或再销售。

（2）零售作为一种销售活动，其经营的商品主要是消费品而不是投资品。

（3）零售的主体是个体零售商（业户）和法人零售商（企业），制造商或批发商虽然从事一些零售业务，但不是主要的零售主体。

（4）零售不仅要销售商品，而且要提供与购买或消费商品有关的各种服务。

（5）零售对经营场所（店铺）有较高的依赖性，对店铺选址、店铺设计等有特别的要求，但也存在无店铺零售。

二、零售商的分类体系

零售的主要目的是满足最终消费者的需求。消费者需求日益个性化及多元化，客观上就需要大量的、种类繁多的零售商，以便有针对性地向不同的消费者提供优质的零售服务。以下是几种比较常见的零售商的分类方法。

（一）按组织形式分类

按照零售商的组织形式不同，可将零售商划分为：

1. 公司连锁零售商

公司连锁是连锁经营的基本形态，也称正规连锁或直营连锁，它是指两个或两个以上的店铺同属一个所有者所有和管理，且经销同类商品，如美国的沃尔玛等。美国商务部将公司连锁定义为：由总公司管辖下的许多分店组成，它往往具有行业垄断性质，利用资本雄厚的优势大量进货，大量销售，具有很强的竞争力。国际连锁商店协会对公司连锁的定义是：以单一资本直接经营11个以上商店的零售业或餐饮业组织。

2. 自由连锁零售商

自由连锁又称自愿连锁。美国商务部对自由连锁的定义是：由批发企业组织的独立零售集团，即批发企业主导型任意连锁集团，零售店铺成员经营的商品全部或大部分从该批发企业进货。作为对等条件，该批发企业必须向零售企业提供规定的服务。自由连锁的特点是，各成员企业保持自己的经营自主权和独立性，不仅独立核算、自负盈亏、人事自主，而且在经营品种、经营方式、经营策略上也有很大的自主权，但要按销售额或毛利的一定比例向总部上交加盟金及指导费。总部则应遵循共同利益原则，统一组织进货，协调各方面关系，制定发展战略，收集信息并及时反馈给各成员店。

3. 特许连锁零售商

特许连锁是指企业把自己开发的商品、服务和营业系统，以合同的形式授予加盟店在规定区域内的经销权和营业权，加盟店必须交纳一定的特许权使用费，并承担合同规定的责任与义务。特许连锁的特点是：所有加盟店都是以独立的所有者身份加入特许经营系统，加盟店在人事、财务上保留自主性，在经营业务及方式上则高度统一，并接受加盟总部的指导和控制，系统内各加盟店之间没有横向联系，只存在加盟店与加盟总部的纵向联系，加盟双方既是独立的企业，又必须在合同的规则下展现统一经营的外在形象，实现效益。

表 5-1 为连锁经营形态比较。

表 5-1 连锁经营形态比较

连锁形态	公司连锁	自由连锁	特许连锁
决策	由总部作出	参考总部意见，分店有较大自主权	以总部为主，加盟店为辅
资金	总部出资	加盟店出资	加盟店出资
经营权	非独立	独立	独立
分店经理	总部任命	加盟店主	加盟店主
商品来源	经由总部	大部分经由总部，部分自己进货	经由总部
价格管理	总部规定	自由	原则上总部规定
促销	总部统一实施	自由	总部统一实施
总部与加盟店关系	完全一体	任意共同体	经营理念共同体
加盟店建议对总部的影响	—	大	小
加盟店上交总部的指导费	—	5% 以下	5% 以上
合同约束力	总部规定	松散	强硬
合同规定加盟时间	—	多为 1 年	多为 5 年以上
外观形象	完全一样	基本一样	完全一样

4. 零售商合作社

零售商合作社是由各独立零售商共同组成的组织，实行商品集中批发，并进行联合销售和促销。零售商合作社是自由连锁的一种形式或变种。[①]

5. 消费者合作社

消费者合作社是指消费者共同出资组成的，主要通过经营生活消费品为社员自身服务的零售商合作组织。消费者合作社的基本原则是自筹资金、现金交易、股权不

---

① 李飞. 零售革命. 北京：经济管理出版社，2003.

论股金多少一律平等、利润按交易额分配。消费者合作社与零售商合作社有着相同的原则，其差异主要体现在前者的组成主体是消费者，后者的组成主体是零售商；前者入社目的是以低廉的价格取得消费品，后者入社目的是以优惠的价格取得供转卖的商品。

（二）按业种分类

"业种"是从日本传入的专业用语，意指经营商品的种类或行业的种类，而且多用于流通领域，如"批发业种""零售业种"等。"业种"强调的是卖什么，它与产业结构和产品结构有着密切的联系。产业结构与产品结构的不断细分化，就会衍生出更多的批发或零售业种。按照2004年的《零售业态分类》标准，主要从单体店的角度，以场所形态为依据对零售业态进行划分，其结果是将单体零售业态大致分为有形店铺零售业态和无形店铺零售业态两种。

第二节　零售经营

一、零售经营环境

零售经营环境就是指影响零售业发展、变化的各种外在因素的集合，主要包括政治法律要素、宏观经济要素、技术要素、消费者需求、行业竞争状况及地区经济环境等。

（一）政治法律要素

影响零售业的政治法律要素主要由国家的政治体制、政府经济政策、政治局势、法律法规等因素构成。通常，一国政府要通过政治和法律手段对社会经济的运行进行干预和规范，其中自然包含了对零售业的干预和规范。政府对零售业的干预和规范大致可分为两个层次：第一个层次是通过一般经济政策对零售业进行干预和规范，例如，政府对潜在大型零售商的进入资格、数量、区位、设施设备等方面进行管制；第二个层次是通过专门的法律法规或政策对零售业进行干预和规范，如特别针对大型零售店的经营行为的法律。就第一个层次的干预和规范而言，显然不只是针对零售业的干预，而是对所有产业的干预。第二个层次的干预和规范则是针对零售业的特别干预。法国和日本对零售业的这种特别干预相当精细化，如对于大型店的开设、有奖销售、访问销售、分期付款销售、邮寄销售等都有详细的规定[①]。

（二）宏观经济要素

影响零售业的宏观经济要素主要包括经济增长、就业水平、产业结构等。

当前，世界大多数国家，特别是发达国家的经济都处在低速增长阶段。低速增长的一个直接结果就是就业率及收入的低增长甚至负增长，这会影响社会居民的消费能力和消费意愿，导致零售业的经营面临困难。但是，就业率和收入的低增长或负增长对零售业来说可能是把"双刃剑"，一方面，就业机会减少，收入水平降低，这影响了人们的消费能力和消费意愿，进而不利于零售业的经营；另一方面，由于社会就业压力增大，政府更希望通过扶持零售业的发展来吸纳更多的就业，政府的这种扶持显然又是有利于零售业发展的。另外，经济增长速度放缓虽然总体上不利于零售业提高经营效益，但在客观上促进了零售业态的发展和创新，即那些"低价"和"大众化"的零售业态会得到发展机会。从这个意义上说，经济低增长的宏观环境可能促进零售经营能力的提高以及业态组合的动态优化。

产业结构作为宏观经济要素的重要组成部分，也会对零售业的发展产生多方面影响。各国产业结构变化的共性表现在三个方面：第一，从产业总体来看，渐次由以第一产业为主向以第二产业、进而向以第三产业为主转变；第二，从不同产业的产品结构来看，逐渐由附加值低、技术含量低的产品向附加值高、技术含量高的产品转变；第三，从产业组织结构来看，行业集中度逐渐提高，大型垄断组织对生产和流通的支配地位日益明显。产业结构的转变推动了产品结构的转变，从而不但使零售业的业种结构发生变化，也使零售业的业态结构发生变化。

（三）技术要素

影响零售业的技术要素可分为一般技术要素和专门技术要素。

1. 一般技术要素

一般技术要素是指整个社会科技发展的综合水平，它对各行业均会产生影响，对零售业的影响也是这些共性影响的一部分，并且一般技术要素对零售业的影响通常是间接的。例如，以新材料、新能源的开发为基础的新技术进步改变了整个社会的产业结构和产品结构，这些改变最终也波及零售业的经营行为，表现为零售业的业种结构和业态结构的改变。

---

① 夏春玉.流通概论.4 版.大连：东北财经大学出版社，2016.

2. 专门技术要素

专门技术要素则是指对零售业影响直接而显著，并且具有一定零售业专用性的技术要素，如专门用于零售店对种类繁多的货品进行编码管理的信息系统的开发，针对食品保鲜的移动冷柜技术等。

（四）消费者需求

消费者需求的影响因素包括收入水平、人口结构、生活方式及价值观念等。

1. 收入水平

消费者收入水平的提高会引发两方面的变化。一是消费倾向降低，即收入水平越高，用于直接消费的收入比例越低。从这个意义上说，收入差距的扩大不利于扩大整体消费规模，零售经营会受到负面影响。二是消费结构的变化。随着收入水平的提高，消费者用于食品及其他生活必需品的支出比例会降低，从而使零售业结构发生变化。

2. 人口结构

人口结构的变化决定着消费结构的变化，因而人口结构是影响零售经营的重要因素。世界人口结构的变化趋势是老龄人口、单身人口、城市人口及郊区人口在总人口中的比重逐渐提高。零售经营与居民的生活习惯密切相关，零售业的生存与发展需要充分适应人口结构方面的变化趋势。

3. 生活方式及价值观念

生活方式及价值观念是对零售业有着直接影响的重要因素。例如，女权运动不仅使女性就业机会增加，而且大大改变了女性的生活方式和价值观念；经济增长速度的减缓促使消费者不得不精打细算，进而使人们的消费日趋理性。与此同时，人们的消费越来越个性化，模仿与趋同逐渐被遗弃。此外，消费者闲暇时间的增加、生活习惯的改变（夜生活时间延长）以及追求享乐的人生态度等，都会对零售经营产生显著的直接影响。

（五）行业竞争状况

零售业的行业竞争包括水平竞争和垂直竞争两个方面：

1. 水平竞争

水平竞争是指零售商与零售商之间的竞争，包括不同业种之间的竞争和不同业态之间的竞争。体育用品商店与一般服装店之间的水平竞争关系就属于业种之间的竞争，这种竞争根源于零售商各自所经营商品之间的竞争关系（替代关系）。传统百货店与购物中心之间的水平竞争关系则属于业态之间的竞争，这种竞争表现为零售商分别以各自独特的售卖方式去争取顾客，其产生的根源是不同业态为顾客创造价值的可替代性以及新旧零售业态的历史更迭。同时，新业态的出现、老业态的衰落又是一个历史过程，新业态是在改进老业态的基础上发展而来的，这必然造成新老业态之间的竞争。总之，由于零售业的"进入障碍"较低，因此，较之其他行业，零售业的竞争更为激烈。

2. 垂直竞争

垂直竞争是指零售商与批发商之间、零售商与制造商之间、零售商与非商业性销售组织（消费者合作社）之间的竞争。一方面，零售业之外的一些主体的行为因具有零售职能而与零售经营形成了竞争，如在现实生活中，厂家直销、批发兼零售、消费者合作社等大量存在，这些零售业之外的主体所实施的零售行为显然会对零售经营产生冲击；另一方面，零售商与批发商、制造商同处在一个垂直的渠道链条上，作为渠道成员，零售商、批发商、制造商之间不可避免地存在垂直竞争关系，它们总是通过交易条件上的博弈来对渠道总收益进行分配。

（六）地区经济环境

地区经济环境是指零售商所处地区的经济环境，主要包括两个方面：

1. 地区经济发展综合水平

地区经济发展综合水平包括零售企业所在地区的 GDP 总量、GDP 增长率以及人均 GDP 增长情况。尤其是人均 GDP，是影响零售企业经营规模和业态选择的关键因素之一。

2. 地区商业基础设施状况

地区商业基础设施包括：已有和在建的各种零售商业网点，如商业街、商业区、便利店网点等；与零售业有关的公共硬件基础设施，如公路、铁路、码头等交通运输资源，地区性物流中心、配送中心、批发市场等；与零售业有关的公共软环境，如地区金融机构的分布和业务开展状况、地区商业往来机构及政府机构的总体信息化水平等。

二、零售经营要素

零售经营要素是指零售商在进行经营活动的过程中为实现经营目标而需要进行设计和管理的各种营销要素。零售经营要素一般包括商品、价格、广告与销售促进、销售过程、顾客服务等。零售商为了满足顾客需求、实现自身经营目标，需要根据具体的环境条件对多种零售经营要素进行特定的组合和搭配，即零售营销组合。

（一）商品

商品是零售商最基本的经营要素。商品的特性不仅决定着零售业种，而且在一定程度上决定着零售业态。因此，零售商要考虑一个适当的商品组合，在此基础上来组织整个零售经营活动。对零售商而言，商品采购是商品管理的核心环节。为了有效进行商品采购，必须做好两项基本工作：一是商品分类，二是供应商选择。

1. 商品分类

进行商品分类是组织采购活动的前提。美国零售联合会（National Retail Federation，NRF）制订了一个标准商品分类方案，在这个方案中最高的商品分类等级是商品组（Merchandise Group）；第二级是商品部（Department）；第三级是商品类别（Classification）；第四级是同类商品组（Category）；最末级是存货控制单位（Stock Keeping Unit）。依据这样的分类，就可以对商品的采购活动进行明确、合理的分工。

2. 供应商选择

供应商选择是采购中的重要问题。对零售商来说，可供选择的供应商主要有三类：第一类是商品制造商；第二类是中转商；第三类是自有品牌商品加工商。不同种类的供应商具有不同的特点，为零售商提供的价值也有所不同。

商品制造商具有比较强的供货保障能力，由于交易的中间环节少，供货价格往往也具有优势，当零售商持续、大量地采购某种商品时，适宜选择制造型的供应商直接进货；但是当商品的采购批量小、需求不持续、品种较分散的时候，分别从多家制造商直接进货可能会导致总交易成本（包括谈判成本和远距离运输成本等）上升，为减少交易成本，此时零售商可以选择中转商作为部分商品的供应商，尽管中转商的供货价格稍高于制造商，且持续供货的保障能力也不如制造商。自有品牌商品加工商一般是零售商所在地的中小加工制造企业，它们往往没有自有品牌和专有技术，缺乏自主开创品牌和开拓市场的能力，但是它们能够提供必要的生产设施和人工，由零售商自行开发品牌及生产工艺，而后授权这些加工制造企业进行生产。也就是说，零售商无须对生产管理环节投入过多精力，可以更加专注于自有品牌的开发和运营。自有品牌商品加工商的供货价格虽然比较低廉，但是所能提供的产品品种非常有限。一般来说，仅对于附加值低、工艺简单、销量较大的商品（如方便食品、生鲜半成品、通用洗涤用品等），零售商才倾向于选择由自有品牌委托加工制造的方式来取得供货。总之，零售商在选择供应商时要根据各类供应商的特点和拟采购商品的属性等因素进行灵活决策。

（二）价格

在进货价格一定的情况下，销售价格决定着零售商的毛利水平。与此同时，对顾客而言，销售价格又是一种成本负担。如何在保证自身毛利水平的同时使销售价格更具吸引力，这就涉及零售商的定价策略问题。销售价格的形成主要受三方面因素的影响：一是零售商的进货价格（进货成本）；二是顾客的需求状况；三是竞争者的定价策略。据此，就有三种基本的定价法可供选择：一是成本取向定价法（Cost-oriented Method）；二是需求取向定价法（Demand-oriented Method）；三是竞争取向定价法（Competition-oriented Method）。

1. 成本取向定价法

它是零售商在进货成本的基础上增加一个固定百分比来确定销售价格的方法。这种定价法类似于制造业中的成本加成定价法，只不过这里的定价起点是进货成本而非生产成本。

2. 需求取向定价法

它是基于顾客的意愿价格来制定最终售价的方法。零售商要充分了解顾客对商品价格的敏感程度，即需求价格弹性。需求价格弹性大时宜采取薄利多销的策略；需求价格弹性小时，可以将价格维持在较高水平。此外，零售商还要对顾客进行更为细致的意向调查，了解顾客对某种商品价格的接受程度和期望水平等。同时，来自调查的信息对于即将上市的新商品是一个极为重要的定价依据。

3. 竞争取向定价法

它是指零售商根据竞争对手的价格策略来制定有针对性的价格策略的定价方法。一种典型的竞争取向定价策略是当今很多零售商，特别是实力雄厚的大型零售商所采用的每日低价策略，该策略强调将价格定得低于一般市场价，但要高于竞争对手打折时的价格。另一种竞争取向定价策略是高低价并行策略，即零售商的价格有时高于竞争对手的每日低价的水平，但是会经常进行一些短期的降价促销，一段时期内看起来价格是有高有低的。

以上三种定价法在零售经营实践中很少单独应用，零售商根据商品的属性和市场环境的变化综合运用不同的定价方法和策略来制定商品的销售价格。

（三）广告与销售促进

在零售经营中，零售商往往要通过广告、销售促进等手段与顾客进行信息交流，目的是影响顾客的购买行为，促进销售目标的达成。

广告是支付费用并通过运用报纸、电视、广播以及直接邮寄物等公共传播媒介与顾客进行信息沟通的方式。销售促进是指促进销售的行为和手段,有广义和狭义之分。广义的销售促进是指整体意义上的促销,包括广告、人员、推销、营业推广和公共关系。为了与广告的概念区分开来,本书在这部分内容中采用狭义上的销售促进概念,即指促销组合中的营业推广促销手段,是通过向顾客提供超额的价值和奖励以促使其在特定的时段内光顾商店或者购买商品的营销行为。

(四)销售过程

对于许多顾客而言,销售人员就是商店,因为销售人员是顾客与零售商建立联系的唯一途径。销售人员的行为在提供顾客满意、建立顾客忠诚方面具有至关重要的作用,同时,他们也是零售商借以了解第一手顾客需求信息的重要力量。

销售人员要圆满地完成销售任务,须充分了解标准的销售过程,即销售人员为促进顾客做出购买决策而采取的一系列行动的集合。图 5-1 为销售流程图。

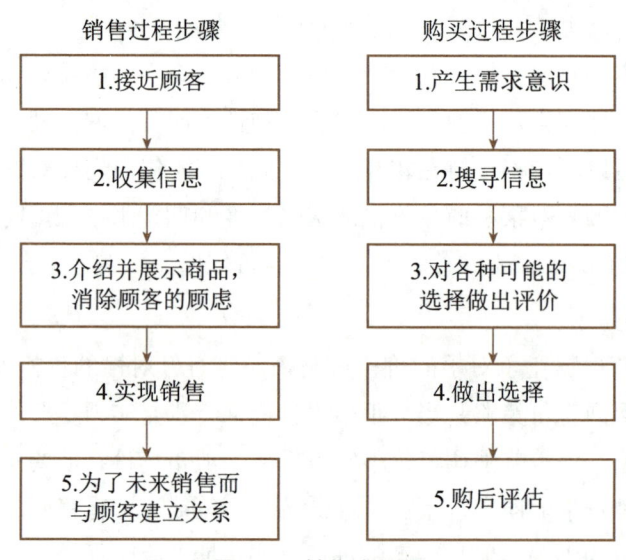

销售过程步骤	购买过程步骤
1. 接近顾客	1. 产生需求意识
2. 收集信息	2. 搜寻信息
3. 介绍并展示商品,消除顾客的顾虑	3. 对各种可能的选择做出评价
4. 实现销售	4. 做出选择
5. 为了未来销售而与顾客建立关系	5. 购后评估

图 5-1 销售流程图

(五)顾客服务

顾客服务是零售商为了使顾客购物更加方便、更有价值而进行的一整套活动和计划。零售商为顾客所提供的服务项目包括信用卡结算受理、商品调换、商品包装、儿童看护、送货上门、商品展示、商品试用、延长营业时间、提供停车场和休息室等。零售商提供的服务具有两个特点,即无形性和变动性。对于零售商而言,提升顾客服务的质量十分重要。但服务本身是无形的,所以顾客对于零售商服务水平的评价往往缺少客观标准,这使得零售商很难真正了解顾客对服务的感知程度,从而难以维持高水平的服务。因此,那些真正做到了提供稳定服务质量的零售企业都具有难以模仿的竞争优势。

在日益激烈的市场竞争中,零售商要不断改进对顾客的服务。通过分析确定服务质量影响因素模型(如图5-2所示),可以得出常见的改进服务的工作步骤。

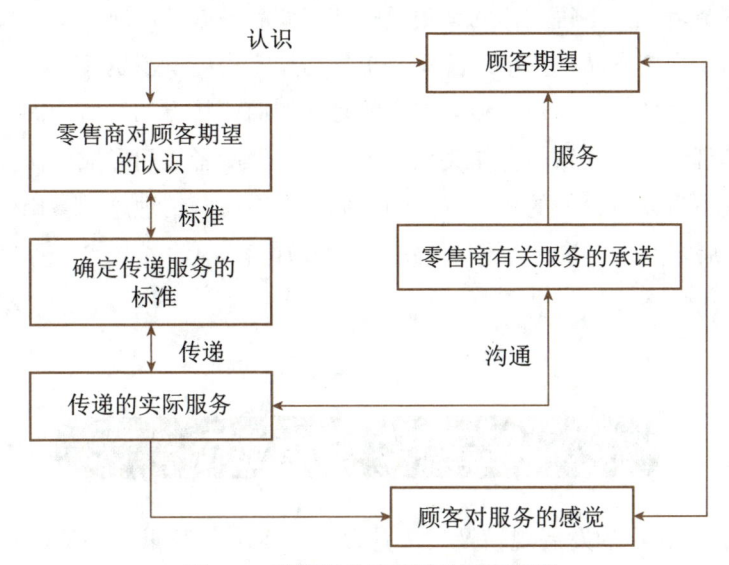

图 5-2　确定服务质量影响因素模型

在图5-2中,顾客期望与零售商对顾客期望的认识之间的差别是认识差距。零售商对顾客期望的认识与零售商制定的顾客服务标准之间的差别是标准差距。零售商的服务标准与实际提供给顾客的服务之间的差别是传递差距。提供给顾客的实际服务与零售商促销计划中所承诺的服务之间的差别是沟通差距。提高顾客对服务满意度的根本在于尽量缩小上述各种差距,使顾客所感受到的服务水平达到甚至超过其期望的水平。

三、零售营销的特点

零售营销同样是零售经营中的重要内容。零售营销是直接面对最终消费者,通过物料设计、策略支持、渠道安排等多种多样的组合方式促使顾客产生购物冲动的一系列营销策划;是零售业者计划和执行关于商品、服务或创意的观念、定价、促销和分销,以创造出符合消费者用于个人或家庭消费的交换的一种过程[1]。

---

[1] 张松林,程瑶,唐国华.零售业品牌升级的"大国优势":基于大国国家价值链与全球价值链的比较分析.学习与实践,2014(1):55-65.

零售营销的主要特点有：①顾客以个人为主；②购买者以女性为主；③购买动机或原因是获得效用；④购买态度以感性为主；⑤购买批量小而购买次数多；⑥付款方式以现金或信用卡为主。零售营销还包括关系营销、体验营销和色彩营销等新方法。

随着"新零售"概念的提出，零售营销开拓了新领域。新零售营销的主要特点有：①组织者和服务者成为零售主体的新角色；②"商品＋服务"成为新零售营销的产出内容，零售营销由"商品—货币"的关系更新为"零售商—消费者"的关系；③形成了具有多样性、多内容、多触点和多维度的复合型商业特点的经营形态；④零供关系变成了彼此信任、互利互赢的合作关系；零售商与消费者之间形成了深度互动的社群关系；⑤为消费者创造价值的"人本原则"成为新零售营销理念的基础。这些特点在零售业的新发展之下，一并成为零售营销特点的新内容。

第三节　零售业态

近20年，零售业的发展规模及发展速度十分惊人，其重要特征就在于各种零售业态纷纷涌现。我国在20年左右的时间里出现了欧美市场上自1852年世界第一家百货店诞生以来所有的零售类型[①]。因此，有必要对零售业态进行详细的分类与定义。本书将以单体零售业态及复合零售业态为标准来进行划分，并对其详细分类与定义进行概述。

一、单体零售业态

单体零售业态与单一零售业态概念相近但有所不同，它是相对于复合零售业态，也就是群体零售业态的概念而言的，单体零售业态以单一的零售业态为经营形态、以单一的店铺为零售单位进行日常经营管理。2000年，国家首次制定并颁布了《零售业态分类》（GB/T 18106—2000），此后在2004年和2021年进行了修订。《零售业态分类》（GB/T 18106—2021）在单体店上主要以场所形态为依据，对零售业态进行了划分，其结果是将单体零售业态大致分为有店铺零售业态和无店铺零售业态两类。

---

① 张琼. 移动互联网+视域下零售业态演变路径及对策. 中国流通经济，2016，30（2）：14-19.

（一）有店铺零售业态

本书将有店铺零售业态定义为通过实体店铺向购买者销售商品或服务的零售业态。实体店铺是指由店面、商品展示销售区和储存区构成的临街或在购物中心内设立的商业建筑体，可以进一步分为便利店、折扣店、超市等。

1. 便利店

便利店（Convenience Store）是一种以满足顾客应急性、便利性的需求为目的，采取自选购物服务方式的小型零售店铺类型。便利店主要提供便利的商品和服务，主营产品多为食品、饮料和日用品，商品种类有限，且对品牌和规格有相应限制。便利店一般布局紧凑、营业时间长、贴近顾客，能满足顾客即时的购物需求，但商品价格高于普通超市、卖场。便利店的主要特征是：尤其注重购物时间、距离、购物选择和生活服务的便利性；规模较小且商品陈列简单；提供附加的社区服务。连锁便利店实行标准化、信息化管理，日常运营成本较高，同质化发展严重，竞争激烈。

在《零售业态分类》（GB/T 18106—2021）中，根据消费人群的不同，将便利店划分为社区型便利店、客流配套型便利店、商务型便利店和加油站型便利店。

2. 折扣店

折扣店（Discount Store）是指以经营非食品为主，采取折扣价格策略，实施自选购物方式的店铺类型。折扣店提供的商品品种多样、价格较低，但是店铺装修简单，服务也比较有限，以销售自有品牌和周转快的商品为主。因此，折扣店的目标顾客定位于中低收入的顾客群体，并强调以低价优质的策略占领市场。折扣店的主要特征是：经营全国性品牌的折扣商品；开架自选的自助式服务；商品性价比较高；店铺面积较小；商品不具有时尚导向性；货源供应不稳定。

3. 超市

超市（Supermarket）是指以经营食品、家庭日用品为主的大型综合性零售商场，实行薄利多销和集中式一次性付款的零售业态。超市主要满足顾客食品和日常生活必需品一次性购齐的需要，采取低成本、低毛利的销售策略，普遍实行连锁经营方式，被称为零售业的第三次革命。超市的主要特征是：规模大且商品品类齐全；具备开阔、简洁的购物环境，能满足顾客一站式购物的需求；开架售货、自助服务、统一结账；信息化管理程度较高；同质化竞争严重，产品质量和服务水平一般处于中低水平；零供关系复杂。

超市的分类模式各种各样，在《零售业态分类》（GB/T 18106—2021）中，根据营业面积大小将超市划分为大型超市、中型超市和小型超市；根据生鲜食品营业面积占比划分为生鲜超市和综合超市。

4. 仓储会员店

仓储会员店（Warehouse Club），也称货仓式超市，在我国香港、台湾地区以及日本又称为量贩店，是一种以会员制为基础，以经营生活资料为主，实行储销一体、批零兼营，以提供低价商品和有限服务为主要特征的零售业态。这种零售业态将仓库与商场合二为一，实现了库存与销售合一、批发与零售合一。店铺主要设在城乡接合部，装修简朴，价格低廉，服务有限，注重自有品牌的开发，目标顾客以中小零售店、餐饮店和流动顾客为主，并实行会员制管理。仓储会员店的主要特征为：批零兼营且价格低廉；商品采用仓库式陈列；自选销售、统一结算；规模较大且商品结构和种类丰富；管理信息化程度较高；提供停车场；以中低档商品为主；购物较为耗时。

5. 百货店

百货店（Department Store）是指商品品种多、种类全，为顾客提供大规模服务以及按照不同的部门陈列商品，采取自选销售和柜台销售相结合的服务方式的零售店铺类型，类似于专卖店的集合体。百货店的主要特征是：商品类型丰富，可满足一站式购物的需要；商品独立分区且购物体验较好；价格和质量均高于折扣店；商品周转率低下，服务专业化程度低于专卖店。

6. 专业店

专业店（Specialized Store）也称专业商店，专业店一般是指经营某一大类的商品，导购员具有丰富的专业知识并提供适当的售后服务，满足顾客对某大类商品选择需求的零售业态。最常见的专业店包括：服装店、办公用品店、玩具店、书店、家居用品店、药店、家用电器店等。专业店的主要特征是：商品具有专业性、深度性，购物环境良好，购物效率较高；商品价格比较适中；采取柜台销售或者开架销售的方式，从业人员具有丰富的专业知识；管理信息系统的信息化程度较高；目标市场较小，易与百货店、品牌专卖店同质化。

7. 品牌专卖店

品牌专卖店（Brand Exclusive Shop）也称为专营店，是一种专门经营或授权经营某一主要品牌商品的零售业态。品牌专卖店可以视作专业店的一种特殊形式，它是一种适应了顾客对品牌偏好的零售业态。品牌专卖店在零售业中占有重要的位置，它既是百货店、购物中心等综合性零售业态的补充，也能通过精细化经营满足顾客更高层次的需求。品牌专卖店一般处于繁华的商业街、商店街或者百货、购物中心内，其商品以著名品牌、大众品牌为主，主要集中在服装、家电等领域。品牌专卖店的主要特征是：商品质量和店铺设计较好，提供专业化和高质量服务，通常为定价销售和开架销售；品牌专营且单店规模相对不大；商品价格较高，商品结构一般较为单一。

8. 集合店

集合店（Selection Shop）也称品牌集合店，是在一家门店内，汇集多个品牌的产品，货品种类可涵盖服装、包、首饰、手表等多个品种，不同风格及设计理念的各个品牌被同一店面"召集"在一起，融合为一个备受关注的品牌集合店。具有来自不同企业的品牌汇集的品牌集合店，能满足不同顾客的多元化需求，是当前新零售下最热门的商业模式之一。集合店的主要特征是：多品牌互补，能够满足顾客更多的消费需求；消费主题明确，节省顾客选货时间；产品线丰富，延长顾客逗留时间；经营成本下降，单店利润更高。

9. 无人值守商店

无人值守商店（Unmanned Store）是指在营业现场无人工服务的情况下，自助完成商品销售或服务的零售店。一般位于大卖场周边、社区、办公楼周边、购物中心内等可以补充其他业态销售的区域，主要顾客群体为追求快捷、方便的周边客群。

（二）无店铺零售业态

无店铺零售业态按照信息媒介可以分为以下几种类型：网络零售、电视/广播零售、邮寄零售、直销、无人售货设备零售、电话零售、流动货摊零售。

1. 网络零售

网络零售（Online Retail），是指通过互联网将商品或者服务信息传达给特定顾客，顾客通过互联网将订单发给销售商，采取一定的付款方式和送货方式，最终完成交易的无店铺零售业态。简单来说，网络零售就是指通过互联网进行买卖活动的零售业态。网络零售主要基于电子商务平台来进行在线交易活动，电子商务是人们通过互联网等电子工具在全球范围内进行的商务贸易活动的统称。本书主要按照平台来划分网络零售的类型。按照平台是企业或个人可以将网络零售划分为B2C和C2C两种模式：

（1）B2C模式是目前电子商务最主流的模式，是指企业与消费者之间的电子商务，且一般以网络零售为主，主要借助互联网开展在线销售活动。B2C模式是我国最早产生的电子商务模式。

（2）C2C模式是最早的电子商务模式，也是前期最主流的商业模式，是指消费者与消费者之间的电子商务。在C2C模式中，电子商务平台以第三方的身份存在，招募个体商家在平台上进行销售。线下的一些零售商城或购物广场都是这种模式，典型例子是淘宝网。

网络零售的主要特征是：商品种类齐全，便于满足消费者的定制化需求；突破时空限制，购物灵活性高；商品价格一般低于实体店铺；商品的搜寻、选择和比价更加便利；线上支付快捷；节省购物时间，送货上门，方便且省力。但也存在由信息不对称性导致购物风险较大，虚拟购物缺乏"场景体验"等特点。

2. 电视/广播零售

电视/广播零售（Television/Broadcast Shopping）是指通过电视和广播媒体向顾客直接推销商品或服务，并以电话、信函或互联网方式取得订单的零售业态。电视/广播零售的目标顾客是电视和广播观众，商品销售的方式是通过电视或广播向顾客进行商品的宣传展示。电视/广播零售的主要特征是：顾客可以在电视或广播上看到、听到关于商品的消息，将画面与声音结合起来，效果直观而强烈；广告的受众广泛等。

3. 邮寄零售

邮寄零售（Mail Order）是零售商通过邮局，使用信函和宣传册与顾客接触，在某个时间将商品目录、宣传商品或服务的信件、传单或折叠广告寄给顾客，向其推介商品或服务的零售业态。顾客可以根据宣传册上的信息选择他们需要的商品，并通过电话、信函、邮件等特定的渠道进行咨询或者订购，零售商根据订单邮寄商品。邮寄零售的主要特征是：没有实体店铺场所，经营成本较低；商品宣传包括大量商品的详细信息，消费者的选择充足。

4. 直销

直销（Direct Selling）是指不通过固定的零售场所，采取面对面的方式进行销售的零售业态。根据世界直销协会联盟的定义，直销是指采取面对面且非定点的方式销售商品和服务。直销者绕过传统批发商或零售通路，直接从顾客处接受订单。直销主要有三种形式：一对一直销、聚会式直销、多层直销。

直销的主要特征是：商品种类单一，市场范围有限；产品价格偏高；销售人员服务细致，买卖双方联系紧密；没有固定的销售地点；销售队伍的流动率高，收入不稳定，存在销售欺诈和强行推销现象；市场缺乏规范的管理制度。

5. 无人售货设备零售

无人售货设备零售（Unmanned Equipment Retail）又称为自动售货亭，起源于20世纪60年代，由美国的Mars家族发明，是一种通过售货设备、智能货柜或贴有支付码的货架等进行商品售卖的零售业态。无人售货设备零售的主要特征是：消费者自助购买，效率更高。

6. 电话零售

电话零售（Tele-Shopping）是指销售人员通过电话的方式向潜在的顾客推销商品

或者服务，或者与潜在的顾客约定时间进行访问推销，并完成销售活动的一种无店铺零售业态。电话零售的主要特征是：商品种类单一，以某类商品为主，市场范围较大；能够随时掌握顾客动态，帮助企业建立并维持与顾客之间的关系，增强顾客忠诚度；由诚信问题导致电话销售的成功率较低，会出现硬性销售、侵犯隐私等现象。

7. 流动货摊零售

流动货摊零售（Retail Sale Via Mobile Stalls）是一种通过移动售货车或其他展示、陈列工具销售食品、饮料、服饰等日常消费品的零售形式。流动货摊零售的主要特征是：面对面销售、即时性消费、顾客群体随机。

二、复合零售业态

按照零售组织形态，可以将复合零售业态划分为商业街和购物中心两大类型，这里仅讨论有店铺的复合型零售业态。

（一）商业街

1. 商业街的概念与特点

商业街是指同类或异类的众多独立的零售商店、餐饮店、服务店等各种商业、服务设施集中在一起，按一定结构和比例规律排列的商业街道。它是一种多功能、多业种、多业态的商业集合体。商业街既是一个组织概念，也是一个地理概念。作为一个组织，商业街是由众多独立经营的零售商及其他行业经营者组成的；作为一个地理区域，商业街是一条或数条以人行为主的道路。

从商业街的定义上来看，商业街具有如下特点：以零售为主，零售店铺是商业街内店铺的主要组成部分；功能复合，商业街内聚集着其他相关行业的店铺，如餐饮、娱乐、文化等产业的店铺；店铺协同，商业街上的店铺之间形成能力互补、相互促进的协同关系；空间跨越，商业街通常跨越一段空间距离，少则占据街道的一段，多则占据整条街乃至整个街区。

2. 商业街的功能

一是购物。购物是商业街的基本功能。大量的零售店铺聚集在商业街，商品种类齐全，款式繁多，消费者基本可以在商业街上买到所需要的商品。

二是休闲娱乐。商业街上不单有各种零售店铺，还有很多其他相关行业的店铺。有各种餐馆、饮料店，还有各种文化娱乐设施，也有宾馆、酒吧等服务业机构。

三是繁荣城市经济。位于城市中的商业街无疑会带动城市经济的发展。商业街的发展将加速城市商品流通，刺激市民消费，拉动城市人口就业，增加地方税收，为城市经济的发展做出较大的贡献。

四是改善城市景观。繁华的商业街总是能够为城市增添生机与活力，构成城市景观中一道亮丽的风景线。越来越多的地方政府开始把建设商业街纳入城市建设规划中加以统筹考虑。

3. 商业街的类型

一般来说，商业街主要有四种类型，即近邻型、地域型、广域型、超广域型。这四种类型商业街的外在特征比较如表 5-2 所示。

表 5-2　不同类型商业街的外在特征比较

类型 特征	近邻型	地域型	广域型	超广域型
地理环境	①居民住宅地域，城市周边地域； ②即便有交通线路通过，仍然缺乏集中性； ③商圈人口不超过1万人	①地区性城市的中心地带； ②交通中心地； ③商圈人口为3万～10万人； ④在其后方有多个近邻型商业街	①市政府所在地； ②大批量交通运输线路的集中地； ③商圈人口在15万～20万人，聚客能力较强，辐射范围较广； ④其后方有多个地域型商业街	①大城市商业中心部； ②大批量交通运输线路的集中地，交通便利； ③商圈人口在20万人以上，聚客能力强，能吸引外地流动人口购物； ④在其后方有多个广域型商业街
规模与密度	①街区长度为100～200米； ②商店密度为50%～80%	①街区长度为500～700米；在街区边缘，多转变为近邻型商业街； ②商店密度为70%～90%	①街区最长长度在1 000～1 500米； ②商店密度为80%～100%	①街区最长长度为2 000米以上； ②商店密度为90%～100%
业种构成	①以日常用品为主，加少量耐用品； ②重视实用性，低价格	①耐用品与日常用品； ②在顾客层分布和价格上都较为广泛，重视感觉、流行性、品质等	①以耐用品为主体； ②顾客层较窄，重视感觉、流行性、品质等	①以耐用品为主体； ②顾客层较窄，重视感觉、流行性、品质等
店铺构成	①店门亲切，大众形象； ②核心商店为地方连锁店、超市、廉价杂货店	①高级个性的形象与亲切的并存； ②核心商店为全国性连锁店、地方性百货店、超市等	①豪华高级的形象，强调个性； ②核心商店为全国性连锁店、地方性百货店、超市等	①豪华高级的形象，强调个性、享受； ②核心商店为全国性连锁店、地方性百货店、超市等

（二）购物中心

1. 购物中心的内涵

购物中心（Shopping Center）是指将多种零售店铺、服务设施集中在由企业有计划地开发、管理、运营的一个建筑体（群）内或一个区域内，向消费者提供综合性服务的商业集合体。美国国际购物中心协会（International Council of Shopping Centers，ICSC）对购物中心的定义为：作为一个独立的地产进行设计、开发、拥有和管理的零售和其他商业设施的组合体。购物中心有着较高的组织化程度，不同业态的商店群和功能各异的文化、娱乐、金融、服务、会展设施以一种全新的方式有计划地聚集在一起[1]，满足了消费者对购物、娱乐、休闲、社交活动相结合的生活方式的追求，其已经成为现代城市生活的一部分。

2. 购物中心的功能

购物中心的功能主要体现在两方面：一是销售功能，提供完备的商品，目标顾客比百货店更广；二是生活功能，定期举办各种休闲娱乐活动、艺术展览等。由于其强大的功能，购物中心被称为"流行信息集中传递的场所"。而且，购物中心的影响已经突破了零售的界限，它对一个城市商业环境的优化、市民消费与生活方式的改变、投资结构的改善、经济的拉动等越来越显示出其重要性和生命力。

3. 购物中心的类型

本书采用美国国际购物中心协会的分类方式，按照经营规模将购物中心分为四类，其主要特征如表 5-3 所示。

表 5-3　按照规模分类的购物中心

类型	邻里型购物中心 Neighborhood Shopping Center	社区型购物中心 Community Shopping Center	区域型购物中心 Regional Shopping Center	超级区域型购物中心 Super Regional Shopping Center
商业概念	提供便利商品或服务	提供综合商品或便利商品	提供综合商品或时尚商品	与区域型购物中心类似，但品类更丰富
区位特征	居民区	大型居住区附近	不限	城市边缘或郊区
面积（使用面积）	0.3万～1.4万平方米	1万～4万平方米	4万～8万平方米	8万平方米以上

---

[1] 徐磊青，康琦. 商业街的空间与界面特征对步行者停留活动的影响：以上海市南京西路为例. 城市规划学刊，2014（3）：104-111.

续表

类型	邻里型购物中心 Neighborhood Shopping Center	社区型购物中心 Community Shopping Center	区域型购物中心 Regional Shopping Center	超级区域型购物中心 Super Regional Shopping Center
主力店数量（个）	1+	2+	2+	3+
主力店占总面积的比重	30%～50%	40%～60%	50%～70%	50%～70%
辐射范围	4.5千米	4.5～9千米	8～24千米	8～40千米
典型主力店	超市	折扣店、超市、药店、专卖店	百货公司、折扣店、服饰专卖、大众百货	百货公司、折扣店、服饰专卖、大众百货
典型项目	美国Heritage Village Center 北京棕榈泉生活广场	北京嘉茂购物中心（望京店）	上海百联西郊购物中心 香港时代广场	美国Mall of America 上海正大广场

现在的购物中心主要有四种发展方向：艺术型购物中心、主题型购物中心、家庭型购物中心和娱乐型购物中心。其中，随着更多家庭消费客群和中产家庭的出现，家庭型购物中心逐渐成为主流。与之相对应的，主要面向"家庭"群体提供服务的注重体验的社区型和区域型购物中心更受商业地产和消费市场的欢迎。

案例

世纪联华新零售业态"世纪联华·鲸选"首店亮相

继盒马鲜生、超级物种等相继开业，新零售业又将迎来一个新的范本。由杭州联华华商集团有限公司打造的新零售业态"世纪联华·鲸选"亮相杭州西湖文化广场。鲸选·未来店选址原杭州世纪联华西湖文化广场店，面积超过2万平方米，是世纪联华打造的面向未来的零售业态，定位为一站式满足年轻消费者的购物、餐饮、娱乐需求。店铺以联华鲸选App为核心载体，并通过闪电购的实施，搭建一套线上线下一体化的新零售体系，集成智能拣货、无人收银等技术，承接点餐、直播、停车等服务，将原先的线下零售转变为全渠道的数字化、智能化、一体化新零售业态。

资料来源：郑媛媛. 世纪联华新零售业态"世纪联华·鲸选"首店将亮相.（2017-08-29）[2018-09-16]. http://www.linkshop.com/news/2017384517.shtml. 引用时有修改。

第四节　零售选址

一、零售选址的重要性

零售选址的确定对于零售商来说十分重要。一方面，零售选址直接决定了零售商获得销售收入的高低，另一方面零售选址也会对零售店的形象产生影响。零售选址的重要性主要表现在以下几个方面[①]：

（一）店铺选址伴随着高昂的成本

零售店铺不管是租借的还是购买的，一经确定，就需要大量的资金投入来营建。零售店铺本身具有长期性、固定性的特点，当外部环境发生变化时，它不可能像其他经营要素那样容易调整。因此，店铺选址应注意深入调查、周密考虑以及妥善规划。

（二）店铺选址制约着经营目标和经营策略的选择

不同的地区具有不同的社会环境、地理环境、人口状况、交通条件和市政规划等特点，它们分别制约着其所在地区的零售店顾客来源及特点，以及零售店对经营的商品、价格、促进销售活动的选择。所以，零售店经营者在确定经营目标和制定经营策略时，必须要考虑店址所在地区的特点，以达到策略的可实施性和目标的可实现性。

（三）选址影响着未来的效益

零售店的店址选择得当，就意味着其享有优越的"地利"。在同行业之间，在规模相当，商品构成、经营服务水平基本相同的情况下，店址选择得当的零售店必然享有较好的经济效益。所以，零售店经营者在分析经济效益的过程中，不可忽视店址的影响效果。

二、零售选址的原则

（一）方便购买原则

零售店一般应选择在交通便利的地点，尤其是以食品和日用品为经营内容的普通

[①] 夏春玉.流通概论.2版.大连：东北财经大学出版社，2009.

超市应选择在居民区内设点，以附近稳定的居民为目标顾客，满足消费者就近购买的要求，且地理位置要方便消费者的进出。

（二）方便运送原则

连锁商店经营要达到规模效应的关键是统一配送，在进行网点设置时要考虑是否有利于货品的合理运送，以降低运输成本。零售选址既要保证及时组织所缺货物的供给，又要与相邻的连锁商店相互调剂和平衡。

（三）有利竞争原则

连锁商店的网点选择应有利于发挥企业的特色和优势，形成综合服务功能，获取最大的经济效益。大型百货店可以设在区域性的商业中心，提高市场覆盖率；而小型便利店越接近居民点越佳，以避免与中大型超市正面竞争。

（四）有利网点扩充原则

连锁商店要取得成功，就必须不断地在新的区域开拓新的网点。在网点布置时要尽量避免商圈重叠或在同一区域重复建设，否则会造成内部的竞争，影响各自的营业额，最终阻碍总店的发展。

三、零售选址的影响因素

（一）商业群因素

零售店选址首先要考虑的因素是商业群，即在什么样的商业群设店。为了适应人口分布、流向情况，便利广大消费者购物，扩大销售，绝大多数零售店都将店址选在城市繁华中心、交通要道、城市枢纽、城市居民住宅区附近以及村镇居民密集区等，由此形成了四种常见类型的商业群。

1. 城市中央商业群

城市中央商业群是一个城市最主要、最繁华的商业群，全市性的主要大街贯穿其间，云集着许多著名的百货店、超市和各种专业商店，豪华的大饭店、影剧院和办公大楼也分布于此。北京市的王府井、上海市的南京路都属于这一类型的商业群。

2. 城市交通要道和交通枢纽商业群

城市交通要道和交通枢纽商业群是大城市的次要商业街。这里所说的城市交通要道和交通枢纽，包括城市的直通街道、地下铁路的大中转站等。这些地方是人流密集之处，交通便利，流动人口多，在节假日、上下班时人流如潮，店址选择在这些地方可以获得很好的商机。

3. 城市居民区商业群

城市居民区商业群的消费者主要是附近的居民，在这些地方开设零售店是为了方便附近居民就近购买日用百货等。

4. 郊区购物中心商业群

在城市交通日益拥挤、停车困难、环境污染严重、地价上升的情况下，随着私人汽车大量增加和高速公路的快速发展，一部分城市居民到郊区开设的大商业中心购物、娱乐，形成郊区购物中心商业群。与此同时，城市居民迁往郊区，形成新的郊区住宅区，也促进了郊区购物中心商业群的发展，从而满足了郊区居民的购物需要。

（二）地区因素

零售店选址其次要考虑的因素是地区。零售商所提供的商品或服务与当地整体市场需求之间的匹配度在一定程度上决定了零售店的发展潜力或者盈利能力。对于一个新建零售店而言，这个地区必须要有一定量的人口、一定量的购买力，要有消费商品或服务的需要，同时还必须符合目标市场的要求，这是需求方面。同时，还要注意供给方面。这个地区如果拥有高水平的供给，也就意味着存在着众多的商店，那么对新建商店的吸引力会较低。

四、零售选址的步骤

（一）地区分析

1. 需求预测

零售商通过对一个地区的人口规模及收入水平的调查，可以大致判断出这一地区的购买力状况，从而估计出这一地区的大致需求。但是，零售商仅仅依靠人口规模和收入水平来分析是不够的，还必须根据本企业目标市场的要求，将分析的重点转向特定的人口类别或潜在的顾客群。例如，一个儿童服装店，收集有关儿童的统计信息就比广泛收集人口统计信息更有意义。总之，为了进行需求预测，一般要收集人口统计的相关资料，包括人口的性别、年龄、收入、家庭规模、类型等，并进行系统分析。同时，应利用消费价格指数或其他方法计算出该地区的购买力指数，以便确定该地区的购买力水平。

2. 购买力流入与流出测算

购买力流入是指本地区对外地区购买力的吸引，具体表现为外地顾客来本地购物。一个地区的购买力流入越多，则表明该地区的零售业越发达，零售吸引力越大。购买力流出是指本地区购买力被外地区吸引，具体表现为本地顾客到外地购物。一个地区购买力流出越多，则表明该地区零售吸引力越小，同时也意味着该地区零售发展潜力越大。因此，一个地区不论是存在购买力流入，还是存在购买力流出，都是店铺选址的重要考虑因素。如果一个地区存在购买力流入，则表明该地区零售网点比较多，零售业的基础设施、环境、政策也比较好，同时也意味着该地区零售业的竞争可能很激烈。相反，如果一个地区存在购买力流出，则表明该地区零售业的基础设施、环境、政策可能不够好，或零售网点不多、零售经营效率较低，同时也意味着该地区的零售发展潜力也较大。因此，对零售商来说，是选择在购买力流入地区还是选择在购买力流出地区开设店铺是需要认真考虑的。但无论如何，对购买力流入与流出的测算都是决策的前提。

3. 其他因素的分析

在进行地区分析时，除上述分析外，还要对该地区的其他因素进行分析，如该地区的产业结构、物流系统、劳动力供给、地方政府对新设店铺的政策与法律、可能开设的新店铺数量等，这些因素都对店铺的选址具有重要影响。如果一个地区的产业结构比较单一，甚至被少数几家大企业控制，那么一旦这些企业出现经营不景气的情况，就会影响整个地区，从而使该地区的零售业陷入困境。由此可见，在产业结构比较单一的地区开设店铺是有很大风险的。

（二）商业区分析

零售选址的第二步是商业区分析。商业区分析是指对一个地区的不同类型的商业区的规模、形状和特点进行分析，从而确定在一个地区内选择什么样的商业区作为店铺选址。这部分内容在上一节已充分介绍，这里不再赘述。

（三）具体店址位置分析

零售选址的第三步是具体店址位置分析。具体店址位置分析应当考虑的因素主要有：店址的性质、客流量特征、周边商店的类型、购买或租赁条款。

1. 店址的性质

这部分主要考虑该地点目前是否是一个空的商店，或是一块空地，或是属于一个已经规划好的购物中心。不少可用的地点是一些因停业而空闲的商店。如果一个很适合零售的店址是一片空地的话，就需要调查一下原因。为什么其他商店没有选择这个地点？是因为这块土地以前并没有被出售，还是定价太高，或者其他问题？如果该地点是一个已经规划好的购物中心的一部分，零售商通常可以确定该地点拥有比较合适的周边商店组合、充足的停车设施以及良好的交通条件。

2. 客流量特征

评价具体的店址既要考虑总客流量，又要考虑适合于这个零售店的客流量。零售商应当针对与客流量有关的两个方面对店铺地址进行评价。一是这个地点或者附近是否有足够的停车设施。零售店需要的停车空间一般与四种因素有关：零售店规模、顾客到店购物的频率、购物需要的时间以及可用的公共交通工具。二是顾客到达零售店的难易程度。这是决定客源的关键因素。路面形态完善、交通顺畅、顾客安全是要考虑的重要因素。

3. 周边商店的类型

这部分主要考虑处于同一地段的同类或相互补充的零售企业产生的集聚效应，以及附近区域的商店相互交换顾客的可能性。如果两个或更多的零售企业能够相辅相成，它们就可以为彼此创造更多的销售机会。调查发现，当两个相容或者非常相似的商店距离非常近时，它们的销售量会增加得更快。在商店的商品种类具有互补性的情况下相互交换顾客的可能性较大，如服装店和珠宝店。此外，竞争性商店的规格、数目和类型（同质或异质）以及它们与拟开设商店的相对位置，直接影响新店的销售潜力。

4. 购买或租赁条款

零售商选择租赁店址时，应当仔细考察租赁契约中租约长度、排他性条款、保证的客流量以及主力商店条款、租金。零售商如果希望开办一家独立式的商店，就可以将店址购买下来，这时就要考虑购买成本了。

本章小结

零售包括将商品直接销售给最终消费者，供个人非商业性使用的过程中涉及的一切活动。

零售商是向个人消费者或最终消费者销售商品的个人或企业。可以用多种方法对零售商进行分类。

零售经营环境是指影响零售业发展、变化的各种外在因素的集合。

单体零售业态大致分为两类：有店铺零售业态和无店铺零售业态。

课后案例

安踏：以消费者为核心的新零售 创造更大社会价值

安踏集团成立于1991年，经过多年的发展，从一家传统的民营企业转型成为具有国际竞争力和现代治理结构的公众公司。

1. 安踏的品牌定位和创新升级

安踏的品牌定位是希望在中国体育用品市场成为行业的领导者。2011年，安踏决定朝多品牌发展。对于为何选择走多品牌这条路，安踏集团副总裁认为消费者在运动时存在多方面需求，比如追求时尚、追求装备专业、对价格敏感、追求高端等，而安踏多品牌战略就是为了满足消费者的多样化需求。面对安踏"单聚焦、多品牌、全渠道"的发展策略，安踏集团副总裁也表示必然要在商品力、品牌力、零售力、数字化能力和组织能力上有所提升。

从品牌发展来看，安踏一直在致力于从消费者心目中"买得起"的品牌向"想要买"的品牌转变。过去几年，安踏在品牌推广中，紧紧围绕年轻的消费者，注重在专业运动思想上的推动，比如举办"要疯"校园联赛，来真正和大学生群体联结在一起，使得整个品牌更年轻化、专业化。

安踏集团在商品创新方面投入巨大，研发投入占比达到6%。安踏拥有626项国家专利，超过100位外籍设计师。安踏在全球建立了5个设计中心，分布在美国、韩国、日本和中国。研发方面的投入，使得安踏在整个行业中的竞争力得到了充分的体现。同时，由于不断推陈出新，安踏的市场竞争力得到了提升。

2. 回归价值零售

安踏的零售之道是价值零售，"在懂你的空间里匹配对的商品和体验"。安踏的价值零售意味着回归商业价值根本，以数字价值分析消费者，以体验价值满足消费者。因此在国内服装品牌积极探索转型之路时，安踏认为核心在于消费者，了解他们，给他们对的购物空间和好的服务，是线下门店的重点。

从数字价值来看，智慧门店让安踏更懂每一个消费者。从客户洞察、数据转化到效率提升，安踏建立了一套相对完整的系统，包括零售中台的数据获取系统，从客户进店、逛、选、试到结账，进行了一个完整的闭环的规划。

从体验价值来看，安踏优化了整体的消费者体验环境，使得线下整体环境和消费者诉求有一个非常好的融合。

从团队价值来看，高效赋能是安踏对团队的要求。安踏以前按坪效考核店铺，但终端的一位销售人员提出了"墙效"概念，即按照店铺四面墙的面积折算价值，并确定位置最好的墙面应该如何陈列商品，位置最差的墙面如何提升与改进。安踏根据其建议，调整相关零售考核，收效显著。

资料来源：佚名. 安踏：以消费者为核心的新零售 创造更大社会价值.（2018-12-05）[2022-11-01]. https://www.sohu.com/a/279794795_384789. 引用时有修改。

思考题：

1. 怎样理解价值零售？
2. 你对安踏新零售的未来发展有何建议？

自测题

1. 什么是零售？
2. 如何对零售商进行分类？
3. 什么是零售经营环境？零售经营环境包含哪些要素？
4. 简述零售经营要素的内容。
5. 简要说明单体零售业态和复合零售业态的差异。
6. 简述购物中心的类型。

第六章 "互联网+零售"

导言

盒马鲜生：全渠道体验

2016年1月，阿里巴巴的自营生鲜类商超"盒马鲜生"在上海金桥广场开设了第一家门店，面积达4 500平方米，销售成绩斐然。在随后一年多的时间里，上海盒马鲜生的门店数量迅速增至7家，并成功扩张至宁波。

盒马鲜生是一家只做"吃"这个大品类的全渠道体验店。整个门店完全按全渠道经营的理念来设计，完美实现了线上和线下的全渠道整合。不到半年，盒马鲜生每天的线上订单数就达到4 000个。2017年5月，其线上订单的数量已经超过线下订单的数量。盒马鲜生的每件商品都有电子标签，顾客可通过App扫码获取商品信息并在线上下单。

盒马鲜生的物流仓储作业前置到门店，和门店共享库存和物流基础设施。店内部署了自动化物流设备进行自动分拣，效率很高，基本能实现5千米内半小时送达的及时配送承诺。

对于零售业来说，商品是王道。盒马鲜生的3 000多种商品来自全球100多个国家或地区，包括肉类、水产、水果、南北干货、米、面、油、粮等。店内干净整洁，比如在活鱼存放池附近没有水渍；卖场分区明确，指引清晰，方便顾客挑选商品。为配合精品超市的定位，店内还设有百货、鲜花等商品区，基本满足顾客的生活需求。

体验为王，盒马鲜生学习了意大利的Eataly，门店内设餐厅，盒马鲜生的牛排、海鲜及熟食餐厅区占地200平方米左右，其中设置了正方形餐桌。顾客在店内选购了海鲜等食材之后可以选择直接加工，现场制作，这种方式深受消费者欢迎，提升了到店客流的转化率和线下体验，也带动了客流的高速增长。

盒马鲜生在消费升级的背景下诞生，是一个纯互联网思维经营理念下的产物，没有传统零售的"基因"。因此，盒马鲜生的发展完全不受传统零售限制和约束。盒马鲜生赢得顾客青睐的核心其实就是其线上线下的高度整合能力。

资料来源：颜艳春. 从死亡谷到超级物种（下篇）：十大新零售案例.（2017-05-07）[2018-09-18]. https://www.sohu.com/a/138861597_114778.引用时有修改。

思考：盒马鲜生的零售"基因"是什么？

学习目标

完成这一章内容的学习之后，你将可以：
1. 分析"互联网＋零售"的产生背景；
2. 说明"互联网＋零售"的内涵；
3. 概括"互联网＋零售"的特征；
4. 阐述"互联网＋零售"的现实意义；
5. 了解"互联网＋"时代传统零售业发展面临的新形势。

第一节 "互联网＋零售"的产生背景与内涵

一、"互联网＋零售"的产生背景

（一）我国零售业发展历程

改革开放以来，我国零售业取得突飞猛进的发展，为国民经济的增长做出巨大贡献。近年来，在全球新一轮科技革命浪潮下，互联网技术与零售业跨界融合不断加深，网络零售业在世界范围内发展势头强劲。回顾过去，我国的零售业发展经历了漫长的过程，从传统零售企业到互联网电商，大致可分为以下几个阶段：

1. 以大型百货公司为主体

1978年中国共产党第十一届中央委员会第三次全体会议召开到20世纪80年代中期，是我国经济体制改革的起步阶段。这一时期，大型商业零售业还没有成为我国流通规模扩张的主导型商业形态。1984年中国共产党第十二届中央委员会第三次全体会议以后，以城市为重点的经济体制改革全面展开，全国形成了兴建大型商厦的热潮。

从 1986 年到 1990 年，我国新建的大型零售商场相当于前 35 年建设的总和。到了 20 世纪 90 年代初期，大型商场的发展速度加快。有关资料统计，年销售额在 1.2 亿元以上的大型百货店，1991 年只有 94 家，1995 年增加到 624 家，仅仅 5 年时间，大型百货店的数量增加了 5 倍多。

2. 连锁超市、现代专业店、专业超市和便利店共存

20 世纪 90 年代之后，在零售市场上，连锁超市占据了主流地位，同时也不乏现代专业店、专业超市和便利店等业态的存在。在这个阶段，与国外的连锁超市相比，我国的超市规模较小。同时，各连锁超市之间的竞争越发激烈，使得市场不得不进入整合期。2 000 年前后，大型综合超市、折扣店相继出现，以家乐福为代表的国外零售企业进入国内市场，标志着我国零售业市场拉开了新的战局。

3. 大型综合超市涌现

2000 年之后，国内市场上大型超市的数量猛增，集零售和服务于一身的购物中心也开始出现并发展，朝着娱乐、餐饮、服务、购物、休闲一体化的综合性购物中心发展，使国内零售业呈现繁荣局面。与此同时，互联网以及电子商务的发展对我国传统零售业造成了重创，很多实体店纷纷关门，部分百货店倒闭。

4. 电商和移动电商流行

2013 年前后，受移动互联网的影响，不仅零售业受到了波及，消费者的消费习惯和消费观念也受到了影响。在这个时期，网络零售业异常火爆，线下实体店铺异常萧条，同时电商的重心也开始从电脑端向移动端转移。2015 年，电商进入稳定发展阶段。此时，受"互联网+"和 O2O 模式的影响，很多线下零售企业开始探索与电商的融合发展之路。2016 年以来，我国零售业局面出现了较大的波动，线下大型超市相继关闭，尤以大润发的关店令人吃惊；线上纯电商的流量红利正在逐渐消失。整体来看，我国零售业的增长速度逐渐减慢，利润也开始逐渐下降。

（二）零售渠道变革

目前，我国零售业整体面临着巨大的发展压力，为了实现突破性发展，彻底打破线上和线下的界限、线上和线下渠道整合似乎是唯一出路，这种渠道整合在 2016 年年初已经开始出现。在这种状态下，影响零售商发展的因素不再是模式与渠道，而是消费者。能满足消费者的需求，为消费者提供更高效、更满意的新体验的企业将成为未来零售业的引领者。

通过零售商的渠道整合，消费者能够在零售商的某一渠道搜索商品并查询商品信息，在另一个渠道购买商品，甚至在第三个渠道完成交付和退换货等行为，消费

者在购买的不同阶段可以采用不同的渠道。如此一来，消费者原本定期定点的购物过程，将逐渐转变为跨空间、跨时间的购物过程。在这一购物过程中，消费者不需要忠于零售商所提供的某个单一渠道，而是能够在整个交易过程中交替采用多种渠道。与分离的多渠道零售相比，整合的多渠道零售模式下各个渠道之间存在更多的交互，因此，"跨渠道零售""全渠道零售"的概念应运而生。随着网络零售的高速发展，零售商能够通过多种渠道与顾客互动，包括网站、实体店、服务终端、社交媒体、移动设备等。零售企业为了满足顾客任何时候、任何地点、任何方式的购买需求，采取实体渠道、电子商务渠道和移动电子商务渠道整合的方式销售商品或服务，提供给顾客无差别的购买体验，这种方式被称为全渠道零售。全渠道零售是从单渠道到多渠道，再到跨渠道，最后到全渠道的发展结果[1]，如图6-1所示。全渠道与单渠道、多渠道、跨渠道有着天然的联系，又有着一定的差别，并与实体店、网店和移动商店息息相关。关于全渠道的含义，从不同的角度理解能得出不同的结论。从零售企业的角度来说，全渠道就是以顾客为中心，借助信息技术打造一体化渠道，给顾客提供一致的购物体验；从顾客的角度来说，全渠道就是顾客能时时刻刻享受到无缝化的、无边界的购物体验。因此，我们需要对这几个相关概念进行梳理，最后归纳出全渠道零售的定义。

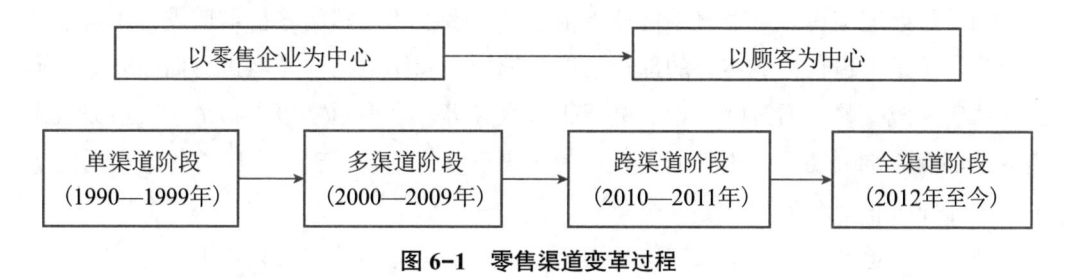

图6-1 零售渠道变革过程

1. 零售渠道的相关概念

（1）零售渠道。零售渠道是指产品或服务从某一经营主体向另外一个主体（个人或组织）转移所经过的路径，这些产品和服务主要用于最终消费，单次交易批量较小。完成一次交易的完整路径，被视为一条零售渠道，如蔬菜通过超市卖给顾客，图书通过网站卖给读者，各自都是一条完整的零售渠道。

衡量渠道的数量规模，包括长度、宽度和广度等维度。长度是指产品从生产者手中转向消费者手中纵向经过的环节数的多少，多意味着渠道长，反之则为短；宽度是指在一个地区同一渠道环节选择的中间商数量的多少，多意味着渠道宽，反之则为窄；

---

[1] 李飞. 全渠道零售的含义、成因及对策：再论迎接中国多渠道零售革命风暴. 北京工商大学学报（社会科学版），2013，28（2）：1-11.

广度是指应用或选择渠道条数的多少，多意味着渠道广，反之则为狭。这些维度组合构成渠道网络或分销网络，因此，它们既可以作为企业进行渠道决策时考虑的内容，也可以作为全社会渠道发展和评价的维度。

（2）单渠道零售。一些咨询专家把"实体店铺"整体视为单一零售渠道，认为单渠道零售时代就是实体店铺的时代。但是，从学术角度看，单渠道零售是指选择一条渠道，将产品和服务从某一销售者手中转移到顾客或者消费者手中的行为。单渠道策略通常被认为是窄渠道策略，而不管这条渠道是实体店，是邮购，还是网店。例如，在古代，自给自足的农民常常通过集市贸易单一渠道销售自己剩余的农副产品；在计划经济时期，日常生活用品的销售也是遵循着"工厂——一级批发商——二级批发商——三级批发商——零售店——顾客"的单一渠道方式；在互联网时代，通过一家网店进行零售，也属于单渠道零售。

（3）多渠道零售。很多专家把实体店加网店的分销视为多渠道。但是从渠道分类的学术角度看，这是指企业采用两条及以上完整的零售渠道进行销售活动的行为，但顾客一般要在一条渠道完成全部的购买活动。例如，汽车厂商对于团购的出租汽车公司采取直销渠道，对于零散顾客采取4S店铺销售的渠道，每条渠道都具有完成销售的所有功能，其间不进行交叉。

（4）跨渠道零售。跨渠道零售是指企业采用多条非完整的零售渠道进行销售活动的行为，每条渠道仅完成零售的部分功能。例如，利用电话向顾客进行商品介绍，通过实体店完成交易，通过呼叫中心进行售后服务等。多渠道零售中，每条渠道完成渠道的全部而非部分功能；跨渠道则表现为多渠道零售整合，整合意味着每条渠道完成渠道的部分而非全部功能。

（5）全渠道零售。全渠道零售是指企业采取尽可能多的零售渠道类型进行组合和整合（跨渠道）销售的行为，以满足顾客购物、娱乐和社交的综合体验需求，这些渠道类型包括有形店铺（实体店铺、服务网点）和无形店铺（上门直销、目录和直邮、电话购物、电视商场、网店、手机商店），以及信息媒体（网站、呼叫中心、社交媒体、电子邮件、微博、微信）等。在今天，几乎一种媒体就是一种零售渠道。随着新媒体类型像雨后春笋一样地不断涌现，跨渠道零售进入了全渠道零售的时代。当然，这里的"全渠道"，不是指企业选择所有渠道进行销售的意思，而是指企业面临着更多渠道类型的选择组合、整合。如果从更准确的另外一个交易方看，全渠道零售实际上是顾客的全渠道购物。

2. 零售渠道的发展过程

零售渠道发展过程可以分为四个阶段，分别是实体店时代、电子商务时代、多渠道时代、全渠道时代。

在实体店时代，零售业主要以实体门店为主，其模式以百货店、超市等坐店经营模式为主。之后，伴随互联网的兴起与发展，以淘宝网、亚马逊为代表的网上商店出现，其模式有 B2C、C2C。

近年来，以苏宁为代表的传统零售商开始拓展销售渠道，打破单一的店面经营模式，将零售业务拓展到了网上商城、微信、微博等多个场所，实现了多渠道营销。在多渠道营销的基础上，对各个渠道进行整合、衔接，产生了跨渠道营销。O2O 模式是虚拟融合模式，是现在国内零售商所喜爱的一种模式，从线上吸引顾客到线下消费，实现了线上和线下的融合，既为企业带来了优质的营销结果，也为顾客带来了优质的购物体验，可谓一举两得。

在多渠道、跨渠道等概念出现之后，人们发现了其中的缺点，希望能进一步推动渠道融合，进而提出了全渠道的概念。这个概念是从对顾客需求和消费行为的理解中抽离出来，以将品牌融入顾客生活为目的进行产品设计，最后选择合适的技术将优质的购物体验传达给顾客。全渠道的核心价值在于保证顾客在对产品的感知差异不大的情况下提升自身的利益。其着眼点在于以顾客为中心，借助多渠道和顾客构建联系，为顾客提供相同的购物体验。这里的"相同"指的是，顾客无论是在实体店购物还是在网店购物，抑或是在移动终端购物，其购物体验都是一样的。

在多媒体时代，在多渠道整合的基础上产生了一个新的概念——全渠道。在全渠道条件下，营销的主动权掌握在顾客手里，顾客可以借助各社交媒体对零售商终端进行选择，享受良好的购物体验。从顾客的角度来说，全渠道就是可以让其在一个渠道挑选产品，在另一个渠道进行比较，最后再选择第三个渠道进行支付和购买。从零售商的角度来说，全渠道就是在多渠道的基础上，对各个渠道进行整合，让前台、后台的系统实现一体化，在全渠道营销模式下，客流、物流、商流、信息流和资金流都能实现自由流通，在社交媒体的帮助下，企业能给顾客提供无缝化的购物体验。

（三）传统零售业面临的挑战和困境

1. 传统营销方式的变革

传统营销中间环节繁多，零售业务的流程冗长且复杂，既费时费力，成本又高。与传统营销相比，连锁经营的优势是能够降低采购成本，减少存货，加快资金周转；电子商务则为企业提供了更大的市场范围和全新的销售方式，使市场空间随网络体系的延伸而延伸。越来越多的顾客选择网购，除了价格和时间方面的因素，品种齐全也是重要原因。在现代营销方式的冲击下，如果传统零售商没有创新意识，不及时更新观念和服务，就难以在网络时代生存。

2. 企业竞争形态的变化

零售服务的一大特点即批量小、价值低。不管对于提供服务的零售商还是接受服务的顾客来说，交通运输成本的存在使得他们都不可能在自己的有效距离之外提供或接受服务。这就决定了传统零售商提供服务只能在各自的有效距离之内，这既限制了零售商的顾客数量，也限制了企业规模的扩大。通过开展电子商务，网络信息的公开性使得市场竞争更为公平。因此，如何顺应潮流，采取相应策略再创竞争优势，已是传统零售业面临的一大挑战。

3. 传统的营销关系的改变

随着顾客的主导权逐渐增加，其消费行为的变化也给传统零售业带来了冲击。具体表现在：人们时间观念的增强，使得很多人不愿意采用传统的方式来购物；顾客的购买行为趋向于理性化，更加注重产品的质量和价格，顾客在交易中的主导权会更加突出。电子营销的模式就是顾客和企业的对话，企业在清楚地了解每个顾客个性化的需求后，做出使顾客利益最大化的营销决策。这样，企业与顾客之间的关系是一对一的营销关系，是密不可分、牢不可破的。因而现代营销战略强调如何更加方便、及时地满足顾客的特定购买欲望。由于这些因素的存在，传统零售面临着巨大的挑战。

二、"互联网 + 零售"的内涵

（一）"互联网+零售"的概念

为顺应互联网时代的发展要求，国务院把"互联网+"行动计划上升到国家战略层面，促使其成为经济社会创新发展的重要驱动力量。我国"互联网+零售"发展路径是基于我国当前的经济发展水平，依托于我国当前的政治、法律环境及历史因素的必然选择。同时，科技进步为我国"互联网+零售"的发展提供了技术基础，激烈的市场竞争和消费者需求的改变是推动我国"互联网+零售"发展的重要外在力量。

"互联网+零售"的概念并不是互联网与零售业的简单相加，它是一种全新的社会经济形态，互联网充当了零售业发展的主体，在零售业发展过程中起到决定性作用，可以引领零售业的创新发展。"互联网+零售"并不改变零售的本质，而是把互联网的创新成果与零售业深度融合，利用以云计算、物联网、大数据为代表的新一代信息技术，充分发挥互联网在零售业发展过程中的主体地位，以及互联网对生产要素的有效整合作用，提高零售业效率，提升零售企业的生产力和创新力。

具体来说，"互联网＋零售"是指企业以互联网为依托，运用大数据、人工智能等先进技术手段，对商品的生产、流通与销售过程进行升级改造，进而重塑业态结构与生态圈，并对线上服务、线下体验及现代物流进行深度融合的零售新模式。"互联网＋零售"的核心在于推动线上线下一体化发展，其关键在于促使线上的互联网力量与线下的实体店终端形成真正的合力，同时促进价格消费时代向价值消费时代的全面转型。"互联网＋零售"是区别于传统零售的一种新型零售业态，指应用先进的互联网思维和技术，对传统零售方式加以改良和创新，以最新的理念和思维为指导，将产品出售给最终消费者的所有活动。

（二）"互联网+零售"的主体作用

1. 零售的本质未变

"互联网＋零售"并未改变零售的本质，零售依然充当着商业中介，促进交易的"双向契合"，其根本目的是更有效率地解决供需困境，更有效率地实现交易，更大程度地满足消费需求，提供更好的产品、更有竞争力的价格和更优质的服务。从消费者角度看，"互联网＋零售"以人为本，无限逼近消费者的内心需求。从流通角度看，企业内部和企业之间流通损耗无限逼近零。其本质内核总结起来，依然是满足需求、降低成本。

2. 零售导入多维创新

商品交易涉及商品交易的主体、客体、载体以及商业关系等内容，对应到零售交易中为：零售活动的参与主体、零售活动的产出、零售活动的基础设施、零售组织与上游供应商、下游消费者、行业内竞争者之间的关系。传统零售业创新主要表现为由零售技术和需求变革共同驱动的业态创新，这种创新只是针对某个方面的创新和变革。"互联网＋零售"推动的是由技术变革和需求变革共同驱动的对零售业全要素、多维度、系统化的创新与变革。"互联网＋零售"实现了交易活动中的商业关系、利益关系、组织方式、经营形态、零售产出以及经营理念等多方面的变革。此外，零售创新变革的内容在不同的阶段会呈现不同的表现形式。比如，当前表现为数据驱动，将来可能表现为人工智能主导；当前表现为跨界，将来更多地表现为无界；当前表现为满足消费者的体验需求，将来可能表现为满足消费者的其他心理需求。

(三)"互联网+零售"的技术应用

1. 线上线下深度融合

未来的"互联网+零售"不是简单地从线上到线下,或是从线下到线上,而是线上线下深度融合。线下门店可以用来参观或者体验服务,通过线下推销活动,往线上引流。线上的微商城、小程序商城可以展示更多商品,同时开展商品配送服务,既可以产生线上营销,又可以向线下导流。

2. RFID技术的加速发展推动"互联网+零售"的规模化应用

RFID技术已有多年历史,因为其成本较高,所以一直没有得到规模化的应用。以前RFID标签的成本是1元以上,2017年年初降为0.4～0.5元,2018年降到了0.2～0.3元,未来很有可能继续下降。由于RFID的读写速度及准确性越来越高,成本逐渐下降,这将推动"互联网+零售"的规模化应用。

3. 大数据成为推动"互联网+零售"发展的核心力量

在"互联网+零售"发展的过程中,大数据起到了非常核心的作用。通过对商品与内容以及消费者的数据采集,零售商对商品和消费者进行精准的画像,通过大数据规划、优化整个零售的价值链,优化设计、生产、营销、销售和服务的全流程。所以,大数据不只是影响销售,更影响着整个零售供应链体系,是推动"互联网+零售"发展的核心力量。

4. 人工智能技术提升互联网+零售"的整体效率

人工智能技术的飞速发展降低了其应用"门槛"。现在有很多人工智能技术运用在"互联网+零售"领域,包括智能推荐、智能试衣镜、智能购物车、智能货架、智能搜索、机器人导购、机器人客服、智能比价、智能停车找车、自动结算支付、室内定位及营销等。"互联网+零售"通过人工智能技术提升其整体效率,降低整体运营成本,改善了购物体验。

5. 生物识别技术实现准确识别

用户目前去无人零售店或线下零售店,都需要提供支付账号,而零售店通过账号来识别用户,然后从用户个人账户中扣款。未来,用户不需要任何证明身份的证件,生物识别技术将通过人脸识别等技术直接识别用户,并从用户个人账户中自动扣款。未来这些技术会更加成熟、准确,真正实现"你就是你,无须证明,自动结算"。

6. 虚拟现实技术和增强现实技术提升消费者购物体验

消费者利用虚拟现实(Virtual Reality,VR)技术和增强现实(Augmented Reality,AR)技术,在商店试衣服时,只要把衣服取过来放在身前,就能够自动生成其穿上这件衣服的照片；在家具销售商店买家具时，只要提供房间照片和尺寸，就能显示家具摆在房间的什么位置，看上去是什么样子的，是否符合房间布局，整体协调性如何；等等。

7. 机器人技术降低供应链成本

随着时代发展，机器人的使用成本越来越低。在供应链环节，很多重复工作，如分拣、配送等都会由机器人来完成。京东就做了这方面的尝试，其无人仓库由机器人管理，效率非常高。未来，机器人技术在供应链方面也会得到越来越多的应用，降低整个供应链的成本，提高供应链的效率。

8. 电子货架价签实现动态定价

传统零售用的是纸质价签，每当价格变动的时候需要手工更换或涂改，非常麻烦。电子价签能够实时调整价格，以满足"互联网＋零售"中动态定价的需求，未来电子价签的使用范围将会非常广泛。随着技术发展，电子价签的应用成本会越来越低，能够真正应用到零售门店实现动态定价。

9. 图像识别技术应用将越来越广泛

图像识别技术越来越成熟，准确性越来越高，在"互联网＋零售"领域得到了充分的应用，如商品识别、安全监控、热力图的分析等。

10. 区块链技术实现商品可溯源

"互联网＋零售"是建立在物联网的基础上的，通过RFID标签能够实现溯源，如果与区块链结合使用，将会提高溯源的准确性，包括信息上传的正确性、安全性等。

第二节 "互联网＋零售"的特征与现实意义

一、"互联网＋零售"的特征

（一）零售主体新角色

在传统零售活动中，零售商的角色是专业化的商品交换媒介，从事的是面向消费者的商品转卖活动，即零售商向上游供应商（品牌商或经销商）采购商品，向下游消费者销售商品，从中赚取差价。零售商是商品的经销者，是整条产业链中的终端商业中介。

在"互联网+"的情境下，零售商在商品交易过程中的角色发生了变化，它不仅仅以中间商或者平台的角色出现，而且成为整个产业链条中商品交易活动和商品关系的组织者与服务者。对于下游消费者，零售商走进消费者的生活方式，了解消费者的潜在需求，为消费者提供满足需求的商品和一系列服务的组合，成为下游消费者的采购者和组织者。对于上游供应商，零售商利用大数据资源，为供应商提供精准的消费者需求信息，从而走进供应商的价值链，为供应商的生产研发活动和市场推广活动提供服务和帮助，成为上游供应商的服务者。因此，在"互联网+"的情境下，组织商品交易的顺利完成只是零售商的部分角色，其"组织者"的角色更在于成为消费者大数据资源的开发者，并利用自身强大的数据分析处理能力和计算能力，为产业活动的参与者提供一体化的服务。所以说，成为产业链活动的"组织者""服务者"是"互联网+零售"赋予零售商的新角色。

（二）零售产出新内容

零售商的经济职能在于为消费者提供显性的商品和隐性的服务，"商品+服务"共同构成了零售的产出。在传统零售活动中，交易围绕着"商品"展开，零售商的经营活动以"商品"为核心，并通过低买高卖赚取中间利润。

在"互联网+"的情境下，零售产出的内容更加丰富、更加新颖。一是零售商的分销服务成为零售产出的核心内容，零售商由商品的销售者转变为"商品+服务"的提供者，零售活动不再是简单的"商品—货币"关系，而是持续互动的"零售商—消费者"关系。二是线上线下融合的全渠道模式为零售产出的分销服务增加了新的内容，以大数据技术为依托，通过商品数字化、会员数字化、卖场数字化等数字技术，全方位强化消费者的全渠道购物体验。三是为上游供应商提供消费者画像的数据服务也成了零售产出的新内容。传统零售业的产出只针对下游消费者，而"互联网+零售"的产出针对完整商品交易活动的全部参与者。基于终端对大数据的分析，零售平台可以掌握消费者的各类场景数据，实现消费者生活场景的还原和消费者画像的形成。同时，将上述数据与上游供应商进行共享，为供应商提供消费者画像，发掘消费者需求，帮助供应商进行按需定制和更精准的营销活动。

（三）零售组织新形态

零售业态的本质是零售组织的经营形态，对于构成零售经营形态的商品、服务、环境等内容不断进行边际调整，这就形成了零售业态持续演进和变革。在"互联网+"

的情境下，构成零售业态的各要素均实现了数字化的变革，这本身就推动了传统零售业的转型和创新，而零售商通过大数据的需求分析更加清晰了消费者的需求痛点，并以此为核心对构成零售业态的各要素再次进行边际调整，从而形成新的零售组织的经营形态。在"互联网+"的情境下，以更加精准的、全面的消费者需求信息为基础进行零售经营要素的调整，形成了具有多样性、多内容、多触点和多维度特点的新型零售经营形态。这使得零售商经营形态具备了更多的可能性和可塑性，由此形成的零售的经营形态不同于传统零售中的零售业态，而是复合型、集合型、满足即时购买需要的经营形态。

（四）零售活动新关系

在传统零售互动中，零售商业活动中各主体间的关系都简化为"商品—货币"的交易关系，这种交易关系的背后是产业链中各主体之间利益关系的对立。在传统零售背景下，零供关系是冲突的、相互博弈的，零售商与消费者间的关系是独立的、单一的商品交易关系，整条供应链是由生产端向消费端层层推压的推式供应链模式。在"互联网+"的情境下，零售商为供应商赋能，零供关系变成彼此信任、互利共赢的合作关系；零售商将商业的触角进一步延伸至消费者的需求链，与消费者实现了深度的互动和交流，零售商成为消费者新生活方式的服务者和市场需求的采购者，成为消费者的"代言人"；零售商与消费者之间形成了深度互动的社群关系，供应链转化为以消费者需求为初始点的拉式供应链模式。由此，在"互联网+"的情境下，零售中的商业关系被重新构建，"商品—货币"关系转变为其背后的人与人之间的关系，供给与需求被重新打通，各主体之间形成了以信任为基础的供需一体化的社群关系。

（五）零售经营新理念

零售经营的理念与市场供求关系相关。在供不应求的时代，生产商主导商品流通渠道，零售经营的关键在于取得上游供应商的供货资源。大规模生产方式的发展催生了大规模的商业销售，供求关系出现逆转，商品流通进入"渠道为王"的时代。零售经营的关键在于快速扩张实现规模化竞争，经营理念在于强化零售资本的投入，实现规模经济。伴随着市场供求关系的进一步发展，供求关系进一步重构，消费者逐渐掌握市场主导权，满足消费者异质性的需求成为生产活动和商业活动的出发点。"互联网+零售"，就是要适应以消费者为主导的时代的新理念、新模式，以消费者需求为出发点，新的零售技术的应用、零售要素的调整和变革都是为了更好地了解消费者的生活方式，从而更精准地满足消费者的需求，为消费者不断创造价值。在

"互联网+"的情境下，零售主体的价值排序实现了重构，满足消费者需求成为全部商业活动的价值起点，为消费者创造价值的"以人为本"的原则成为零售经营新理念的基础。

二、"互联网+零售"的现实意义

（一）引领流通革命

"互联网+零售"变革了商品流通体系、催生了新型商业模式，有效提升了流通效率，降低了流通业的成本，充当了流通革命的先行者。

1. 变革了商品流通体系

传统的商品流通需要经历"生产商——一级批发商——二级批发商——三级批发商——零售商"的纵向、多环节的商品流通体系，"互联网+零售"提升了流通环节的效率，实现了"品牌商——零售商——消费者"的新型商品流通体系。以阿里巴巴的"零售通"为例，可以看出，基于阿里巴巴的平台运营能力，"零售通"将品牌商、经销商和小零售商在平台上组织起来进行交易，帮助经销商和小零售商使用互联网工具，省去了传统商品流通渠道中层层交易的中间环节，降低了品牌商布局垂直网络渠道的高额成本，同时为小型零售商提供了更好的品牌供应渠道。传统的便利店、杂货店通过"零售通"平台改造升级后，经营品类更丰富，场所更整洁，商品更安全，成本更低，人气更火爆。

2. 催生了新型商业模式

"互联网+零售"以数字化为基础，以消费者需求为核心，推动了商业元素的重构，加速了零售经营模式和商业模式的创新。阿里巴巴和银泰百货的合作是传统零售商转型升级的典型尝试。基于阿里巴巴的云服务体系和大数据能力，银泰百货实现了向商品数字化、卖场数字化、会员数字化、供应链数字化以及组织管理数字化的全面数字化转型。通过线上线下渠道的打通融合，银泰百货也实现了对消费者的全渠道接触和全渠道整合营销。此外，阿里巴巴的"盒马鲜生"会员店和银泰百货的"集货"都是业态模式创新的典型代表。

3. 有效提升了流通效率

对于消费者而言，"互联网+零售"打通了线上和线下的渠道，实现了购物场景多元化，从而大大降低了消费者的搜索成本和时间成本。"互联网+零售"也降低了供需双方信息的不对称性，降低了经济组织的各种成本，提升了效率。

案例

把线上专卖店搬到线下

2016年11月6日,天猫全球首家全渠道智慧型门店在杭州湖滨银泰in77的卡西欧试点正式落成。作为卡西欧手表在中国最大的代理商,络克(杭州)贸易有限公司董事总经理非常繁忙,成了钟表界的"网红"。这个6平方米的小店融合了互联网技术和思维,通过两块互动大屏实现了实体门店与虚拟天猫专卖店的无缝对接,给消费者创造了一个全新的购物场景。卡西欧智慧型门店通过游戏互动增强顾客体验并实现引流,顾客可通过互动大屏幕自助购物。门店还可收集店内顾客行为数据支撑商家决策。

门店通过游戏互动的方式吸引顾客进店,同时利用阿里巴巴的线上线下的大数据分析,收集顾客参与游戏的相关数据,支撑客户洞察;顾客用手机扫描购物大屏上的商品二维码后,手机页面会直接跳转到卡西欧天猫专卖店上的相同单品页面。虽然很多顾客不会当场下单,但这些顾客回家后若在电脑上或在App上进行下单,都可以追踪到这次消费来自这家门店。

卡西欧智慧型门店的做法使线上线下互相融合,其销售业绩可以追溯属于线上还是线下,这样就避免了线上线下之间的冲突,提升了品牌价值。

通过"智慧型门店"项目,卡西欧实现了在有限的空间为消费者提供全部货品的展示,极大降低了消费者的搜索成本,使卡西欧专柜的月营业额提升了近1倍。

资料来源:佚名.卡西欧开了首家智慧型门店 把天猫专卖店搬到线下.(2017-01-09)[2018-09-18]. http://www.linkshop.com/news/2016367104.shtml. 引用时有修改。

"互联网+零售"使得生产商和零售商实现了信息资源的共享。品牌商根据零售商提供的消费者数据分析进行精准营销,提高了企业的经营效率,有效降低了品牌商市场调研、搜索需求信息以及市场营销的成本。

对整个商品流通体系而言,"互联网+零售"极大地提高了流通环节效率,节省了原有渠道中的交易成本,新兴物流技术极大地节省了传统环节的物流费用。阿里巴巴的菜鸟网络基于大数据智能算法来分配订单路由,实现了快递公司包裹与网点的精准匹配,准确率达98%以上,分拣率提高50%以上。

(二)优化业态结构

在整个商业生态中,零售商充当润滑剂和黏合剂的角色,既润滑了供应商与零售商的关系,又拉近了零售商与消费者的关系,从而创造了新的商业机会。

1. 零售商为供应商赋能

在"互联网+"的情境下,零售商成为供应商的赋能者,厂商关系由传统零售中的对立、冲突关系转变为新的零售业态下的深度合作、互利共赢的和谐关系。

(1)通过消费者大数据赋能。零售商为供应商提供消费者画像以及需求信息分析结果,供应商更加清晰地了解目标市场的需求和偏好特征,从而缩短了新品的研发周期,增加生产计划合理性和产品适销性。

📖 案例

银泰新零售之ITM:七夕与曼卡龙珠宝深化定制款

七夕已经成为零售行业重要的销售节点,处于大数据环境下的百货业,也不断开创新的营销和推广方法。作为浙江最大的百货连锁企业,银泰百货一直带着敢为人先的"基因"。作为国内最早拥抱互联网的传统商业零售企业之一,银泰百货近年来不断创新营销推广,重大销售节点更是会带来更多创意和惊喜。

银泰百货在和阿里巴巴"联姻"之后,声称要通过平台大数据,以及对消费者的偏好进行研究,在各品类中找出最受消费者喜爱的品牌,并与这些品牌达成深度合作协议,为顾客提供更优质、更实惠的商品与服务。这个简称ITM(银泰柔性定制)的计划已经陆续展开。作为以独家专利、时尚设计领先的时尚珠宝品牌,曼卡龙不断进行年轻化升级,在珠宝市场上也得到越来越多的年轻顾客的青睐。2017年七夕期间,一直走在新零售变革话题中心的银泰百货逐渐深化开展新零售的探索,与年轻时尚的珠宝品牌曼卡龙联合推出独家定制款珠宝——"小恶魔"系列套装,将银泰"小怪兽"和曼卡龙"小恶魔"形象的共通元素相融合,兼具趣味性和品牌特征,成为七夕的明星产品。其定制款的价格仅是普通款标签价格的一半左右。2017年8月25日和26日,所有银泰百货曼卡龙专柜的销售额同比增长338%,增幅位列银泰百货珠宝类商品第一。同时,曼卡龙珠宝本次与银泰百货合作专柜的销售额在千万级同体量品牌中同比增长排名第一,达到将近200%的增幅,甚至有的专柜达到4 300%的惊人增幅。

本次七夕,银泰百货联合曼卡龙珠宝为年轻顾客定制的"小恶魔"系列珠宝,具备了时尚的独特设计,定制专享更优惠的价格。同时,银泰百货与曼卡龙珠宝对定制款的宣传也采用年轻人较为感兴趣的明星同款短视频、动漫插画小视频、网红直播、淘宝直播等形式,从不同角度和层次刺激年轻顾客的兴趣点。银泰百货线下21家银泰专柜限量销售，银泰网、银泰天猫旗舰店、银泰喵街等同步上线热推，新零售的线上线下全渠道同时打通热推，便捷满足社群经济下的重要节点的冲动消费需求。

曼卡龙珠宝近年来的表现也引人注目。从与网红合作的全新品牌大片，到各种明星街拍、时尚达人合作活动，从产品到形象都在传达"每一天的珠宝"的品牌定位。近年来品牌不断升级，走向国际化，曼卡龙珠宝也将会有更多的渠道创新合作活动，为更多追求时尚的年轻顾客带来更多浪漫时尚的设计。

资料来源：佚名. 银泰新零售之ITM：七夕与曼卡龙珠宝深化定制款.（2017-08-31）[2018-09-21］. http://nb.ifeng.com/a/20170831/5959455_0.shtml. 引用时有修改。

（2）通过全渠道融合赋能。"互联网+零售"，通过线上线下资源的打通，实现全渠道融合，零售商利用平台终端优势帮助生产商进行市场推广和精准营销，助力品牌商成长。比如，银泰百货建立了众多线上品牌集合的精品买手店——"集货"，通过打通实体店与银泰百货天猫旗舰店以及品牌旗舰店的价格和库存，实现线上线下同货同价。"集货"帮助线上品牌开拓线下渠道，实现了O2O融合。同时，增强消费者对线上品牌的体验感，从而增加了线上品牌粉丝的购买转化率。

2.零售商与消费者黏合

在传统零售活动中，零售商与消费者是简单的商品交易关系。在"互联网+零售"下，零售商与消费者的接触点增多、接触面增大，建立起了更加紧密的情感链接，最终带来消费者获得感的提升。

（1）零售延伸触点进入消费者需求链。依托大数据技术，零售商可以更加精准地还原消费者的消费图谱，实现对消费者需求的深度挖掘，走进消费者的生活方式。零售商可以根据消费者的需求提供相应的增值服务，并将需求信息反馈给生产商，使得市场能够及时提供满足消费者需求的商品和服务。由此，零售商成为消费者的采购者、服务者和需求代言人，零售商与消费者形成了一体化的紧密关系。

（2）全渠道流通增加了零售商与消费者之间的黏性。零售商依托于新的零售平台实现了线上线下、移动端以及其他终端的全面打通和融合，从而为品牌商、零售商、分销商、服务商在全渠道的基础上进行整合营销提供了可能。全渠道融合增加了品牌商、零售商与消费者之间的接触点和接触机会，打破了时间和空间的约束，使品牌商、零售商和消费者之间的重复接触和持续接触成为可能。比如，天猫在"6·18"活动期间，打通品牌线上线下会员体系，与护肤类品牌商合作推出"新零售体验馆"，品牌专业美容顾问为线上消费者提供可视化咨询服务，通过虚拟现实技术为线上消费者提供动态彩妆试用体验，让消费者可以享受到线上线下一致的服务体验，跨越空间，持续与美容顾问互动，增加零售商与消费者之间的黏性。

（三）引发生产革命

1. 拉式供应链确立

传统零售活动是由生产商、供应商推动的推式供应链，在推式供应链模式下，生产商根据市场调研和经验分析进行商品的开发和生产，制定相应目标决策，并将目标逐层推向下游的企业和零售商。这样会导致供需分离，库存层层积压，生产商对于市场需求的反应能力十分低下。"互联网+零售"重构了零售主体的价值排序，使得供应链活动转变为以消费者需求为拉动力量的拉式供应链。在拉式供应链上，零售商首先根据对消费者大数据的分析还原消费者的生活场景和消费场景，挖掘消费者的需求特征和偏好特征，并将上述数据提供给上游品牌商和供应商。品牌商根据零售商提供的精准、清晰的消费者需求信息进行研发和生产活动，并安排合理的计划。由此，形成了以需求为导向的供应链，消费者需求也成了供应链活动的第一步。

2. 实现按需生产

在"互联网+零售"下，企业通过大数据的挖掘，实现消费洞察和反向定制，"按需生产"方式成为可能。"互联网+零售"克服了传统商业模式下的供需脱节、供需分离的弊端，供给和需求被打通，企业建立了自己的目标消费群体，并根据目标消费群体的精准需求信息组织生产。

3. 发展柔性定制

"互联网+零售"推动了大规模生产的福特制生产方式向柔性、灵活生产的后福特制生产方式变革，推动社会生产方式向精益化、柔性化和规模化定制方向转变。由于消费者需求日益个性化和异质化，大规模的标准化生产无法满足需求，生产方式逐渐朝着柔性定制方向发展，加速进入后福特制生产方式。

（四）促进消费升级

零售业的发展与社会需求的变革呈现"你中有我，我中有你"的互拉、互促、相互影响、螺旋上升的规律。"互联网+零售"的发展推动了居民消费理念、消费方式、消费结构、消费档次等全方位的升级。

（1）升级消费体验。"互联网+零售"给了消费者极致的新体验，消费者的购物从物质上的满足上升为心理上的满足。利用线上线下与现代化物流技术的完美结合，给消费者带来最极致的服务体验。

（2）优化消费结构。"互联网+零售"为消费者提供了全渠道融合的多场景、多种方式的购物体验，极大丰富了零售供给中的服务内容，促进居民消费结构由商品消费向服务消费转型。对消费者可触达、可识别、可运营，为向消费者提供精准的服务创造了更好的基础条件。

（3）拓宽消费选择。"互联网＋零售"丰富了消费者购买商品和接受服务的渠道选择，消费者对于高档商品和服务的需求得以满足，促进消费回流。

第三节 "互联网＋"时代传统零售业的发展趋势

一、"互联网＋"时代传统零售业发展面临的新形势

（一）消费趋势的改变

互联网技术的发展催生了新媒体，信息传播方式的改变直接影响着受众群体行为模式。消费群体的关注点由产品质量向消费体验迁移，产品的附加价值升高，新兴消费群体的个性化消费需求不断推动市场的细分，促使消费者越来越多地参与到产品的设计中来，并与品牌建立更有深度的联系。依托于移动互联网技术和大数据技术的发展，一方面，企业对于终端市场消费需求的把握更加精准；另一方面，电商的崛起为消费者提供了更加便捷的消费渠道，消费活动不再受时间和空间的限制，只要打开移动终端应用程序或登录电商网站，就可以随时完成消费行为。

同时，消费群体出现新的消费特征：一是消费需求个性化。在"互联网＋"时代，分众营销成为主流趋势，消费者更加注重产品的体验价值，追求个性化意识的表达并投射于产品的选择中。一些企业利用个性化的服务提高客户的忠诚度，并取得了良好的效果。二是互动性增强。新媒体的崛起促进了市场的发展，信息传播模式由单向传播向双向传播转化，消费群体的互动性增强，消费者越来越多地在自媒体平台和社交群中表达自己对于产品的体验感受，并积极与企业互动。三是碎片化的新趋势。消费者越来越多地利用零散时间进行购物，便捷的电商购物模式打破了购物在时间和空间上的限制，满足了消费者的碎片化购物需求。

（二）技术革新的冲击

"互联网＋"时代技术的革新给实体零售业带来巨大的冲击。在网络营销发展的初期对于消费者个性化需求的把握不够精准，致使个性化推荐系统定位较为模糊。进入

"互联网+"时代后,依托大数据挖掘共享技术,电商企业对于终端市场消费需求的把握更加精准。同时,移动互联网技术的发展,进一步拓展了消费的时间和空间,移动终端的迅速发展为消费者提供了更加便利的消费条件。

(三)竞争格局的改变

在"互联网+"时代,随着电商企业的崛起,零售市场的竞争格局发生了巨大改变。电子商务作为新兴的商业模式,具有信息化、集约化的特征。与传统实体零售模式相比,扁平的供应链体系极大地降低了交易成本,提高了交易效率,给我国实体零售业造成了巨大的冲击。电商企业整体销售存在增速快的特点,电商平台依托于网络信息技术和扁平化的供应链体系,在成本和覆盖率上都优于实体零售企业,尤其是近几年物流产业的发展,更是为电商企业提升用户体验提供了支持。

二、"互联网+"时代传统零售业转型升级的新方向

(一)传递全新的品牌价值理念

近年来,随着年青一代的经济收入和消费水平逐步提高,网购、出境旅游的普及与发展,世界各国之间的商品流通更加快捷。与此同时,信息技术推动了企业供应体系和商业模式的改革升级。在这种形势下,消费者对零售商的期待也逐渐提高。然而,仍有相当一部分国内传统零售企业固守传统的运营模式,并未对内部的生产和经营环节进行改革。

从这个角度分析,现阶段国内传统零售业的弊端主要体现在:虽然总体的经营环境已经发生了改变,但由传统零售企业提供的商品与消费者需求之间还存在着许多矛盾。在这种情况下,零售企业必须要对传统模式进行变革与创新。

与传统零售业相比,如今的零售业已经发生了很大的改变,面对激烈的竞争,企业需要适应新零售的环境,改变传统的价值理念,把握消费者的内在需求,使自己的产品可以同时满足消费者在外观、质量、服务、性价比等多方面的需求,这样才能从众多同类企业中脱颖而出。

(二)突破传统经营模式的桎梏

传统零售企业多采用租赁与联营两种方式,为了提高自身运营的安全性,它们会要求品牌商承担风险。与此同时,品牌商在与代理商及分销商合作的过程中,会要求对方提交押金,独立经营并承担后果。

如今，零售环境已经发生了很大的变化，传统模式下的合作理念及合作方式与时代需求已经脱轨。品牌商与分销商之间时常发生矛盾与纠纷。例如，部分服饰代理商不再按照品牌商的要求在预订货品时交纳押金。当零售环境发生变化时，零售商应该选择与合作企业建立共赢关系，加强与对方的联系与互动，在经营过程中共同努力。

在今后的发展中，零售业长期以来实行的租赁或联营方式都将被打破，如此一来，品牌商无须再面临租赁或联营方式下出现的种种问题，如经营成本的控制、风险管理等。在新零售时代下，品牌商只需要采取相应措施，与采用创新经营模式的零售商达成良好的合作关系即可。

（三）实现全渠道商业战略转型

电商平台的纷纷崛起，给传统零售企业的发展带来了巨大的冲击，对此，传统零售企业应该通过全渠道战略来改善当前的局面。不容忽视的一点是，当外部环境的变化使得传统行业发生根本性变革时，身处其中的传统企业很难通过采取部分完善措施来挽救自己，如果不能及时转型，一味寻求局部变革，反而会面临被市场淘汰的危险。

企业在经营过程中，不能只着眼于当下，而应该将目光放长远，在把握行业发展趋势的基础上，提前考虑今后可能发生的问题和风险，制订出完善的应对计划，并综合考虑各方面因素，结合企业自身当前的发展情况，步步为营，打下坚实的基础。

从传统零售企业自身的发展角度来说，拓展线上渠道能够为消费者提供更多的服务途径。但实际上，有些传统零售企业并不擅长线上业务的运营，只是为了不被竞争对手落下才推出线上业务。在这种情况下，其业务运营很难获得突破性进展。所以，传统零售企业要想进行创新，就应回归根本。

（四）借助大数据管理提升购物体验

随着"互联网＋零售"时代的来临，线上与线下逐渐融合，零售业的营销模式逐渐从以产品为中心向以用户体验为中心转移。面对这种产业转型升级，零售企业的经营发展需要解决很多问题。比如，如何收集数据，如何对数据进行分析，如何控制库存等。零售企业要发展，就必须借助新科技手段解决这些问题，使用户的购物体验得以有效提升，朝着"智慧零售"的方向稳步发展。

1. 做好终端数据管理

未来零售企业要想稳步发展，必须能灵活运用大数据技术，对客户数据、商品数据等进行分析和利用，以控制库存、优化营销策略。大数据分析利用的前提是有效地收集大数据。

目前，实体零售企业收集数据的方法是依靠终端数据收集，也就是通过实体店铺的免费无线网络认证等方法进行数据收集。这些方法虽然使用方便，但是由于店铺不能做好终端数据管理工作，经常使得收集的数据失效。大数据不能实现数据的有效收集，这让很多零售企业倍感焦虑。

2. 自助服务提升购物体验

在商场、超市购物，排队等待结账是一个困扰顾客很久的问题。如果遇到节假日，商场和超市的客流量非常大，面对长长的结账队伍，有的顾客甚至会放弃购物计划，使商场和超市在无形中失去了顾客和订单。在"互联网+零售"的时代，零售企业亟须建立一种高效的结账方式，提升结账效率，真正实现顾客自助购物，给顾客带来不一样的购物体验。

借助能够提升结账效率的方法，实体零售企业不仅能通过缩短付款时间、简化付款流程来提升顾客的结账体验，还能实现定制化营销、精准营销，进而提升顾客的购物体验、提高顾客的满意度和忠诚度。

3. 智能仓储物流推动线上线下融合

在"互联网+零售"的时代，线上线下与物流的融合是大趋势，线上下单、线下取货；线上下单、物流送货上门；线下购物、物流送货上门等服务成了顾客的必然选择。在这种情况下，如何降低物流配送成本、提升物流配送效率成了零售企业和物流企业要解决的重要问题。

先进技术的开发和应用，可以为零售与物流的融合提供一系列的解决方案，满足自动化仓储、分拣与配送的需要，能够为零售和仓储智能物流的跨界融合提供思路与方法，进而有效地提升顾客的购物体验，满足新零售时代对线上线下与物流融合的要求。

三、"互联网+"时代传统零售业发展的新趋势

互联网的高速发展，给零售行业带来新的方向。"互联网+零售"是以用户为中心，在技术驱动下，建立在可塑化、智能化和协同化的基础设施上，依托新供应链，线上线下深度融合，重构人、货、场，满足用户需求，提升行业效率，实现"全场景、全客群、全数据、全渠道、全时段、全体验、全品类、全链路"的零售新模式。

1. 技术是第一驱动力

"互联网+零售"的产生本身就是移动互联网、物联网和大数据等技术日益成熟的结果，随着人工智能、虚拟现实技术和增强现实技术、生物识别、图像识别、机器人

等技术更加成熟,这些技术的应用"门槛"大幅降低,新技术层出不穷。部分领先的零售企业将不断应用最新的科技,提升消费者的全程体验,同时提高运营效率,降低成本。

2. 消费者处于商业活动的中心

过去数十年,供给方或渠道方在市场中的主导地位在历次变革中固若金汤,但现在话语权逐渐转移到了消费者手中。消费者逐渐站到了商业活动的中心,成为市场的主导方。我国大规模的生产制造能力已经形成,企业对消费者需求的理解和感受变得非常重要,我们开始真正进入消费者时代。

"80后""90后""00后"正成为我国市场的核心消费群体,新一代消费者自我意识更强,其消费态度和行为也更加个性化。他们更重视购物过程体验,希望与品牌商及零售商建立基于交易关系的信任感和亲密感。他们对社交媒体上营销信息的接受态度也明显更加开放、正面,使产品和服务提供商在社交媒体上针对消费者个性需求提升影响力方面拥有更大的发挥空间。

3. 全渠道经营全面展开

传统的零售业以顾客的单渠道购物为主;互联网出现后,多渠道购物开始盛行;社会化媒体出现后,开始了跨渠道购物的尝试;社交媒体普及后,开始进入了全渠道购物阶段。在全渠道条件下,购物的主动权掌握在消费者手中,消费者可以借助各社交媒体对零售商终端进行选择,享受极致的购物体验。从零售商的角度来看,全渠道就是在多渠道的基础上,对各个渠道进行整合,让前台、后台的系统实现一体化,为消费者提供一种无缝化消费体验。从消费者角度来说,全渠道就是可以让消费者在一个渠道挑选产品,在另一个渠道进行比较,最后再选择第三个渠道进行支付和购买。

4. 全域营销体系形成

全域营销即整合各类可触达的消费者的渠道资源,建立全链路、精准、高效、可衡量的跨屏营销体系。全域营销是以消费者运营为核心,以数据为能源,实现全链路、全媒体、全数据、全渠道的一种智能营销方式。

5. 场景化体验渗透产品和服务

企业会根据使用场景设计产品功能,强化用户体验。比如你想坚持跑步,但是常常由于各种原因半途而废,这时候,你是不是希望有一款工具可以激励、督促你呢?这时微信就开启了微信运动功能,通过记录用户步数、和好友比赛等模式进行运动激励。一个单纯的跑步运动,变成了一个包含诸多场景的运动体验。

产品体验不足时,企业会建立适当的使用场景打动用户。比如我们买房,如果看到的都是毛坯房势必兴致大减，而看到样板房就会有"家"的感觉，从而刺激购买欲望。通过场景来打动用户的购买欲望，可以激发用户的共鸣，促进产品的销售。

通过大数据分析预知消费场景，提升用户体验。对用户的大数据进行分析，企业可轻松整理用户需求、预判用户使用场景，优化产品和服务。

6. 社区成为流量主要入口

在场地租金攀升、企业利润下降的大环境下，门店越开越小已成为我国实体零售不可阻挡的发展趋势，便利店、精品超市、社区型购物中心等社区商业将成为零售企业寻求转型升级的重要方向。伴随中国社区零售整合、全渠道发展进程逐步加快，投资成本低、成熟周期短的社区零售必将成为行业发展的重要推手。

从长期发展来看，"小而美"的社区零售业态将更符合新形势下消费市场的客观需求。社区作为线下主要流量入口的作用将愈发重要。

7. 无人零售快速扩张

作为连接生产与消费的流通环节，传统零售企业对全供应链控制能力较弱，信息传导响应不及时，供需错配导致企业库存高、周转率低、商品同质化等问题不断加剧。目前，随着技术发展、人工成本和租金的大幅上涨、基础设施的规模化和移动支付的普及，尤其是人工智能和物联网技术的飞速发展，无人零售已经具备加速发展的客观条件，再加上资本的入局，无人零售将进入快速扩张阶段。

各种新型的自动售货机，包括办公室的自动咖啡机、自动售卖冰柜，还有连锁酒店的情趣用品售卖机等，也将成为新零售形态中不可或缺的一部分。

8. 供应链实现重构

传统的供应链是层级式的，复杂低效。纯电商阶段的供应链虽然是点对点的，但线上线下是分离的。"互联网+零售"将重构供应链，包括：①智能分仓，针对不同区域安排商品的种类和数量；②以店为仓，将门店作为仓库的载体，实现店仓结合；③柔性供应链，无论是商品流、信息流还是现金流，都需要快速响应。

本章小结

从零售企业的角度来说，全渠道就是以顾客为中心，借助信息技术打造一体化渠道，给顾客提供一致的购物体验；从顾客的角度来说，全渠道就是顾客能时时刻刻享受到无缝化的、无边界的购物体验。

"互联网+零售"的产生背景包括：技术升级的背景、消费升级的背景。"互联网+零售"并不改变零售的本质，而是把互联网的创新成果与零售业深度融合，利用以云计算、物联网、大数据为代表的新一代信息技术，充分发挥互联网在零售业发展过程中的主体地位，以及互联网对生产要素的有效整合作用，提高零售业效率，提升零售企业的生产力和创新力。

结合"互联网＋零售"的概念内核和创新实践，"互联网＋零售"相对于传统零售而言具有五大新特征："组织者""服务者"是零售主体的新角色；零售的产出具有新的内容，坚持持续互动的"零售商与消费者"关系，强化场景购物体验，提供消费数据服务等；零售出现了复合型、集合型、满足即时购买需要的经营形态；零售活动的商业关系是供需一体化的社群关系；零售商业主体的价值排序重构，为消费者创造价值成为零售经营的出发点。"互联网＋零售"变革了商品流通体系、催生了新型商业模式，有效提升了流通效率，降低了流通业的成本，充当了流通革命的先行者。

"互联网＋零售"是以用户为中心，在技术驱动下，建立在可塑化、智能化和协同化的基础设施上，依托新供应链，线上线下深度融合，重构人、货、场，满足用户需求，提升行业效率，实现"全场景、全客群、全数据、全渠道、全时段、全体验、全品类、全链路"的零售新模式。

课后案例

合家福智慧零售新试点：无人便利店

合家福无人便利店经营约 1 000 个单品，面积约 50 平方米，面向的顾客群体主要为公司办公人员及来公司拜访、交流的商务伙伴。门店主要经营品类为休闲小食、方便速食、果汁饮料、精品打包水果、低温冷藏酸奶等，并根据季节性不同，夏季增加冰棒、冰激凌等季节性商品。门店使用电子价签展示价格，促销商品可通过后台实时变价，促销价签标识颜色区别于正常销售商品；入店、离店采用扫码出入或面部识别两种方式；购物结算通过智能机器人提示操作，简单便捷。具体流程如下：

1. 入店

顾客第一次光临时，通过关注合家福公众号进行手机码验证从而完成身份信息确认，然后通过扫码或者扫脸开门进入。

2. 购物

顾客在进入便利店时可以通过扫码或者扫脸两种方式，同时系统绑定该身份的进店信息。相对于扫码来讲，扫脸能更快捷、更方便地完成识别过程。人脸识别系统会实时跟踪用户，根据用户在店内的停留位置、停留时间等信息，收集用户消费行为轨迹。

3. 结算

采用自助收银机器人进行结算。顾客自主扫描商品二维码，通过自助收银机器人进行支付。

4. 离店

采用计算机图像识别系统附加重量传感以及传统商超声磁标签实现防损控制。与结算方式匹配，通过扫描二维码防止 RFID 标签造成的漏识，同时通过商品扫描核检区域的视频抓取加上重量传感模块确认订单信息是否正确（如有未扫描商品放到该区域会被识别并无法结算），同时支付过的商品声磁标签会被消磁，核检时如有未结算商品则门无法打开。

资料来源：中国连锁经营协会. 2021 便利店创新案例集.（2021-04-01）[2021-07-23]. http://www.ccfa.org.cn/portal/cn/xiangxi.jsp?id=442767&type=10004. 引用时有修改。

思考题：

1. 无人便利店的适用范围是什么？
2. 案例中的无人便利店有哪些方面可以优化？

自测题

1. 零售渠道变革经历了几个阶段？
2. "互联网＋零售"的内涵是什么？
3. "互联网＋零售"的特征有哪些？
4. "互联网＋"时代传统零售业发展的新形势有哪些？

第七章 批发

导言

批发市场云端变形记——有赞批发强势袭郑

从最开始零售商或个人开设淘宝小店、生产厂家挺进天猫旗舰店、阿里巴巴上批发业务如火如荼，到朋友圈被微商频频刷屏、微分销日益崛起，电子商务正以不可思议的速度改变着人们的工作和生活：从生产、零售到整个产业链，由点及面，由浅入深。

2015年年初，郑州银基商贸城同杭州起码科技有限公司（旗下产品有：有赞微商城，有赞微小店）合作开发了有赞批发软件，该软件可以实现客户信息系统整理，针对新老客户分别设置看货权限，提高经销商看货频率，尽数展示所有商品。该软件描述更加精准，整体运作程序也容易操作。

有赞批发以郑州市为中心，仅用1年的时间，已辐射武汉、天津、石家庄、西安等9个外围市场。仅就郑州市场来说，2020年其销售额已达10亿元。通过进店服务和商家集中培训，部分商家通过有赞批发达成的交易已超过档口月成交量的20%。有赞批发在郑州已探索出一套完整的"批发档口+互联网"的商圈或市场解决方案，通过郑州批发市场摸索出来的全系列软件开发、配套服务、客户管理等方面的功能，可以作为成功范本直接复制。

思考：郑州的批发市场模式有何特点？

学习目标

完成这一章内容的学习之后，你将可以：

1. 说明批发的概念与功能；
2. 概述批发商的分类体系；
3. 解释批发业态和批发商用户的购买特点；
4. 分析批发商面临的挑战、机遇与发展趋势。

第一节　批发与批发商

一、批发的概念

批发是商品流通的重要环节，批发商是流通渠道的关键成员，批发的发达程度更是成为衡量市场组织化程度的重要标志。随着商业的不断发展，商业内部才陆续出现了分工，于是便有了"行商""坐商"。历史上的"行商""坐商"实际上分别是今天的批发商与零售商的前身。学术界公认的批发与零售的最终分离，大约发生在19世纪70年代。但是，如果从职能上来看，批发与零售的分离时间要远远早于这个时间，至少在中国是如此。[①]

本书将批发定义为向再销售者、产业用户和事业用户销售商品与服务的行为。这里的再销售者是指二次及以下的批发商或者零售商；产业用户是指农、林、水产业者，矿山、建筑、工业、交通、邮电、服务业者等购买设备以及原材料的营利性组织，即第一、第二、第三产业的企业用户；事业用户是指非营利性组织，这类组织不以再销售为目的，而是为了业务或事业上的需要购买设备和材料，也是一种最终消费者。[②]

二、批发的功能

批发在商品流通过程中扮演着制造商和用户之间中间人的角色，从而决定了它在商品流通过程中具有以下功能。

（一）集散商品

集散商品是批发业务最基础、最重要的功能。一般来说，制造商的生产批量大且品种单一，而零售商或产业用户的一次性需求量要小于制造商的生产批量。为了调节生产（供给）与消费（需求）之间存在的品种与数量矛盾，在制造商与零售商、制造商与产业用户之间就需要一个中间调节者——批发商。批发商可以从制造商处大量进货，经过编配后再分批销售给零售商或其他产业用户，以满足制造商、零售商或其他产业用户的多品种、小批量购进商品的需要。在我国，许多消费品、工业品都是由众多中、小企业生产的。这些企业如果采用直销的模式进行销售，在市场上很难获得竞争优势；相反，如果其依托大大小小的批发商进行销售，产品销售就会比较顺畅。

[①] 夏春玉.流通概论.4版.大连：东北财经大学出版社，2016.
[②] 童一秋.批发商.北京：中国时代经济出版社，2004.

(二)调节供求

调节供求是商品流通的重要功能。在社会化、专业化生产条件下,生产与消费不仅在时间上是分离的,而且在空间上也是分离的。为了调节生产与消费在时间与空间上的矛盾,客观上就需要有专门的流通机构,而作为重要流通机构的批发商正是调节这一矛盾的主体。具体而言,批发商是通过以下活动来发挥供求调节功能的:一方面,向生产者提供需求信息、产品生产信息和新技术信息,并作为生产者的销售代理人为生产者销售产品;另一方面,向零售商或产业用户传递生产信息,并作为零售商或产业用户的购买代理人为其采购所需要的商品。此外,批发商还通过运输与配送、储存与保管来调节供给与需求在时间和空间上的矛盾。

(三)节约成本

从全社会来说,流通成本是指花费在商品流通过程中的各种费用,包括商流费用与物流费用。商流费用是指用于商品交易即商品所有权转移的费用,主要有搜寻费用、谈判费用、签约及履约费用等;物流费用是指用于商品实体流通的费用,主要有运输费用、储存保管费用等。批发商的存在,不仅可以节约商流费用,而且可以节约物流费用,从而发挥节约流通成本的功能。批发商之所以能够节约商流费用,是因为批发商的存在可以减少商品交易的次数;批发商之所以能够节约物流费用,是因为批发商的存在可以节约储存保管费用。[①]

(四)信息传递

批发商能够发挥信息传递的功能,这是由其在商品流通过程中的地位决定的。批发商在集散商品的过程中,既可以获得来自制造商(商品供给者)的信息,也可以获得来自零售商(商品需求者)的信息,从而可以进行供求信息的比较分析,并将分析、加工后的信息分别传递给制造商和零售商,进而有利于制造商或零售商制定科学的生产经营决策。一般来说,批发商向制造商提供的信息主要是从许多零售商那里收集来的有关商品流行趋势的变化和最终消费者的需求动向等信息,制造商据此制订产品开发计划、产品生产计划及价格策略;批发商向零售商提供的信息则主要是有关制造商的新产品信息和商品流行趋势等。

(五)流通加工

批发商在进行批发业务时,不是单纯地将从制造商那里采购的商品原封不动地再

---

① 久保村隆佑.商学通论.东京:同文馆出版株式会社,1999.

销售出去，而往往要对采购的商品进行分类、分级、分等、整理、编配、包装和初加工，即流通加工。只有如此，才能增加商品的可流通性，适应再销售者或其他产业用户的需要，提高流通效率，降低社会流通成本。显然，流通加工也是批发商的重要功能。一个批发商的流通加工能力的强弱，将直接影响其对用户的服务质量，从而直接制约批发商的竞争能力和经营水平。事实证明，一些具有竞争实力的批发商往往都是流通加工能力强的批发商。

（六）物流运输

批发商对商品供求的调节不仅要通过商品所有权的转移即商流来实现，而且要通过商品实体的转移来实现，即将商品运送到用户手里。尽管从全社会来看，大部分商品的运输要由专业化的运输商来承担，但是，对批发商来说，具备一定的商品运输能力，以便向零售商提供及时、便利的运输和配送服务仍是十分必要的。此外，批发商通过集中储存及时按实际需要向零售商补充库存，不仅可以降低零售商的库存量，而且可以降低全社会的商品库存量。另外，为了保证商品在储存过程中的安全，批发商还要在储存保管商品方面做出努力，不仅需要一定的储存场所与设施，还需要实施科学的仓库管理，发挥商品保管的功能。

（七）流通金融

流通金融就是指批发商或零售商向制造商、零售商或个人消费者提供的商业信用，其具体形式有分期付款、赊销、信用卡、各种购物券及消费信贷等。批发商和零售商都具有流通金融功能，批发商的流通金融功能主要体现为向制造商或零售商提供商业信用，而零售商的流通金融功能主要体现为向个人消费者提供商业信用。对批发商来说，向制造商特别是中小制造商和零售商提供金融支持，可以解决制造商和零售商在生产经营资金上的困难，从而有利于与制造商、零售商建立长期、稳定的合作关系，巩固自己的货源基地和销售基地，从而保证经营的持续、稳定，增强竞争力。

（八）风险分担

商品在流通过程中，存在着各种各样的风险，既有破损、腐烂、变质、潮湿、烧毁等物理化学性风险，也有被盗、被骗、被伪造、被模仿等道德风险，同时还有价格下降、商品过时、呆账、坏账等经济风险。批发商是商品的集散者，因此，也是这些风险的主要承担者。当然，批发商可以利用自己的经营经验、专业知识、管理能力及社会保险机制对上述风险进行防范与规避，所以，批发商也是上述风险的主要化解者。同时，批发商集中储存商品，拥有的信息比较多，商品储存的社会性与流动性也比较高。因此，相对来说，批发商比单个制造商或零售商更具有化解、规避风险的条件和能力，从而也是有实力的风险化解者。

（九）销售支援

所谓销售支援主要是指批发商对零售商的销售支援，即批发商为了促进零售商的订货，通过诊断、咨询帮助零售商研究、制订营销方案并指导零售商经营的活动。随着商业竞争的日益激烈，能否向零售商提供销售支援，以及提供销售支援的质量如何，已经成为批发商能否维持生存与发展的重要手段。批发商向零售商提供的销售支援主要有：①根据零售商的店铺条件和顾客阶层帮助零售商选择、确定商品；②根据实际情况指导零售商的店铺设计和商品陈列；③指导零售商进行有效促销；④派人协助零售商进行销售等。

三、批发商的分类体系

随着经济发展与商品流通规模的扩大，批发商的内部分工日益深化，批发商的规模与种类也不断增加。为了对种类繁多的批发商有一个基本的认识，必须针对批发商建立一个相对科学的分类体系。对批发商如何进行分类，本书提出了销售商品的实际所有权、实体商品交割时间、业务经营所依托的空间、渠道地位、地域特点、经营范围、市场辐射区域的划分标准，下面详细介绍每种划分标准下涵盖的主要批发商及其核心特征。

（一）按照销售商品的实际所有权划分

按照销售商品的实际所有权，可以把批发商分为经销商和代理商两大类。经销商是专门从事商品批发的商业组织，从生产企业处购进商品，对商品进行储运，之后通过渠道转手再销售出去。经销商的利润来源是进货与销货的利差。生产企业对经销商不是赊销，因此，经销商付货款给生产企业购进商品，商品的所有权就归经销商所有。代理商是指代替生产企业进行商品销售，促成实际交易，赚取代理佣金的一类商业组织。代理商的职能是代理生产企业进行销售。代理商本身并不购买生产企业的商品，也不享有该商品的所有权，所有的商品都是生产企业的，所有权仍然属于生产企业。

（二）按照实体商品交割时间划分

按照实体商品交割时间，可以把批发商分为现货批发商和期货批发商两类。常见的大多数批发企业属于现货批发商,交易的对象是已经生产出来的商品,交易完成的同时期或短期内必须交付所成交的商品。无论是商品批发市场,还是生产企业的营销分公司,或者是生产企业的分销伙伴、各种级别的经销商或代理商,都属于现货批发商。期货批发的主要特征是在合约达成后的较长时间才交收或交割所交易的商品。目前国内有两种期货批发业态类型,一是期货交易所,如上海期货交易所可以交易黄金、铜、铝、锌、螺纹钢、线材、燃料油、天然橡胶等商品;二是准期货交易企业。

(三) 按照业务经营所依托的空间划分

按照业务经营所依托的空间,可以把批发商划分为实体批发商和网络批发商。网络批发商不像实体批发商需要批发交易场地和批发储存设施,而是利用互联网上的交易服务平台实现采购交易,成交后直接通过物流公司进行发货。这种批发商又可以划分为专业网络批发平台和依托于实体企业的网络批发平台。前者如主要从事钢材批发的东方钢铁在线等网站;后者则多由各类实体批发市场主办,其实际上是实体批发商的一个分销渠道或促销工具。

(四) 按照渠道地位划分

按照渠道地位,可以把批发商分为大区分销商、区域分销商、城市分销商以及作业区分销商等。尽管不同企业设计的批发层级多少不一、各级批发商的称谓不同,但基本特征是相同的。批发商按照协商一致的销售对象、作业区域、业务功能、付款方式分销生产企业的产品。其中,最上一级批发商与生产企业直接发生贸易关系,其他层级的批发商则不与生产企业直接交易。作业区分销商是宝洁、可口可乐、娃哈哈等快速消费品生产企业常用的批发销售方式,其特点是把一个较大的城市划分为若干个作业区,每个作业区设一个批发商(主要承担配送业务,通常不需要很强的客户管理和市场开拓能力),由生产企业的营销部门直接与作业区分销商进行联系。

(五) 按照地域特点划分

按照地域特点,可以把批发商分为产地批发商、中转批发商和销地批发商三类。产地批发商立足于农产品或工业品的生产产地,充分利用商品在生产、加工等方面的资源优势开展业务。这种批发商的出现使得生产企业无须将商品长途运送到专门的批发市场或是终端市场,而是直接在其产地附近实现销售,形成产销一体化。中转批发商通常是利用自身所在地的地理区位、交通便利以及信息集散的优势,汇集大量非本地生产的商品,并以该企业所在地为中心向外辐射,将商品销往周边地市或下辖的县市、乡镇等。销地批发商是面向企业所在地消费者的批发或批零兼营的企业，其通常没有产业依托，仅以满足销地市场消费需要为出发点。

（六）按照经营范围划分

按照经营范围，可以把批发商划分为综合批发商和专业批发商。综合批发商经营范围广、品种多。这类市场内存在多个种类的商品流通客体，比较常见的小商品批发市场就是综合批发商的一种。又如，农产品批发领域有许多较为知名的综合批发商，它们主要经营蔬菜、水果、肉类、粮油、水产、副食、调料、禽蛋、菌类、茶叶、种子等。专业批发商专门从事一类商品及周边产品的批发业务，这类批发市场经营的商品种类相对单一，专业化程度高，针对性强。例如，有专门从事纺织品、服装类批发的市场。此外，还有文化音像、图书类专业市场，金属材料、建材装饰材料专业市场，电子、通信器材专业市场等。

（七）按照市场辐射区域划分

按照市场辐射区域，可以把批发商划分为城市批发商、大区批发商、全国批发商、外销批发商等。如岳各庄农副产品批发市场主要覆盖北京城区，属于城市批发商；辽宁省的五爱小商品批发市场是环渤海经济圈最大的流转型轻工产品交易中心，属于大区批发商；深圳的华强北是全国性电子商品集散地，属于全国批发商；广州的几家服装批发市场、浙江的几家专业批发市场的产品销往世界各地，可以归为外销批发商。

第二节　批发经营

一、批发经营的特点

与零售经营相比，批发经营具有以下明显的特点：

（一）交易批量较大

随着商品流通规模的不断扩大，尤其是仓储式超市等新兴零售业态的出现，零售的交易批量也变大，但是，由于零售的销售对象是个体用户，而面向个体用户的交易批量是无法同面向企业或者事业单位的交易批量相比的。因此，一般来说，批发的交易批量无论在数量上还是在金额上都会远远大于零售经营。

(二) 交易过程理性

零售的销售对象是最终消费者。最终消费者是为了生活而消费的消费者，多是非专家购买者，其购买行为受到文化、职业、收入、心理等诸多因素的影响，复杂多变，包含很多非理性成分，更容易受到营销传播工具的诱导。批发的销售对象具有明显的组织化特征，其购买行为都由采购部门来完成，经过科学的决策程序，具有一定的规律性，属于专家购买类型，更加具有理性化特征。

(三) 交易商圈较大

由于批发的销售对象是再销售者、产业和事业用户，这些组织购买者的活动能力、交易范围远比零售服务的家庭消费者要大。因此，批发商与用户之间的空间距离不会成为成交与否的决定因素，而零售则不具有这种优势。批发的交易范围或市场范围要远远大于零售，而且批发经营也不像零售经营那样明显地受商圈的限制。

(四) 交易关系稳定

批发商为了保证生产经营或者事业的持续性，必须按照生产经营的需要持续、稳定地进行重复购买。这种购买不仅在时间和频率上相对稳定，在品种和数量上也是相对稳定的。这就决定了批发商的销售对象和批发商之间很容易达成协议，建立一种长期、稳定的交易关系，这样也有利于降低双方的交易成本。

(五) 交易专业化明显

零售的销售对象是个体用户，经营过程中除了产品、人员、渠道、形象等方面需要对客户形成吸引力，还需要建立差异化优势。但是，批发的销售对象是企业用户，而且随着越来越多企业用户对自身定位的明确，其采购的产品也呈现越来越专业的特点。

二、批发的业态

经营方式有广义与狭义之分。广义的经营方式包括销售方式、企业制度、组织形式、管理方法、经营战略等，狭义的经营方式主要指商品或服务的销售方式。本书对批发经营方式作狭义理解，即指批发商的销售方式或批发业态。据此，本书将批发业态划分为四种，即经销、代理、经纪与拍卖。

（一）经销

经销是指批发商从制造商或供应商处购进商品，然后再向其用户进行转售的行为。在经销方式下，批发商的经营过程表现为购买、储存、运输和销售，与制造商或用户之间的关系是一般的买卖关系。其主要特点是：

（1）商品所有权从制造商向批发商转移。批发商与制造商之间发生了实际的买卖关系，使商品所有权从制造商转移到批发商手中，批发商靠购销差价获得利润。

（2）批发商独自承担市场风险。商品的市场风险依附于商品的所有权，当商品的所有权从制造商转移到批发商手中时，市场风险也就相应转移到批发商手中。具体来说，若商品销路好，销售价格高，则批发商的收益就高；若商品销路差，销售价格低，则批发商的收益就低，甚至会因商品积压而造成亏损。

（3）批发商需要有较为雄厚的资金和储运条件。由于商品购入量一般比较大，批发商不仅要在购进商品时垫付大量的资金，而且要有良好的储运条件，使购入的商品避免因仓储不善而造成损失，同时，还要力求用最少的时间，走最短的路线，花最少的费用，保质保量地完成运输任务。

（二）代理

代理是把特定活动委托给代理人来办理，代理人在代理权限内以被代理人或委托人的名义进行民事活动，由此产生的权利和义务直接对被代理人发生效力。代理方式是批发商通过合同的形式与制造商订立代理协议以取得商品销售权，从而衔接产需，组织商品流通。在代理方式下，批发商与制造商之间不存在实质性的买卖关系，而是一种委托代理关系。采取代理方式的批发商具有如下特点：

（1）具有法人地位，是独立经营的流通组织，并与制造商有长期固定关系。批发商与制造商是平等互利、利益相关、荣辱与共的贸易伙伴关系，它们之间关系的维系介质是具有法律效力的经济合同。

（2）在指定的销售区域和地理空间内只能销售其代理的商品，一般不能再销售其他具有竞争性的商品或同类商品。不过，批发商可自由经营或再代理与其代理的商品没有竞争关系的其他商品。

（3）要严格执行制造商的商品定价。制造商为了开拓新市场或保持现有市场的份额，对所销售商品一般有一套科学合理的定价体系和价格策略，批发商一般不能任意变动价格。

（4）按照一定时期的销售额或采购额的固定百分比提取佣金。批发商代理销售或采购额越多，其提取的佣金也就越多，反之则越少。另外，市场风险一般不是由批发商承担，而是由制造商来承担。

（5）对其所代理销售或采购的商品一般不具有法律上的所有权。批发商只是作为制造商的代理人执行业务，不能进行代理销售或代理采购以外的业务活动。

（三）经纪

经纪是一种典型的中介行为，是在市场上为交易双方沟通信息、促成交易、提供相关服务的行为。经纪行为和经纪活动是为了适应协调买卖、方便交易、降低交易成本等诸方面的需求而产生的。因此，经纪是社会经济发展的产物，也是社会大分工的必然结果。充当经纪角色的批发商一般有以下特点：

（1）既不占有商品，也不拥有货币。充任经纪角色的批发商介入交易并不是自己要卖出商品，也不是自己要购买商品，其对商品既不拥有所有权、占有权，也不拥有留置权、抵押权。因此，这种类型的批发商不需要投入太多的固定资产和流动资金，从某种程度来说，采取经纪方式的批发商是一种"无本"中间商。

（2）只提供服务，不从事经营。这类批发商需要对供求双方保持忠诚，不能对任何一方有经营行为，这是世界各国普遍的规则。例如，如果批发商在提供服务的过程中，发现了有利的商业机会而自己购买和销售，意在从中获利，其经纪服务就变成经营行为，这在许多国家的法律中都是不允许的。

（3）活动具有隐蔽性、流动性和非连续性。在组织商品流通时，充任经纪角色的批发商往往不把他的委托人告诉对方，直到签订经济合同且交易完成。另外，这类批发商可以为不同的制造商服务，而且这种活动通常是为特定事务提供服务，批发商与委托人无长期、固定的合作关系，一旦特定事务完成，委托关系即告终止。因此，充任经济角色的批发商的活动是流动的和非连续的。

（4）活动是有偿的。批发商所提供的服务像任何其他服务一样，活动过程中必定要消耗一定的物化劳动和活劳动，是一种具有商品性质的中介服务。因此，享受此种服务的人就应该支付报酬，这是经纪的主要经济来源。

（5）活动具有广泛性。市场上的供给与需求相当普遍和复杂，这就为经纪活动提供了广泛的生存空间。一方面，市场上有需求和供给就需要有经纪活动，以便在供需双方之间建立桥梁和纽带，因此，经纪活动的范围相当广泛。另一方面，从事经纪活动的主体也是相当广泛的，可以是自然人，也可以是法人，只要能够为交易双方提供中介服务，就可以依法认定其经纪资格。

（四）拍卖

拍卖起源于西方，一般是指由拍卖人在一定的时间和地点，按照一定的章程和规则，对拍卖物公开叫价，应买人公开竞价，由拍卖人按照最高竞价当场拍定成交的一种商品销售方式。拍卖方式一般具有如下特点：

（1）能够实现拍卖物的最大价值。由于采取的是竞争缔约的方式，当多人应买时，出价最高的应买人（其他批发商、零售商、产业和事业用户）为最终交易者，拍卖的过程中始终坚持叫价竞卖和公平竞争的原则，因此，可以最大限度地实现拍卖物的价值。

（2）可以充分体现公平、公开、公正的商品交易原则。在拍卖过程中，人人平等，不因竞价者的身份、地位不同而有所区别，谁出价高，谁就得到拍卖物，杜绝了走后门、拉关系等不正之风，较好地体现了公平性。

（3）具有较强的法律约束力。由于拍卖的规则和程序是由法律规定的，因此拍卖的结果及各当事人的权利义务关系受法律保护，任何人不得擅自改变拍卖的规则和程序，不能随意变更拍卖的结果。一旦拍定成交，买卖合同即告成立，任何一方违约都要承担相应的法律责任。

三、批发商的用户

（一）用户类型

与零售商不同，批发商的用户主要包括四类，即再销售者、产业用户、事业用户和政府部门。

（1）再销售者。再销售者是指通过转卖商品而获得利润的营利性组织。再销售者是批发商的基本用户，为卖而买，通过赚取买卖价差——毛利而获得利润。对再销售者来说，其最关心的问题就是所采购的商品是否有理想的毛利率与好的销路。这就要求批发商尽量控制成本和销售价格，以便让用户有利可图，同时还要认真研究消费者的需求动向，以便组织消费者所需要的商品。

（2）产业用户。产业用户是指通过生产商品或提供服务而获得利润的营利性组织，具体包括生产或制造类产业用户和服务类产业用户。前者主要是指各类生产企业，如工业企业、农业企业等；后者主要是指不包括再销售者的服务类企业，如交通运输企业、通信服务企业、金融保险企业等。产业用户与再销售者获取利润的途径有很大不同，这就要求批发商熟悉产业用户的生产或服务特点，掌握用户的业务流程及所生产的商品或所提供的服务的性能、特点，以便用户利用该商品或服务创造最大的价值。

（3）事业用户。事业用户是指各种非营利性组织，主要包括学校、医院、博物馆、纪念馆、公园、疗养院、监狱等。事业用户的一个重要特点是预算比较低，而且与顾客的关系比较密切,因此,在采购商品时,预算或成本约束较有刚性。当以这些用户为服务对象时,批发商就应该组织一些物美价廉的商品,以满足用户的预算要求。

(4)政府部门。不论在哪个国家,政府部门都是商品和服务的主要购买者,其不仅购买数量与金额大,而且购买种类也多。但是,政府部门采购要受到公众监督,因此,往往要求供货者提供大量的书面材料,而且规则严格、程序烦琐、决策缓慢。因此,批发商就应该尽可能地了解、掌握这些规则、程序,并设法找到突破烦琐程序的捷径。本书主要介绍前三种用户类型。

(二)购买特点

与零售商的用户相比,批发商的用户有如下购买特点:

(1)购买数量比较大。批发商的用户数量虽然较少,但用户的商品购买数量很大。这是因为许多产业的市场集中程度很高,甚至被少数几家大用户垄断,这些大用户对某种商品的购买量往往占该产品供货量的绝大部分。因此,为了更好地为这些大用户服务,成为其供货者,批发商就必须有针对性地进行营销。开展大用户营销是批发商的重要经营策略。

(2)与批发商的关系比较密切,交易关系比较稳定。由于批发商的用户数量较少,大用户对批发商来说具有特别重要的意义,因此,批发商与用户之间的关系比较融洽,交易关系也比较稳定。对用户来说,总是希望批发商能够按自己的要求提供商品,对批发商来说,则总是希望能同用户维持交易关系,为此要积极地与用户合作,并满足用户对技术与交货的要求。

(3)需求的派生性。批发商的许多用户,特别是产业用户的需求多属派生性需求,也就是说,批发商的用户需求归根到底是由其所服务对象的需求派生出来的需求。因此,对批发商来说,不能只关注自己的目标市场状况,还必须重视用户服务市场的变化。

(4)需求缺乏弹性。对批发商的许多用户来说,其对商品与服务的需求受价格变动的影响并不大。这是因为批发商的用户多为组织而非个人,其固定成本与沉没成本都较高,而且生产工艺或服务流程的改变不可能很迅速。同时,如果中间品的成本占商品或服务总成本的比例较小,则这种中间品的需求弹性也比较小。

(5)需求的波动性。批发商用户对商品或服务的需求要比零售商用户——个人消费者对商品或服务的需求具有更大的变动性。这是因为批发商用户的需求是一种派生性需求,因此,个人消费者市场需求的微小变化,会引起产业市场需求的很大波动。批发商用户的这一特点,要求批发商必须时刻关注产品的市场寿命周期,新产品、新技术的应用情况,以及个人消费者市场需求的变化,以便及时组织更加适合用户需求的商品。

（6）购买的专业性强。批发商用户购买商品是为了组织正常营运，因此，对所购商品有较强的技术要求，并由经过专业训练的采购人员进行采购，很少有冲动性购买行为。这就要求批发商熟悉经营商品的技术特点、性能、用途等专业知识，并向用户提供较为详细的技术资料和技术服务。

（7）购买决策慎重且影响者较多。同个人消费者的购买决策相比，批发商用户的购买决策过程复杂、慎重且影响者较多。由于批发商用户的购买是为了营利或维系组织的正常营运，其购买决策过程复杂、慎重，属理智型购买，因此，通常由技术专家和高层管理者来进行采购决策，并有许多相关者参与决策。这就要求批发商必须选派训练有素的销售代表甚至销售团队来应付这些高素质的采购者，在促销手段的选择上应以人员推销为主。

（8）其他特点。除上述特点以外，批发商用户还有一些其他的购买特点。例如，许多用户，特别是产业用户往往从制造商那里直接购买，而不经过批发商采购，尤其是对于那些技术复杂或耗资巨大的商品更是如此；再如，一些产业用户还进行互惠式购买，即相互购买对方的产品；还有的用户并不购买商品而是通过租赁的方式获得他们所需要的商品等。这些特点也是批发商应该注意的。

第三节　批发市场

一、批发市场的概念与功能

（一）批发市场的概念

所谓批发市场是指集中进行现货批量交易的场所。这里所说的批发市场是具体的商品交换场所，而且是进行现货批量交易的场所，因此，是一种有形市场。为了进一步理解批发市场的含义，有必要指出批发市场与几个有关概念的区别。

1. 批发市场与集市的区别

从交易时间上看，集市有两种形式：一种是在指定地点定期设立的集市，如定期举办的博览会、订货会、批发交易会等；另一种是常设集市，主要指自发状态的常设集市，这种常设集市一般没有固定和稳定的商品交易者，而且交易条件与交易规则比较简单。批发市场必须是常设的交易市场，必须具有连续不断的交易特性。

2. 批发市场与商品交易所的区别

批发市场与商品交易所虽然都是集中进行商品批发交易的常设场所，但二者有区别：批发市场主要进行现货交易，而商品交易所主要进行期货交易；商品交易所的交易批量一般大于批发市场的交易批量；批发市场的主要功能是组织商品的集散、调配、分类，推动大量商品向消费领域转移，而商品交易所的主要功能是发现价格、规避风险、套期保值。

3. 批发市场与批发商的区别

批发市场一般是不以营利为目的的事业法人，而批发商是以营利为目的的企业法人或自然人；批发商的主要任务是通过对商品的采购、销售、运输与储存，把商品转售给再销售者或产业用户，而批发市场的任务是保证批量交易公正、合理地进行，并为商品交易者提供各种交易服务，批发市场不从事商品交易；批发市场是包括批发商在内的复数交易者的集聚形式，而批发商是个体交易者或单体批发组织。

（二）批发市场的功能

批发市场既不同于集市和商品交易所，也不同于批发商，是一个独特的批发组织，因而也具有其独特的功能。

1. 媒介功能

批发市场的媒介功能是通过将商品交易者集中到一定的空间场所，以提高商品交易者的交易效率来实现的。批发市场内商户云集、交易者众多、成交率高，同时由于交易集中，商品交易者可以共同利用批发市场的商流、物流和信息流，从而大大提高交易效率，降低交易成本。

2. 服务功能

服务功能是指批发市场为商品交易者提供各种服务的功能，主要包括信息服务功能、物流服务功能与生活服务功能。信息服务功能是指批发市场可以为每个商品交易者及社会公众提供商品价格信息和商品供求信息，以促进生产与消费更好地结合。批发市场还可以为进场交易者提供交易场所和设施、通信服务、货款结算、储运服务及生活服务等，从而使进场交易者的交易顺利进行。

3. 管理功能

管理功能是指批发市场对场内交易进行规范与管理的功能。为了保证批发市场的公开、公正和公平交易，批发市场需要有统一的交易规则、交易程序、交易方法和管理制度，并有专门的管理机构和管理人员。同时，由于批发市场的开设者本身不参加商品交易，而只为进场交易者提供必要的交易服务，因而批发市场开设者可以对每个进场交易者进行公正的管理。

4. 经济辐射功能

批发市场是产业链条中的龙头,既牵动生产,又带动流通,衔接消费,因此,批发市场可利用自身优势,进行产业延伸,或者为产业延伸提供服务。另外,批发市场能够带动本地经济发展,并对周边地区的生产与经济发展产生辐射效应。

二、批发市场的类型

批发市场的类型很多,可以根据不同的分类标准对批发市场进行分类。

(一) 根据交易商品划分

1. 农产品批发市场

农产品批发市场是指从事一种或多种农副产品批发交易的市场。农产品与人们的生活息息相关,所以农产品批发市场几乎遍布各个大中城市。例如,郑州粮食批发市场汇集了全国各地粮油类批发交易者,该市场不仅开我国现代粮食批发市场之先河,而且在国外也有较大的影响力。

2. 日用工业品批发市场

日用工业品批发市场的交易商品包罗万象,如玩具、文体用具、家用电器、服饰鞋包及辅料等。例如,义乌小商品批发市场以同类产品价格比其他地区平均低30%的竞争优势,成为全球最重要的小商品集散地,其商品已经远销世界160多个国家和地区。

3. 生产资料批发市场

生产资料批发市场的交易商品包括金属材料、木材、汽车、农业机械、机电煤炭、石油、纺织原材料等商品。此类市场多设在生产资料产地。

(二) 根据专业化程度划分

1. 综合批发市场

综合批发市场是综合经营多种商品的批发市场。市场内根据交易商品的大类设有不同的市场区。这类市场一般在某一区域起到龙头市场的作用,全国性的综合批发市场一般很少。

2. 专业批发市场

专业批发市场是就某一种类商品批发而设立的市场,此类市场有较大的区域性和集散性。专业批发市场往往在全国只有一个或几个,在全国或大区域起到某一行业品种的龙头市场的作用。设立专业批发市场的地理位置需要较大的城市规模，同时在生产上具有很强的地区优势，或在产品来源上具有很强的集散性，否则，会造成市场建设的极大浪费。

（三）根据空间距离划分

1. 销地批发市场

销地批发市场是与消费者最接近的市场，多位于城市边缘或城市内部，可视为与城市居民生活配套的商业设施之一。进入市场的主要是长途贩运者、批发商、零售商、消费者等。

2. 产地批发市场

产地批发市场一般位于某些产品的集中产区，主要起着外向分解、扩散、辐射的作用。进入市场的主要是商品生产者、专业大用户、长途贩运者、批发商等。依托产地发展起来的批发市场最初是由集设市，逐渐发展成为批发市场。产地批发市场是"九五"计划以后我国市场建设的重点。

3. 中转地批发市场

中转地批发市场多处于交通枢纽地或传统的集散中心，起着连接产地和销地的中转站作用，往往受到区位、交通运输、仓储设施等条件的影响。进入市场的主要是长途贩运者和产地、销地的批发商。

（四）根据交易量及规范程度划分

1. 中央批发市场

中央批发市场也称国家级批发市场，是规范化程度最高、交易规模最大的一种批发市场，可由一个符合开办条件的地方政府独立开办或地方政府与中央政府联办。中央批发市场大多设在商品集散中心、交通中心或消费者密集的大城市。中央批发市场的交易者不多，但交易量很大，因为进场交易者往往是一些大批发商或是其他一些大型企业及企业集团。

2. 地方批发市场

地方批发市场也称区域批发市场，其交易量和规范化程度都不及中央批发市场，但也需要达到法定规模，一般由地方政府或各种民间经济合作组织开办。地方批发市场的存在，主要是因为商品的产销地距离较远，需要中间人介入再次中转，或是需要再加工才能销售。地方批发市场的进场交易者主要是批发商、代理商、地方零售商和部分生产企业。

3. 自由批发市场

自由批发市场具有规范化程度低的特点，不需要特别批准，只要登记注册并领取营业执照便可开办。另外，自由批发市场的规模也比较小，自由批发市场甚至还进行少量的零售交易。我国大部分的专业批发市场和集贸市场就属于自由批发市场的范畴。

以上三种批发市场实际上形成了交易规范化程度由高到低、辐射范围由大到小的三个层次（见表7-1），这对于保持各类批发市场的合理布局与分工，促进商品流通的合理化、层次化和组织化是十分有益的。因此，本书在后面的叙述中将主要按此方法对批发市场进行分类。

表 7-1　中央批发市场、地方批发市场和自由批发市场属性对照

分类	属性				
	开办	规范化程度	辐射范围	交易者数量	交易量
中央批发市场	地方政府 / 地方政府与中央政府联办	高	大	少	大
地方批发市场	地方政府 / 民间合作	中	中	中	中
自由批发市场	登记注册并领取营业执照	低	小	多	小

三、批发市场的主体、交易规则与交易方法

（一）批发市场的主体

批发市场的主体是指与批发市场有关的组织或机构，主要包括批发市场的开办者、批发市场的交易者和批发市场的关联者。

1. 批发市场的开办者

批发市场的开办者是指投资兴办批发市场的组织或机构，包括中央或地方政府、政府与民间的合作组织及民间组织等。

2. 批发市场的交易者

批发市场的交易者是指参与批发市场交易的组织或团体，具体又可分为上市者、代理批发商、中间批发商和交易参与者。上市者是指将货物运到批发市场，并委托代理批发组织销售的团体或组织；代理批发商是指接受上市者的委托向中间批发商及其他交易者销售商品的批发商；中间批发商是指在批发市场内从事批发买卖业务的商人；

交易参与者是指经市场开办者批准，直接进入批发市场购买商品，但不从事转卖交易的经济团体或个人。批发市场的商品流转如图7-1所示（G代表货币）。

上市者 →G→ 代理批发商 →G→ 中间批发商 →G→ 交易参与者

批发市场卖方　　　　　　　　　　　　　　　　　批发市场买方

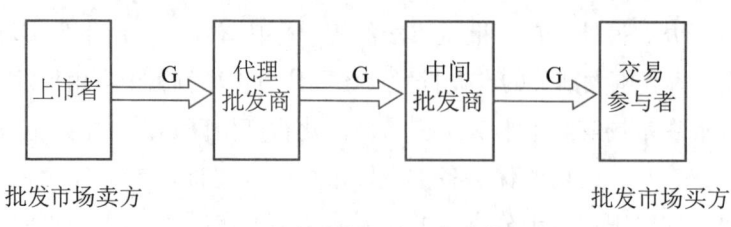

图7-1　批发市场的商品流转图

3. 批发市场的关联者

批发市场的关联者是指专门为批发市场交易活动提供服务的个人或企业，主要包括负责货物仓储托运业务的服务组织，提供通信业务的服务组织，提供金融业务的服务组织，提供卫生检疫和安全警卫业务的服务组织以及提供衣、食、住、行的服务组织等。

（二）批发市场的交易规则

一般来说，批发市场的交易规则主要包括三个层面，即交易原则、会员制度和保证金制度。

1. 批发市场的交易原则

一个规范的批发市场首先要遵循一定的交易原则。从国内外批发市场的实际情况来看，拍卖或投标原则、委托代理原则、公平原则、限制性原则是批发市场应遵循的基本原则。

（1）拍卖或投标原则。拍卖是实现批发市场公开、公正、公平交易的主要方式。当然，对一些较为复杂的商品，也可采用投标方式进行交易。

（2）委托代理原则。它是指批发市场的上市者不能直接将上市商品销售给需求者，而必须通过批发市场的代理批发商代理销售。

（3）公平原则。它是针对代理批发商而言的，即代理批发商不得以不正当理由拒绝委托方的委托。当然，对上市者、中间批发商和交易参与者也要一视同仁。

（4）限制性原则。它是指对批发市场内进行的交易给予一定的限制，主要包括：对交易场地的限制；对交易品种的限制；对交易合同的限制。

2. 批发市场的会员制度

批发市场是一种有组织的市场形式，特别是比较规范的批发市场一般都实行会员制度，制定一定的市场准入标准，并由会员来共同维持与管理批发市场的有关业务。

通常来说，代理批发商、中间批发商、生产企业等都可以申请成为批发市场的会员，但申请者必须拥有较高的资信度才能被接受为会员。

3. 批发市场的保证金制度

为了保证批发市场内商品交易的顺利进行，商品交易者要按照批发市场的有关规定，预付一定数额的批发交易保证金。批发市场的保证金主要有两种，即委托保证金和合同保证金。

（1）委托保证金。批发市场内存在大量的委托代理业务，为了保证受托方的利益不受侵害，批发市场往往要求委托方向受托方预付一定数额的委托业务保证金；同时，要求受托方在市场管理部门寄存一定数额的受托业务保证金，以保护委托方的利益不受侵害。

（2）合同保证金。批发市场中进行的批发交易大多采取合同交易形式，为确保合同履行，批发市场通常要求买卖双方每成交一笔交易，就要向市场结算部门交纳一定数额的保证金作为交易资信保证。如果交易正常结束，则保证金连本带利退还交纳人，如交易一方违约或不完全履约，市场结算部门就将违约方保证金本息部分或全部划归受损方，作为交易补偿。

（三）批发市场的交易方法

根据批发市场的交易原则，批发市场的交易方法主要有以下几种：

1. 拍卖交易

在规范化的批发市场中，绝大部分商品是通过拍卖形式交易的。拍卖时依次叫价的方法有两种：一种是上增叫价；另一种是下减叫价。

2. 投标交易

投标交易是先由拍卖人公布商品，然后由各竞买人在规定时间内将密封标书交给拍卖人，拍卖人在预约时间内公开开标，并将商品卖给出价最高的投标人。

3. 协商交易

协商交易是指交易双方分别报出自己的价格，当二者所报价格分歧不大时，双方相互做出某种让步，最后在高低报价之间形成一个统一价格，最终成交。

4. 凭样品交易

凭样品交易是指通过眼力观察样品的质量而进行交易。这是比较传统的交易方式，许多日用工业品批发市场仍采用这种交易方式。

5. 凭规格交易

该种交易是指交易双方以商品的一定规定，如大小、长短、粗细等作为依据而进行的交易。凭规格交易在生产资料批发市场和部分日用工业品批发市场中经常使用。

6. 凭标准品级交易

该种交易是指交易双方对某些商品以其标准品质如成分、含量、纯度等作为依据而进行的交易。

综上所述，批发市场的交易流程如图 7-2 所示。

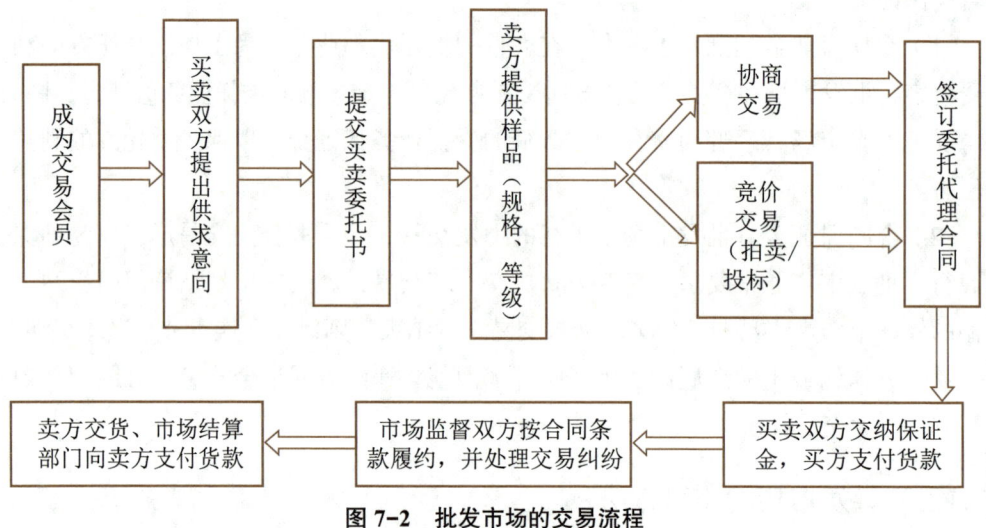

成为交易会员 → 买卖双方提出供求意向 → 提交买卖委托书 → 卖方提供样品（规格、等级）→ 协商交易 / 竞价交易（拍卖/投标）→ 签订委托代理合同 → 买卖双方交纳保证金，买方支付货款 → 市场监督双方按合同条款履约，并处理交易纠纷 → 卖方交货、市场结算部门向卖方支付货款

图 7-2　批发市场的交易流程

案例

中国最大的批发市场——义乌国际商贸城

义乌国际商贸城自 1982 年创办以来，历经多次易址扩建，其经营规模不断扩大，管理服务日益规范有序，经营业态不断提升，市场持续繁荣兴旺，最终发展成为我国最大的批发市场。总体而言，义乌国际商贸城在发展过程中，主要在以下四个方面实现了创新，从而促进了义乌批发市场的持续繁荣发展。

1. 建设义乌国际生产资料市场，拓展新领域

建设义乌国际生产资料市场，不断完善义乌市场体系，推进义乌国际贸易综合改革试点工作。义乌国际商贸城的总公司将义乌国际生产资料市场群建设作为义乌市场的一个新起点、新动力来推进落实，并作为其创新发展理念、加快公司发展的成功典范，创新创优，努力把义乌国际生产资料市场群打造成一个有别于义乌国际商贸城，又与国际商贸城相呼应的新市场群，推进义乌市场由单一的横向延伸向横向、纵向共

同延伸转变，推进小商品产业链向上游拓展，拉长市场产业链，扩大市场产品覆盖面，进一步增强义乌市场集聚功能。

2. 创新电子商务发展模式，开拓新渠道

发展电子商务，加快推进电子商务平台建设，实现电子商务与实体市场相结合将产生1+1>2的效应。围绕"建成一对一网络商务平台"的总体目标，发挥实体市场优势，构建信用、支付、交易、安全认证等体系，逐步形成一种具有义乌特色的、具有高信用度的新型电子商务模式，吸引众多中小企业参与电子商务。

3. 培育发展进口、转口市场，构筑新格局

小商品市场以国际商贸城五区市场运营为契机，加快进口商品交易区建设，筹建好"非洲产品展销中心"，通过完善服务体系，吸引更多境外生产企业和进口商品来义乌经营，促进进口商品交易区规模化、品牌化，促进义乌市场功能由"出口单向"向"出口、进口、转口三向"交易平台转变，市场贸易结构从"买卖全国"向"买卖全球"转型升级。

4. 深入实施市场"走出去"战略，开辟新天地

"走出去"是义乌市场抢抓机遇、开辟新空间、谋求新发展的一个重大课题。总公司进一步探索创新市场"走出去"的方向和模式。一方面，以推进中国义乌（坦桑尼亚）"经贸合作区"项目建设为契机，有选择地在境内外重要市场建立商品展示销售中心，形成义乌市场国内国际营销网络的新格局。另一方面，通过设立海外办事处、开设义乌产品目录店等多种方式，着力构建服务运营网络体系，通过服务延伸，将更多的义乌产品输送出去。

资料来源：江玉兵. 义乌商品批发市场转型升级案例研究.（2018-12-26）［2022-11-01］. https://www.sohu.com/a/284670353_120058056. 引用时有修改。

第四节　批发商面临的挑战、机遇与发展趋势

一、批发商面临的挑战

批发商的生存与发展受到社会分工、经济发展、技术进步、用户需求及国际化程度等多种因素的影响。从总体上看，这些影响因素既有有利于批发商生存与发展的方面，也有不利于批发商生存与发展的方面。不利于批发商生存与发展的影响因素，就

是批发商所面临的挑战。批发商只有正确认识所面临的挑战，才能沉着应战，并在挑战中求得生存和发展。

（一）来自制造商的挑战

在不断变化的社会经济环境中，批发商所面临的第一个挑战就是来自制造商的挑战。制造商既是批发商的用户，又是批发商的商品供给者。因此，制造商的需求与供给变化，使批发商面临着一系列挑战。

1. 生产集中程度的提高

生产集中程度的提高主要表现在两个方面：一是生产的空间集聚日益明显，形成了许多颇具规模的工业区、工业园，生产的空间集聚增加了一个地区或城市的制造商之间直接交易的机会，而且使交易商品的运输变得更加方便，从而降低了制造商对批发商的依赖程度。二是生产的规模集聚也日益显著，即少数大型制造商通过自行扩张或兼并、收购迅速膨胀，控制了某些产品的产量和价格，从而给批发商造成了巨大的压力，大大降低了批发商的价格谈判能力，直接造成批发商面临被挤出市场的危险。

2. 生产的纵向一体化程度的提高

大型制造商为了获取更多的发展机会，也为了获取更多的利润，不仅追求规模经济，而且努力谋求范围经济。为此，许多大型制造商不断扩大自己的生产经营范围，围绕主导产品向其上下游延伸，从而使原来的市场化交易转化为组织的内部交易，进而具有排挤批发商的倾向。

（二）来自零售商的挑战

随着经济的发展，作为批发商主要用户的零售商也发生了很大变化，从而也向批发商提出了挑战。

1. 零售规模的扩大，采购能力的增强

随着大量生产、大量消费时代的到来，许多零售商不仅经营商品的品种越来越多，而且其店铺规模、卖场面积和销售量也不断扩大，经营方式不断更新，增强了与批发商的价格谈判能力，同时也增加了与制造商直接交易的机会。不仅如此，许多大型零售商由于经营规模巨大、知名度高、影响力大、销售网络发达，因而具有开发和经营自有品牌的实力，从而也大大降低了从批发商进货的比例。还有的大型零售商自营批发业务，因而具有排挤批发商的能力。

2. 零售商组织化程度的提高

除了大型零售商具有排挤批发商的能力，一些中小零售商也通过联合、协作或自由连锁或特许连锁的形式提高了组织化程度,从而也获得了与批发商抗衡的能力和直接从制造商进货的资本。例如,许多以中小零售商为主的商业街,就自发成立了共同采购组织,从而提高了它们和批发商的谈判能力,或实现了直接从制造商进货。显然,中小零售商组织化程度的提高也加强了其排挤批发商的能力。

3. 零售业态的多样化

零售业态的多样化意味着零售商需求结构的多元化,从而增加了批发商满足零售商需求的难度,因为不同零售业态经营商品的组合、营销特点、服务要求有很大不同。例如,百货店业态可能更要求商品的高档次、品牌的知名度及多样化,同时也要求批发商能够提供退换货服务。可见,一个批发商要想同时满足不同业态零售商的需求是非常困难的。同时,零售商在选择批发商时,也往往需要分析批发商是否适应自己的业态特点,并将那些不适合自己业态特点的批发商排除在外。

(三)来自信息化的挑战

信息化对批发商的挑战也是多方面的,主要有以下几个方面:

1. 来自批发商用户自建信息系统的挑战

信息技术的发展与普及大大降低了批发商用户收集、加工、处理信息的难度与成本,从而使批发商拥有的信息优势也大大降低了,进而降低了批发商用户对批发商的信息依赖度。无论是制造商还是零售商,都十分重视以电子计算机为基础的信息管理系统的开发、应用,纷纷投资建设现代化的信息管理系统,这使得制造商或零售商的信息管理系统更加完善。一些零售商还与制造商建立了以电子数据交换系统、快速反应系统及有效顾客回应系统为核心的信息共享体制,从而摆脱了对批发商的信息依赖。

2. 来自专业化信息机构的挑战

信息化对批发商的挑战的另一个主要表现是专业化信息机构的大量涌现。随着人们对信息的愈发重视及信息技术的发展,以专门搜集、提供各种商业信息为主要业务内容的信息机构不断增多,其专业化和产业化的程度越来越高,经营的信息量越来越大,信息种类也越来越多。例如,一些专业化的咨询公司还可以为制造商或零售商提供诸如营销策划、经营策划等经营指导信息,这些都向批发商——信息传递者提出了挑战。

3. 来自互联网技术的挑战

在互联网时代,批发业需要依靠现代化的信息平台,为商品的整个批发过程提供技术支持。但是,批发业难以跟上互联网技术的发展,这使得批发业面临着以下难题:

（1）批发业交易的成本较高。互联网技术的发展使得交易主体之间可以直接在线进行沟通和交易，不受空间、时间的限制，而批发商由于信息化水平普遍较低，难以实现在线交易，在交易成本上高于电子商务。

（2）批发商大多未采取先进的信息化运营模式，从而产生了不必要的运营成本，进而影响企业的收益。

（3）市场与批发商信息不对称。市场上的需求信息纷繁复杂而又变化迅速，如果没有先进的信息系统支持，批发商就很难快速、准确地获知并处理需求信息，从而会降低批发商的经济效益，造成市场与批发商的信息不对称。

（四）来自新兴的电商模式的挑战

现代 B2B 电子商务模式是一种以"商家+互联网+配送"为基础的电子商务模式。B2B 电子商务模式的高速发展将许多传统批发业的业务转移到了线上进行，且成本更低、效率更高、交易更自由。B2B 电子商务模式的蓬勃发展对传统批发业提出了严峻的挑战。B2B 电子商务模式改变了传统行业产品从厂商到分销商、多级批发商、零售商、终端消费者的过程，大大缩短了流通过程。B2B 电子商务模式改变传统多级分销，解决送货难、商家无进货来源等问题。商家不断优化"最后一公里"的配送问题，缩短了流程。

（五）来自物流服务能力及物流产业化的挑战

随着经济的发展，物流在整个社会经济运行及企业经营中的地位越来越重要，特别是随着市场竞争的日益激烈，物流已经成为企业利润的重要来源，即所谓"第三利润源"，向物流要利润已成为许多企业的经营方针。

一方面，我国批发市场自身物流服务能力不足。例如，大型仓储基地数量不够，仓储规模不能满足日益增加的物流需求；众多联托运机构规模普遍较小，未能有效整合；物流业综合体系不健全，铁路、公路、航空运输与海关未能实现无缝对接。另一方面，一些有实力的制造商或零售商还纷纷建立了自用的物流中心或配送中心，以提高物流管理水平、降低物流成本，提高竞争力，继而降低了对批发商物流功能的依赖。不仅如此，一些专业化的物流公司，即所谓的第三方物流也纷纷崛起，其专业化的经营、专业化的服务更对批发商的物流功能产生了重大冲击。

（六）来自顾客理性化消费心理的挑战

顾客是整个市场的关键和基础，无论是制造商还是中间商，都必须以顾客的需求为中心，并且比竞争对手更有效地满足顾客的需求，以此来获得最大利润。但是，随着供求关系的变化以及市场经济的不断发展，不仅顾客的消费行为更加趋于个性化，而且顾客比以往任何时候都拥有更多的产品、供应商、商品信息和价格意识。不同年龄层的消费者在选购商品时的侧重点也不同。作为消费升级中的潜力股，"90后"比较偏好多元的、在垂直领域更专业的消费。他们深知在商品流通领域多一层渠道，就多一次加价。顾客在选择商品时，不再一味地追求价格，而是变得越来越成熟和理性，这导致了顾客与批发商之间的隔阂越来越大，这对批发商来说，无疑是一个巨大的挑战。

二、批发商面临的机遇

社会经济环境的变化对批发商的影响是双重的，即不仅会使批发商面临许多挑战，也会给批发商带来许多发展机会，因为挑战与机会总是并存的。

（一）科学技术进步增强批发商的经营能力

对批发商来说，具有直接且重要影响的技术主要是物流技术与信息技术。

物流技术的进步具体体现为运输工具与方式、包装机械与材料、装卸与搬运工具、仓库设备与保管技术、流通加工机械等方面的技术进步。物流技术的进步可以扩大批发商的商圈范围，增加市场机会，而且可以提高批发商的物流效率，降低物流成本，提高物流服务水平，增强对用户的吸引力。

信息技术的进步主要表现为以计算机及以网络技术为主的信息收集、加工与处理技术的普及与应用。信息技术的进步提高了批发商收集、加工、处理、使用信息的能力，从而为批发商更好地发挥信息传递者的功能奠定了坚实的基础。同时，信息技术的进步也促进了批发商自身的信息化建设，提高了自身的信息管理水平，增强了自身的经营实力。

（二）物流服务能力提升促进批发市场转型升级

首先，通过建立仓储、配送基地，推进经营主体从"坐商"向"行商"转变。扩大批发市场的辐射范围，投资完善物流配送体系，通过补贴物流服务，加强批发市场网络对经营户和采购商的黏性。其次，新型批发市场通过建立物流信息公共平台，整合中小物流企业。依托信息平台发布的实时货运信息，调配中小物流企业的配送能力，实现批发市场物流信息平台作为运力管理、调配和优化中心的功能。最后，提供供应链金融增值服务。批发市场之间的竞争实际上已经演变为批发市场主导的供应链之间的竞争。赊销已成为交易的主流方式，处于供应链中上游的供应商由于资金短缺会直接导致后续环节的停滞，甚至出现"断链"。因此，新型批发市场应该利用掌握的交易数据，推动供应链融资增值服务，提高对制造商和零售商的竞争力，从而增强批发市场主导的供应链的凝聚力。

（三）制造商与零售商"两极化"为批发商提供生存空间

制造商与零售商虽然因明显的大型化、集中化趋势向批发商提出了挑战。但是，从整个市场来看，小型化、分散化的制造商与零售商仍然是多数，小型化、分散化的制造商与零售商的大量存在为批发商的生存与发展提供了广阔的空间。不仅如此，不论是大型制造商还是大型零售商，其纵向一体化或横向集中化的规模与发展速度往往要小于社会分工的规模与发展速度，因此，即使原有的迂回生产与水平分工已受到大型制造商或零售商的一体化或集中化经营的冲击，但新的社会分工又会再度恢复甚至加剧迂回生产与水平分工，从而为批发商开辟出新天地。

（四）消费需求多样化增强对集散商品的需求

消费需求的多样化，一方面要求制造商制造出品种更多、规格更全的商品，另一方面要求零售商也要提供相应的商品组合，从而增强对批发商集散、编配、分类商品的需求。在现代社会，消费需求多样化，商品的市场寿命周期也在不断缩短，制造商或零售商应随时改变产品结构或商品组合，这意味着制造商或零售商的生产经营方式将由原来的"投机生产"转变为"延期生产"。所谓投机生产是指根据对消费者需求的预测进行生产或采购，即根据预测完成产品的最终形态，然后销售。所谓延期生产是指根据用户的实际订单而不是消费者的需求预测进行生产，即推迟产品最终形态的完成。延期生产方式要以小批量、多品种、高频度的快速供货系统为前提，而批发商在这方面是具有优势的，因此，制造商或零售商生产经营方式的这种变化，为批发商的发展提供了发展空间。

（五）零售业态多样化提供未来更多发展机会

如前所述，零售业态多样化给批发商提出了新的课题，这要求批发商必须按每种零售业态的特点来提供商品或服务。但是，零售业态多样化也为批发商寻找新的增长点、拓宽市场经营范围提供了机会。零售业态多样化加速了批发业的内部分工、结构调整和经营方式的革新，因此，从总体上看，零售业态多样化对整个批发业的发展是有利的，对那些具有创新意识与创新能力的批发商来说，无疑也提供了很多发展机会。

（六）线上批发电商平台提供广阔发展空间

线上批发电商平台充分利用了电子商务跨越时间和空间的特点，最大限度地获取了客户资源，B2B 模式使批发商与上游及下游的交易成本更低，交易也更加便利。同时，线上批发电商平台可以利用交易平台产生的"批发大数据"为制造商、批发商和零售商及时提供市场中具体的供求信息，更好地发挥批发商的信息传递作用，也可以利用所拥有的数据开展金融服务。通过交易数据分析，线上批发电商平台可以为业绩优良的批发商和制造型小企业提供无抵押的小额贷款，提高批发市场的金融服务能力，加强市场对于供应链上游和下游的吸引力和控制力。

三、批发商的发展趋势

随着政治、经济、科技、消费者需求等各种因素的不断变化，批发业也不断发生变化。了解和把握批发业的发展变化趋势，对批发商积极应对挑战，发现并利用各种机会，制定科学的经营决策，提高批发商的经营效率，促进整个批发业的发展具有重要意义。从总体上看，批发商呈现以下发展趋势：

（一）组织化

这里所说的组织化包括两层含义：一是批发商自身的组织化；二是用户组织化。

批发商自身的组织化包括经营组织化和地域组织化。经营组织化主要通过组建批发业企业集团或通过批发业的连锁经营来实现。经营组织化有利于开展规模化、集约化经营，获得规模经济效益，并有利于更好地发挥批发商的各种功能。地域组织化主要通过组建批发业团队的方式来实现。地域组织化有利于批发商之间相互沟通信息、共同建设和使用物流设施，提高物流设施的利用率，节约物流成本，同时也有利于集中交易。

用户组织化是指批发商以各种方式参与用户合作并结成某种合作关系或组织，主要包括三种形式：一是批发商与制造商的组织化；二是批发商与零售商的组织化；三是批发商与制造商、零售商的组织化。用户组织化有利于发挥各方的资源与功能优势，稳定交易关系，降低交易成本与物流成本，提高用户服务水平，促进双方或多方利益的增长。在我国，批发商的用户组织化已经开始出现，从发展趋势来看，这种形式还会逐渐发展，成为批发商的一个重要发展方向。

（二）信息化

随着信息经济时代的到来，各行业都面临着信息化的冲击，批发商也不例外。因此，信息化无疑也是批发商的重要发展趋势。批发商的信息化建设主要包括两项内容：一是建立高效率的信息收集、加工和处理系统；二是向用户提供高质量的信息。从发展趋势来看，全社会的信息化程度越高，用户希望批发商提供信息的数量越大、内容越多、质量越好、速度越快。这就要求批发商在未来不仅进一步改进、完善以计算机为基础的信息管理系统，而且进一步提高信息的质量。因此，信息化是批发商的重要发展趋势。

（三）物流化

物流功能是批发业的重要功能，因此，对批发商来说，物流服务水平的高低直接决定了其经营的成功与否。从发展趋势来看，用户对物流服务水平的要求越来越高，因此，批发商必须在提高物流服务水平上做出更大的努力。特别是随着电子商务的兴起，批发商更应该将工作重点转向物流业务，将提高物流服务能力作为自己的核心竞争力来培育。对许多批发商来说，其本身就具有发展物流的相对优势。因此，电子商务的发展为批发商发展物流业务、强化物流功能创造了很好的机会，从而促使许多批发商由传统的"商品批发"转变为现代的"物流批发"。

（四）专业化

与零售业态的多样化特点相适应，批发商的专业化趋势将越来越明显，各种专业批发商将成为批发商的主流，并由"业种批发"向"业态批发"转变。业态批发的经营逻辑是，以特定业态的零售商为自己的用户，并根据不同的零售业态特点来提供商品或服务。传统的业种批发考虑的重点是商品，并没有考虑业态的特点。因此，从发展趋势来看，传统的业种批发已经越来越不适应零售业态多样化的需要，会逐渐被业态批发取代。

（五）线上化

受电子商务的冲击，传统的批发商正在寻求转型，而 B2B 模式使批发商得以越过时间和空间的障碍，与全国各地的客户随时随地进行交易，同时又能保留传统的实体店经营模式。尽管目前大多数批发商采用 B2B 模式的主要目的是为买卖双方提供一个信息发布和搜寻的平台，但随着社会信用体制的完善、相关法律法规的健全、网络技术的进一步发展，B2B 模式将实现包括洽谈、签约、结算、托运、报关、纳税、货物签收等全流程的商务活动。

本章小结

批发是商品流通的重要环节。随着商业的不断发展,商业内部才陆续出现了分工。本书将批发定义为向再销售者、产业用户和事业用户销售商品与服务的行为。批发在商品流通过程中具有集散商品、调节供求、节约成本、信息传递、流通加工、物流运输、流通金融、风险分担、销售支援等功能。

对批发商可以按照七种标准进行分类,分别为:销售商品的实际所有权、实体商品交割时间、业务经营所依托的空间、渠道地位、地域特点、经营范围、市场辐射区域。

与零售经营相比,批发经营具有交易批量较大、交易过程理性、交易商圈较大、交易关系稳定、交易专业化明显的特点。批发业态主要有四种,即经销、代理、经纪与拍卖。批发商的用户有购买数量比较大、与供货者的关系比较密切、需求的派生性、需求缺乏弹性、需求的波动性、购买的专业性强、购买决策慎重且影响者较多等特点。上述特点决定了批发商用户具有不同于零售商用户的购买行为,从而要求批发商必须根据用户的购买特点与购物行为采取相应的经营策略。

批发市场是指集中进行现货批量交易的场所,是一种有形市场。批发市场与集市、商品交易所、批发商等概念既有联系也有区别。批发市场具有媒介功能、服务功能、管理功能、经济辐射功能。可以根据不同的分类标准对各种类型的批发市场进行分类。批发市场的主体主要包括批发市场的开办者、批发市场的交易者和批发市场的关联者。批发市场的交易规则主要包括三个层面,即交易原则、会员制度和保证金制度。

批发商正面临着来自制造商、零售商、信息化、新兴的电商模式、物流服务能力及物流产业化,以及顾客理性化消费心理的挑战。同时,批发商也面临科学技术进步、物流服务能力提升、制造商与零售商"两极化"、消费需求多样化、零售业态多样化、线上批发电商平台所带来的机遇。在挑战与机遇并存的环境下,批发商将呈现组织化、信息化、物流化、专业化与线上化等发展趋势。

课后案例

农产品批发市场的智慧化转型

农产品批发市场是农产品流通的主渠道,这是由我国"大国小农"的国情特点和农产品地域性差异分布决定的。据统计,我国农产品批发市场有 4 100 多家,其中

1 300多家的年交易额在亿元以上；批发市场的交易额达到5.7万亿元，交易量为9.7亿吨，通过批发市场的渠道进行分销流通的农产品超过总量的70%。

农产品批发市场的智慧化转型，要以互联网、物联网信息技术为基础，以数字化信息管理为手段，以农产品批发市场为核心应用场景，覆盖农产品的生产、运输、仓储、配送、质量控制以及安全溯源等生产和供应全链条，推动农产品生产管理、供应链管理、市场管理等实现标准化、数据化、智能化转变。推动农产品批发市场智慧化转型，必须实现创新发展。

1. 创新基础设施建设

完善农产品批发市场的仓储、冷链、加工等基础设施建设，优化场内布局，注重多功能配套和多种运营模式相结合的空间安排。设置车载农产品交易区域，提高规模性交易的便捷性和效率，有效避免农产品在装卸过程中形成的损耗和垃圾。加快推进农产品批发市场的"新基建"，与第三方技术服务公司合作，建立市场运营大数据中心、数字化管控平台、线上线下综合交易平台、供应链服务平台等，安装各种先进的数据采集设备，比如在每个档口或摊位安装视频和污水排放等传感装置，在人员密集区域安装能够感知和计算通风情况的前端设备等，运用物联网技术对传统农产品批发市场基础设施进行改造，补齐信息化短板，为智慧化转型奠定坚实基础。

2. 创新管理模式

市场管理者通过对运用传感设备和大数据平台等收集到的数据，包括市场交易、仓储、加工、质检、人流、车流、环境等各种类型的数据进行监控和分析，可以实现市场管理者对车辆进出、食品安全溯源、收银体系自动结算、环境卫生、商户租金、信息公示等各个环节和板块进行系统化、动态化管理。比如，管理者可以通过监控和分析前端设备采集到的排水数据，远程实时决定是否开展消杀，还可以通过掌握的档口或摊位的污水排放数据，经过算法精确识别它的运行管理情况。再如，通过采集到的空气数据，决定是否加速通风换气和疏导人流；通过采集到的车流信息，决定是否暂时限制车辆进入市场；通过收集到的自动结算数据，提供市场供求信息等。

3. 创新农产品安全溯源体系

拓展大数据平台的监管范围，由市场内部向生产和采购端延伸，构建覆盖全供应链、互联互通的农产品安全溯源体系。比如，运输车辆在产地实时定位，进行供应商扫码，车辆进入农产品批发市场时出示采购通行码，市场获取车辆信息，即可掌握该车辆的运行轨迹，确认农产品的产地，并可溯及农产品的生产者；市场的店铺或采购档口可以通过扫码确认收货，再通过扫码与前来采购的批发商贩完成交易，农产品进出批发市场的所有数据信息实时上传到市场运营的大数据平台，最终形成了原产地—运输—农产品批发市场销售—零售商采购等一系列可追溯性的管理链条。

4.加大政府支持力度，创新服务功能

加大政府投入，拓宽资金筹集渠道，把智慧农产品批发市场建设纳入地区功能区划和城市管理，根据产区的供给量、集散地的辐射能力以及城市居民的消费能力，统一规划合理布局。提升和完善农产品批发市场交易的配套服务功能，包括农产品初加工、质量检测、冷链物流、后熟处理、仓储保鲜等，提高专业化能力。拓展服务功能，依托智能化设备和大数据平台，延伸和增强农产品批发市场供求与价格发现、生产引导、金融服务等前端服务功能，同时增强安全溯源等后端服务功能，推动农产品批发市场由传统的组织农产品交易转变为引导农业生产、调控农产品价格、促进百姓消费，由传统的实现农产品价值转变为延伸产业链、提高附加值，由交易物流环节扩展到全供应链服务，形成多元化的盈利模式。

资料来源：赵丹.农产品批发市场智慧化转型研究.农业经济，2021（9）：141-142.

思考题：农产品批发市场智慧化转型的难点是什么？

自测题

1. 什么是批发与批发商？如何对批发商进行分类？
2. 批发在商品流通过程中的主要功能是什么？
3. 常见的批发业态类型的主要特点是什么？
4. 简述批发商用户的购买特点。
5. 什么是批发市场？如何对批发市场进行分类？
6. 结合实际，分析论述批发商面临的挑战、机遇与发展趋势。

第八章　物流

💡 导言

物流的变迁

"物流"并非新事物，物流活动自古就有，并与商流、信息流一起被称为流通"三要素"。中国自古就有"兵马未动，粮草先行"的说法。从古至今，物资的合理流动始终是至关重要的，"物流"也随着时代的变迁不断发生内容和形式的变化。时至今日，电子商务正推动着现代物流像长了翅膀一样快速地发生着变革，现代物流既是流通现代化的产物，反过来又成为电子商务的助推器。物流从传统经营的"黑暗大陆""降低成本的最后的处女地"[①]"第三利润源"[②]，开始变成"新经济、新流通和新零售"的重要支撑力量。物流与供应链管理通过"降本增效"决定了国民经济的运行速度和质量。一个国家物流与供应链管理水平能充分反映出该国的综合实力和市场竞争能力。

思考：物流在我国的发展历程？

💡 学习目标

完成这一章内容的学习之后，你将可以：

1. 说明物流的起源与发展；

2. 指出实体分销管理（Physical Distribution Management，PDM）、物流管理（Logistics Management，LM）与供应链管理（Supply Chain Management，SCM）的区别；

3. 解释传统物流与现代物流的区别；

---

① 管理大师彼得·杜鲁克提出这一说法。
② 物流是"第三利润源"的说法出自日本。

4. 分析物流的分类与构成要素；
5. 说明物流管理的含义及基本内容；
6. 概述供应链管理的定义及本质；
7. 说明供应链管理的主要方法。

第一节　物流起源与发展及其定义的演变

一、物流的起源与发展

物流概念起源于美国。在 20 世纪初，资本主义国家出现了生产过剩，经济危机下的竞争加剧使得企业开始关注分销问题。1912 年，美国市场营销学学者阿奇·萧在《市场流通中的若干问题》中，首次提出了"Physical Distribution"的概念，即"实体分销"，也有人将它理解为"物流"。第二次世界大战期间，美国围绕战时供应建立了现代军事后勤（Logistics），形成了一门"后勤管理"（Logistics Management）学科。战后，"后勤管理"在很多经济活动中被引用。后来，日本于 1956 年从美国引入 Logistics 概念，并称之为"物的流通"。1965 年，"物流"一词正式为日本理论界和实业界所接受。我国是在 1980 年前后从日本引入"物流"概念的，当时将"物流"解释为"物资资料或商品的实体运动过程"，是与商品的价值运动过程（商流）相对应的概念。

因此，美国市场营销学学者阿奇·萧被学术界认为是世界上第一个使用物流概念的人。后来，美国另一位市场营销学学者弗莱德·克拉克在其营销学著作《市场营销原理》中也使用了物流概念[1]。"实体分销"概念出现以后，又经过了 70 年左右的时间，学术界才对物流管理有了明确的定义，物流经历了最初的实体分销管理，转变为物流管理，之后又被理解为供应链管理过程的一部分。

可见，物流活动虽然自古有之，但从发展上来讲，起源于近代末，成型于现代，快速发展于当代。物流的发展过程可以分为以下几个阶段：[2]

---

[1] 谷本谷一. 物流、Logistics 的理论与实态. 东京：白桃书房，2000.
[2] 倪霓，夏阳. 物流管理基础. 北京：北京航空航天大学出版社，2016.

（一）初级阶段

20世纪初，随着工业化进程加快和大规模分销的出现，人们开始认识到降低物资采购和产品销售成本的重要性，于是提出了"实体分销管理"的概念。第二次世界大战期间，美国的军事后勤组织为人们认识物流提供了实证依据，推动了战后对物流活动的研究及实业界对物流的重视，物流开始在发达国家发展。

（二）快速发展阶段

20世纪60年代以后，科技发展尤其是管理科学的进步和工业化大规模生产运作大大促进了物流发展，物流管理开始成为激发企业活力的重要手段。直至20世纪70年代，随着市场营销观念的逐步成熟，物流在为顾客服务中发挥了重要作用，发达国家物流基础设施建设获得政府重视，物流已成为企业发展的重要因素。

（三）合理化阶段

20世纪80年代至90年代初，物流管理从企业内部延伸到企业外部，企业界开始突破现有的组织边界，将供应商和分销商纳入管理范畴，电子数据交换、准时制生产、持续配送以及相关物流技术的应用，推动了物流专业化、社会化和共同化发展。降低物流成本成为企业重要的经营目标，物流合理化成为这一时期的重要发展特征。

（四）信息化、智能化、网络化阶段

20世纪90年代后期，特别是进入21世纪后，随着新经济和现代信息技术的发展以及电子商务的兴起，现代物流的发展被提到重要日程上来。信息技术特别是网络技术的发展，也为现代物流的发展提供了引擎，推动现代物流产业成为重要的先导性支柱产业。

（五）智慧化阶段

随着物联网技术的逐步成熟及大数据、人工智能技术的兴起，今后一段时期，现代物流将走向智慧物流发展阶段。在我国，智慧物流的概念于2009年被提出。智慧物流是一种以信息技术和人工智能为支撑，在物流的运输、仓储、包装、装卸搬运、流通加工、配送、信息服务等各个环节实现系统感知和人工智能决策，具有全面分析、及时处理及自我调整功能，从而实现物流规整智慧、发现智慧、创新智慧和系统智慧的现代综合性物流系统。

案例

苏宁物流：智慧物流践行者、引领者和创造者

现在，人工智能不再是电影中的场景，它已经与我们的工作和生活息息相关。比如，有了 AGV 机器人，商品的拣选不再是人追着货架跑，而是人等着机器人载着货架排队过来，消费者收到包裹自然会更快！当这种长得像超大版"扫地机器人"的机器遇到货物，会有什么样的趣事发生？

在上海苏宁 1 000 平方米的仓库里，穿梭着 200 台仓库机器人，运送着近万个可移动的货架，机器人的行动井然有序。根据实测，对 1 000 件以上大件商品的拣选，由仓库机器人拣选可减少 50%～70% 的人工；小件商品拣选效率超过人工拣选的 3 倍。机器人拣选的准确率在 99.99% 以上。

2017 年"双 11"活动前夕，苏宁的亚洲最大智慧物流基地首次对外开放。建筑面积达 20 万平方米的苏宁云仓，相当于 28 个标准足球场大小，由 5 个大型仓库组成，分为小件商品、中件商品、异形品、贵重品和温控商品五个区域，可储存 2 000 万件商品，日处理包裹 181 万件。在这里，从订单生成到商品出库，最快只要 30 分钟。自 2013 年转型为物流企业以来，苏宁物流主要做了三件事：智慧物流践行者、自营物流引领者、极致服务创造者。苏宁云仓集自动化、数据化和规模化于一体，是苏宁物流成果的最前沿展示。

智慧物流一定要对物流有一个全流程的解决方案，并且能够在实际场景中规模化运用。从 2017 年"双 11"活动就能看出，苏宁在物流上下了很大功夫，积累了一定实力。苏宁物流的费率有较大的优势，业内部分纯电商企业的自建物流费率高达 7%，有些甚至超过 7%，而苏宁物流的费率始终保持在略高于 1% 的水平。据悉，苏宁目前已经拥有行业领先的仓储规模，仓储总面积将近 500 万平方米，而且 80% 以上为自建仓储。苏宁物流在物流体系的布局上也是较完善的，全国中心仓、区域中心仓、城市门店仓以及快递点、自提点连通充分的运输网络资源，形成了一个完整的物流体系。

资料来源：佚名. 苏宁物流：智慧物流践行者、引领者和创造者.（2017-08-08）[2018-08-03]. http://www.i56r.com/new/52871. 引用时有修改。

二、物流定义的演变

如前所述，由实体分销管理到物流管理，再到供应链管理的一部分，充分说明了人们对物流认识的转变，这一转变直接体现在不同时期对物流定义的变化上。例如，美国权威的物流学术研究组织——美国供应链管理专业协会（Council of Supply Chain Management Professionals，CSCMP）[①]，在不同时期对物流进行了不同的定义（详见表 8-1）。

表 8-1　美国供应链管理专业协会在不同时期对物流的定义

时间	对物流的定义描述	侧重点
1963 年	物流管理是为了计划、执行和控制原材料、在产品库存及产成品从起源地到消费地的有效率的流动而进行的两种或多种活动的集成。这些活动可能包括但不限于顾客服务、需求预测、交通、库存控制、物料搬运、订货处理、零件及服务支持、工厂及仓库选址、采购、包装、退货处理、废弃物回收、运输、仓储管理	从销售物流扩大到采购物流，侧重于对物流基本功能的集成性描述
1986 年	物流是对货物、服务及相关信息从起源地到消费地的有效率、有效益的流动和储存进行计划、执行和控制，以满足顾客要求的过程。该过程包括进向、去向、内部和外部的移动以及以环境保护为目的的物料回收	LM 代替了 PDM，物流对象扩展了服务和信息，强调有效率、有效益的流动
1998 年	物流是供应链过程的一部分，是对货物、服务及相关信息从起源地到消费地的有效率、有效益的流动和储存进行计划、执行和控制，以满足顾客要求	强调物流是供应链的一部分
2002 年	物流是供应链过程的一部分，是对货物、服务及相关信息从起源地到消费地的有效率、有效益的正向和反向流动和储存进行计划、执行和控制，以满足顾客要求	强调了正向和反向流动
2003 年	物流管理是供应链管理的一部分，是对货物、服务及相关信息从起源地到消费地的有效率、有效益的正向和反向流动和储存进行计划、执行和控制，以满足顾客要求	强调了物流管理，指出其是供应链管理的一部分

在实施的中华人民共和国国家标准《物流术语》（GB/T 18354—2021）中，物流被定义为根据实际需要，将运输、储存、装卸、搬运、包装、流通加工、配送、信息处理等基本功能实施有机结合，使物品从供应地向接收地进行实体流动的过程。在世界范围内，各个国家对物流的认知均有一个发展的过程，体现在对其定义的描述都有一个在发展和实践中不断调整和完善的过程，这里不再列举。相对而言，美国站在供应链管理的视角下对物流管理做出的最新定义，在学术界得到了广泛的认同。

[①] 该协会的前身是美国物资配送管理协会（National Council of Physical Distribution Management，NCPDM）及美国物流管理协会（Council of Logisitcs Management，CLM），2005 年 1 月 1 日改为现名。

(一) 管理视角下的物流

由前面美国对物流的定义演变可见,由早期的"多种活动的集成"到后来的"计划、执行和控制",人们逐渐适应了在管理视角下来看待物流。事实上,物流和物流管理从概念上而言,还是有区别的。不过,从美国对物流定义的这种转变可以看出,只有站在管理视角下,才能真正揭示出物流的本质。也就是说,人们应该以动态的管理视角来审视物流。物流不是简单的"物之流"这一"静态式"的理解,也不仅仅是"作业功能的集成"这一"要素组合式"的理解,而是站在系统管理或供应链管理视角下,面向市场需求,以提升"系统运营效率和效益"为目的的整合管理。

可见,单纯基于"物资或商品实体流动""作业功能集成"来理解物流,很难表达出物流的全部内涵。应该站在管理视角下,从 PDM 上升到 LM,再上升到 SCM 的层面上来理解物流。

(二) PDM、LM 与 SCM 的区别[①]

由表 8-1 可见,物流定义的演变经历了 20 世纪初的 PDM 阶段到 20 世纪 80 年代的 LM 阶段,再到后来的 SCM 阶段。对物流认识的这一转变,在理论上实现了从狭小领域向广阔领域的飞跃;在实践上,完成了从传统物流到现代物流的转变。PDM、LM 与 SCM 的区别见表 8-2。

表 8-2 PDM、LM 与 SCM 区别一览表

项目	PDM	LM	SCM
概念产生时间	20 世纪初	20 世纪 80 年代	20 世纪 90 年代
概念内涵	针对企业实体分销中物流作业活动的管理	LM 是 SCM 的一个子集	跨企业的商流、物流、信息流、工作流及增值流的集成管理
概念外延	分销领域,单个企业内	包含在 SCM 中,是其过程的一部分	生产领域、流通领域,SCM 包含 LM
涉及领域	生产与销售物流	从采购到生产和销售,还包括回收物流	跨越单个企业边界的集成管理
出发点和中心	以生产为起点,以市场商品供给为中心	以客户为起点,以市场需求为中心	以订单为起点,以消费者需求为中心
一体化管理程度	局部最优,要素均衡	整体最优,内部一体化到外部一体化	全局最优,高度集成并一体化

---

① 夏春玉.流通概论.4 版.大连:东北财经大学出版社,2016.

续表

项目	PDM	LM	SCM
管理目的	降低成本，及时销售	成本与服务：既满足市场需求，又降低综合成本，实现综合效益	供应链整体价值最大化
管理理念	效率理念、成本理念	价值理念、整合理念	合作共赢、系统集成、整合理念、增值理念、及时理念

由表 8-2 可知，物流概念诞生后其内涵发生了几个阶段性的转变。特别是进入 21 世纪以来，全世界范围内陆续迎来了智慧物流的发展热潮。随着信息技术的突飞猛进、物联网络及人工智能技术应用，智慧物流不仅促进了降本增效，还引发了速度经济，使得物流在企业经营乃至整个国民经济中的地位越来越重要。

（三）传统物流和现代物流[①]

1. 流通"三要素"地位的转变

流通"三要素"是指商流、物流和信息流。在流通的发展过程中，"三要素"在不同阶段发挥着不同的主导作用。

在商品流通的原始阶段，即简单商品交换条件下，人们之间的商品交易是通过"物与物"的直接交换来完成的。在这种交换条件下，物与物必须直接见面，此时物流居于流通的主导地位，在这种物与物交换的时空内，包含了商流及信息流。

当有了货币以后，商品交换变成了由货币充当一般等价物的媒介交换，这时商流和物流有了时空分离的可能，交易或购买欲望驱动下的商流开始居于流通的主导地位。后来，随着商业信用的发展，人们有了更多的支付手段可以选择，在选择交换标的、交换方式和支付方式及考察信誉的过程中，信息流的地位开始得到提升。

随着电子商务革命的爆发，基于互联网的电子商务模式得到越来越多的开发和应用，这一电子中介手段的出现，完全打破了商品交换的时空局限。此时，无论是在企业管理还是在商品交换中，信息流已开始在流通中居于主导地位，并且在信息对称的条件下，一项交易能否完成，已经开始取决于是否受到物流的局限。企业的成本控制及服务能力开始成为竞争的关键，与此相适应，物流管理对企业也越来越重要。

上述流通"三要素"在商品流通中地位的转变，如图 8-1 所示（W 代表商品，G 代表货币）。

[①] 夏春玉. 流通概论. 4 版. 大连：东北财经大学出版社，2016.

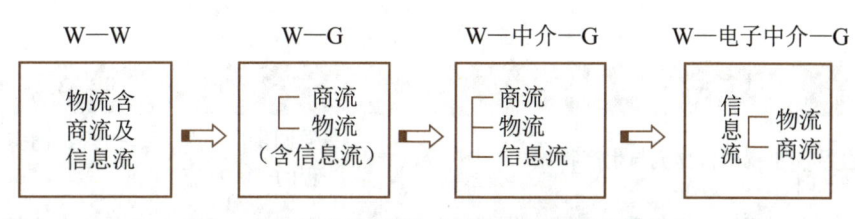

```
W—W              W—G           W—中介—G        W—电子中介—G
┌─────────┐   ┌─────────┐    ┌─────────┐    ┌─────────┐
│ 物流含  │   │  商流   │    │  商流   │    │信│ 物流 │
│ 商流及  │→  │  物流   │ →  │  物流   │ →  │息│ 商流 │
│ 信息流  │   │(含信息流)│    │  信息流 │    │流│     │
└─────────┘   └─────────┘    └─────────┘    └─────────┘
```

图 8-1　流通"三要素"在商品流通中地位的转变

2. 现代物流的基本特征

在商品流通中，由商流主导向信息流主导的转变过程，直接推动了物流由过去从属地位向现代先导地位的转变，而信息流在商品流通过程中主导地位的确立，也为传统物流与现代物流确立了分界线。换句话说，正是有了信息革命、信息经济的发展以及信息技术的不断应用，才推动了物流从 PDM 向 SCM 转变，从而也就有了人们对物流从 PDM 到成为 SCM 一部分的认识转变过程。

因此，信息流是否占主导地位，成为判断物流是否为现代物流的标志；而在商品流通过程中，信息流由从属地位向主导地位的转变，推动了传统物流向现代物流的转变。也就是说，那些传统经营管理模式下的物流作业活动属于传统物流范畴，而高度信息化并采用一体化集成管理的物流作业活动，则属于现代物流范畴。"现代物流"被人们形象地描述为"车轮＋鼠标"，其基本特征主要包括以下几个方面：

（1）将向顾客提供的物流服务目标体现在定义中，强调了物流顾客服务的重要性。

（2）现代物流的活动范围极其广泛，既包括原材料采购与供应阶段的物流，也包括生产阶段、销售阶段、退货阶段及废弃物处理阶段等整个生产、流通、消费过程的物流活动。

（3）现代物流不仅重视效率，更重视效果，即强调物流过程中的投入（成本）与产出（增加销售额或利润）之间的对比关系。

（4）现代物流不仅强调物流各构成要素的整体最佳，而且强调物流活动与其他生产经营活动的整体最佳。

（5）现代物流更强调库存的一体化管理、信息管理及按需生产。

（6）现代物流强调生产、销售、物流是企业经营的三大支柱，并将物流视为与生产、营销相并列的企业经营战略之一。

3. 传统物流与现代物流的区别

随着经济的不断发展，科技的不断进步，物流的内涵和特征有了进一步的深化和发展，传统物流与现代物流的区别如表 8-3 所示。

表 8-3　传统物流与现代物流的区别[①]

区别项目	传统物流	现代物流
范围与边界	重视销售物流与生产物流	强调供应、生产、销售、消费等全过程的"大物流"
系统概念	重视运输、储存、包装、装卸、流通加工、信息等构成要素的系统最佳	强调物流系统与其他经营系统的"大系统"最佳
性质与地位	组织的"后勤""内部事务";成本支出项目	组织的"先锋""外部事务";价值创造事业
目标与理念	效率与成本的均衡	效率、成本、服务与效益的均衡
服务对象	组织内部	组织外部顾客
功能定位	节约成本的"手段""策略"	扩大销售、增加利润的"战略"

由表 8-3 可知,传统物流和现代物流的区别主要表现在以下几个方面:

(1)传统物流强调物流是由运输、储存、包装、装卸、流通加工、信息等要素构成的系统,因此,谋求物流构成要素的系统最佳是传统物流管理追求的重要目标;现代物流不仅强调物流系统本身的最佳,而且更强调物流系统与生产、销售等整个经营系统的协调与最佳。

(2)传统物流虽然也认为物流活动领域包括原材料供应物流、生产物流、销售物流、退货与废弃物物流,但是更重视销售物流与生产物流;而现代物流则进一步强化了"大物流"的理念。

(3)传统物流强调的是效率与成本的均衡,认为物流只是节约成本的"手段""策略",因此,物流效率与成本的均衡是传统物流的重要目标甚至是唯一目标;而现代物流则强调的是效率、成本、服务与效益的均衡,物流成本最小化不是组织物流的重要目标。

(4)传统物流认为物流是"内部事务",只对组织内部产生影响,其服务对象是组织内部;现代物流认为物流是"外部事务",其服务对象是组织外部顾客,从而把满足顾客对物流的服务需求作为组织物流的首要任务。

(5)传统物流认为物流是组织的"后勤",即从属于生产与销售,是后发的,从而是成本支出项目,因此,如何组织物流是节约成本的"手段""策略";现代物流则认为物流是组织的"先锋",是决定生产与销售的价值创造事业。因此,如何组织物流不仅是节约成本的"手段""策略",还是扩大销售、增加利润的"战略"。

[①] 夏春玉.物流与供应链管理.大连:东北财经大学出版社,2007.

第二节 物流的分类与构成要素

一、物流的分类

物流概念虽然产生于20世纪初,至今也不过百年的发展历史,但是,作为国民经济重要组成部分的物流活动是与人类共生的。而且,以"物的流动"为本质特征的物流活动存在于各个领域,具有不同的表现形式,也有不同的种类与层次。因此,为了全面认识物流,有必要对存在于各个领域的不同层次、不同表现形式的物流进行分类。

(一)按属性分类

事实上,物流不仅仅存在于人类社会和企业经营之中,从"大物流论"的角度出发,物流除了包括社会或经济的物流,还应该包括自然界的物流活动。[①]

1. 自然物流

自然物流是指发生在自然界的、不以人的意志为转移的物流现象。自然界物流早已存在,其包括自然界的固体物流、液体物流和气体物流,如山体滑坡、下雨、海洋潮汐、刮风等。这些超越人类社会活动之外的物流现象,通常被人们称为自然界物流,简称自然物流。自然物流的特点是:物是自然界存在的物,不是经济商品的物;流的动力来自自然界,而不是人类的经济活动;其发生不以人的主观意志为转移,人类只能局部影响(如人工降雨等);既可以为人类造福(发电、灌溉等),也可能给人类带来灾难(洪水、沙尘暴、酸雨等)。当然,对自然物流问题的研究,一般是自然科学及其相关分支学科的任务。

2. 社会物流

与自然物流相对应的,还有社会物流和经济物流。社会物流是指由于人类社会存在和发展而引发的各种物流活动,如生活物流、废弃物流和军事物流等。自从原始社会有了人类生活消费和农业生产以后,相关的各种原始物流也就出现了,这些物流活动没有任何商业目的,是人类社会自身生存与发展的需要,是社会发展不可缺少的物流活动。换句话说,社会物流是非营利性的社会行为,它和企业主导的经济物流的目的恰好相反。社会物流的特点是:物是自然界存在的物和消费品的物;流的动力来自人类的社会活动;是非营利性的社会行为。

---

① 徐寿波.大物流论.中国流通经济,2005(5):4-7.

3. 经济物流（商业物流）

经济物流是指基于商品交换而发生的带有营利目的的物流活动。自从有了商品交换和社会分工以后，人类社会的经济物流发展得越来越快。到目前为止，人们所探讨的物流大多数指的是经济物流，也就是创造"第三利润源"的物流，其在人类社会生产经营中占据着重要地位。经济物流也可以细分为产业物流、行业物流、企业物流和某一种商品的物流，这些物流活动是人类经济行为的重要组成部分，是创造价值和剩余价值的企业行为。经济物流的特点是：物是用来交换并营利的商品；流的动力来自人类的经济活动；是营利性的经济活动。

（二）按空间范围分类

按空间范围分类，就是按物流活动的空间范围对物流进行分类。按这种方法，可将物流划分为国际物流、国内物流或国民经济物流、区域物流、城市物流、地区物流等。国际物流是指跨越国境的物流，即国与国之间的物流；国内物流或国民经济物流是指发生在一国之内的物流，是存在于一国国民经济各个领域的物流；区域物流是指在一国之内的一定地理区域内所发生的物流，如东北区域物流、长江三角洲区域物流、珠江三角洲区域物流、沿海区域物流、内陆区域物流、东部或西部物流等；城市物流是指在一个城市之内所发生的物流，如上海市物流、北京市物流、大连市物流等；地区物流是指发生在某一地区的物流，如河套地区物流等。

（三）按主体分类

按主体分类，就是按物流活动的实施主体对物流进行分类，但一般是针对微观主体进行的分类。按这种方法可将物流划分为制造商物流、中间商物流、专业化物流、消费者物流。制造商物流是指由制造企业实施的物流，也称生产企业物流；中间商物流是指由批发商或零售商组织实施的物流，也叫流通企业物流；专业化物流是指由专业化物流组织或企业实施的物流，也叫第三方物流或第四方物流；消费者物流是指发生在消费者与消费者之间、消费者与生产企业或流通企业之间的物流，如消费者因搬家或邮寄包裹而发生的物流，或消费者因退货而发生的物流等。

（四）按客体分类

按客体分类，就是按物流的对象即物品对物流进行分类。按这种方法可将物流划分为生产资料物流与消费品物流、散装货物流与包装货物流等。根据需要也可做进一步的分类，如将生产资料物流进一步划分为工业生产资料物流和农业生产资料物流；将消费品物流进一步划分为加工食品物流、生鲜食品物流、纺织品物流、家电产品物流等。

(五) 按流向分类

按流向分类，就是指按物流的流动方向对物流进行分类。按这种方法可将物流划分为正向物流（动脉物流）和逆向物流（静脉物流）。正向物流是指从供应（采购）到生产，再到销售乃至消费者的物流；逆向物流是指产品销售并配送给消费者后，从消费者端开始，通过逆向渠道，对使用过、损坏或过期的物品，进行回收与搬运储存的过程。美国供应链管理专业协会对逆向物流的定义是：为了资源回收或处理废弃物，在有效率及适当成本下，对原料、在产品、成品和相关信息从消费点到原始产出点的流动和储存，进行规划、执行与管制的过程。逆向物流包括回收物流和废弃物物流。回收物流是指不合格物品的返修、退货以及周转使用的包装容器从需方返回到供方所形成的物品实体流动；废弃物物流是指将经济活动中失去原有使用价值的物品，根据实际需要进行收集、分类、加工、包装、搬运、储存，并分送到专门处理场所时所形成的物品实体流动。

(六) 按阶段分类

按阶段分类，就是按物流在生产经营过程中所处的不同阶段而进行的分类。按这种方法可将物流划分为供应（采购）物流、生产（厂内）物流、销售物流、终端物流，以及前面提到的回收物流和废弃物物流等。供应（采购）物流，是指企业采购的原材料、零部件由供应商到生产企业的物流；生产（厂内）物流是指企业采购的原材料、零部件，以及企业生产的半成品、产成品在企业内部的物流；销售物流是指企业生产的产品由厂内（仓库或物流中心等）到需求者（用户）的物流；终端物流是指面向消费者或终端顾客，提供门到门、户到户的物流服务的物流活动，也可以称为服务化物流。终端物流强调物流活动本身的"服务性"，"服务性"既是现代物流发展的延伸，又是经济服务化的发展要求。终端物流强调物流活动的"终端性"，即处于从起源地到消费地的最后一个环节。

(七) 按业种分类

这里所说的"业种"是指行业的种类，如铁路运输行业、公路运输行业、水上运输行业等。按这种分类方法可将物流划分为铁路物流、公路物流、航空物流、邮政物流等，这些物流也可以称为行业物流。

(八) 按层次分类

出于研究与实践的需要，人们有时也从宏观、中观与微观的角度对物流进行分类，从而将物流划分为宏观物流、中观物流与微观物流。宏观物流主要是指国际物流与国民经济物流，是指在较大空间范围内发生的与社会再生产相联系的物流活动，即经济社会整体意义上的物流。中观物流主要指区域物流与城市物流。微观物流一般指企业物流或法人组织物流，是指发生在具体时空内的、生产企业或消费者所从事的具体物流活动。宏观物流、中观物流可以被理解为"从空中看的物流"，即发生在一定区域内的各种物流活动的总和。其主要特点是综合性和全局性，其主要问题是物流总体构成、物流与社会之间的关系、物流在社会中的地位、物流与经济发展的关系、社会物流系统和国际物流系统的建立和运作等。微观物流的特点是具体性和局部性，而微观物流的主要问题是企业的采购物流、生产物流、销售物流、回收物流或退货物流以及物流网络、物流中心建设等，还包括企业的物流成本与服务的管理等。

(九) 其他分类

除以上分类方法外，还有其他分类方法，如按用途的特殊性可以将物流划分为军事物流和非军事物流；按物流服务的精细化程度可以将物流划分为定制物流和非定制物流；按是否使用信息技术可以将物流划分为虚拟物流和非虚拟物流等。军事物流是指满足军队平时与战时需要的物流活动；定制物流是指根据用户的特定要求而为其专门设计的物流服务模式，定制物流也是物流服务化的一种升级，是借鉴定制营销的思想，更加个性化地满足客户的需求，从而为客户创造增值服务；虚拟物流是指以计算机网络技术对物流运作与管理以及企业间物流资源共享和优化配置等内容进行设计、分析和评价的物流模拟活动。

二、物流的构成要素

(一) 物流的基础要素

基础要素是维系物流活动得以运行的基本条件，没有这些基本条件，物流就无法发生，也无法运行。这些基础要素就是与物流活动有关的"人、财、物"三要素。

1. "人"的要素

"人"的要素是指与物流活动相关的人力资源，包括物流作业人员与物流管理人员。物流活动的开展首先要以一定的物流人力资源为保障，物流人力资源的状况决定着物流活动效率的高低。

2. "财"的要素

"财"的要素是指与物流活动相关的资金。物流活动的开展需要相应的资金投入，因此，一定的资金投入是物流活动得以正常运行的必要条件。

3. "物"的要素

"物"的要素是指与物流活动相关的设施、设备与工具。例如，必要的运输、储存、包装、装卸设施、设备与工具等都是开展物流作业活动的必要条件。

（二）物流的活动（功能）要素

物流的活动（功能）要素是指与物流有关的各种作业活动（功能），包括运输、储存、包装、装卸、流通加工、配送及物流信息等。

1. 运输

运输是利用设备或工具，在不同地域范围内（如两个城市、两个工厂之间），完成以改变人和物的空间位移为目的的物流活动。运输是物流的主要功能之一，也是物流的基本活动要素。物流是物品实体的物理性运动，这种运动不但改变了物品的时间状态，也改变了物品的空间状态。运输承担了改变物品空间状态的主要任务，是改变物品空间状态的主要手段。

2. 储存

储存即对物品的保存与管理，具体来说是在保证物品的品质和数量的前提下，依据一定的管理规则，在一定期间内把物品存放在一定场所的活动[1]。在物流系统中，储存起着缓冲、调节和平衡的作用，是物流的一个中心环节。

3. 包装

包装是物流系统的构成要素之一，是指在物流过程中保护产品、方便储运、促进销售，按一定技术方法采用容器、材料及辅助物等将物品包封并予以适当的装封标志的工作的总称。简言之，包装是包装物及包装操作的总称[2]。在现代物流中，包装与物流的关系，比包装与生产的关系要密切得多，其作为物流始点的意义比作为生产终点的意义要大得多。

4. 装卸

装卸是指随物品运输和保管而附带发生的作业，具体来说，它是指在物流过程中对物品进行装运卸货、搬运移送、堆垛拆垛、旋转取出、分拣配货等作业活动。装卸是物流系统的一个重要构成要素。装卸本身并不产生新的效用和价值，但是，装卸作业质量的好坏和效率的高低不仅影响物流成本，还与物品在装卸过程中的损坏、污染等造成的损失及保护物品的包装成本相关，并与是否能及时满足顾客的服务要求

---

[1] 宋华，胡左浩. 现代物流与供应链管理. 北京：经济管理出版社，2000.
[2] 王斌义. 现代物流实务. 北京：对外经济贸易大学出版社，2003.

相关。

5. 流通加工

流通加工是指在流通阶段进行的不以改变商品的物理化学性能为目的的简单加工、组装、再包装、按订单做的调整等作业活动。比如，遵照顾客的订单要求，将猪肉、鲜鱼分割或把量分得小一些，家具的喷涂、调整，家用电器的组装，衣料布品陈列前挂牌、上架，礼品的包装等。简言之，在流通过程中辅助性的加工活动都称为流通加工。

6. 配送

《物流术语》（GB/T 18354—2021）将配送定义为：根据客户要求，对物品进行分类、拣选、集货、包装、组配等作业，并按时送达指定地点的物流活动。配送处于现代物流的末端，是现代物流的一个重要构成要素，并且在企业的物流系统中占有重要地位。配送的实质是送货，但不是简单地送货。从配送的实施过程来看，配送包括两个方面的活动："配"是对货物进行分类、拣选、集货、包装、组配；"送"是以各种不同的方式将货物送达指定地点或用户手中。可见，现代意义上的配送不同于一般性的运送或运输，而是建立在备货和配货基础上、满足客户灵活需要的送货活动，是一种以社会分工为基础的、综合的、现代化的送货活动。

7. 物流信息

信息是能反映事物内在本质的外在表现，如图像、声音等，是事物内容、形式和发展变化的反映。物流信息就是物流活动的内容、形式、过程及发展变化的反映。物流信息是物流活动的前提，也是物流管理的基础，只有掌握信息，才能进行有效的物流活动。因此，物流信息是重要的物流活动要素。

（三）物流的系统要素

站在系统论的角度，任何一项物流活动都是在一个或大或小的物流系统内发生的，物流的系统要素主要是指构成物流系统的要素。了解物流的系统要素，能够让我们对物流系统有一个更好的理解。

物流系统是指在一定的时间和空间里，由所需位移的物资、包装设备、装卸搬运机械、运输工具、仓储设施、人员和通信联系等若干相互制约的动态要素所构成的具有特定功能的有机整体。

一般来讲，按照所发挥的作用，物流系统由三个方面的要素构成，即流动要素、资源要素和网络要素。[1]

---

[1] 何明珂. 物流系统论. 北京：中国审计出版社，2001.

1. 流动要素

流动要素包括流体、载体、流向、流量、流程、流速和流效七个方面。流体是指物流中的"物",或者说是物流的客体或对象;载体是指流体借以流动的设施和设备,包括基础设施及相应的运输或移动设备;流向是指流体从起点到终点的流动方向;流量是通过载体的流体在一定流向上的数量表现;流程是指通过载体的流体在一定方向上行驶(移动)路径的数量表现;流速是指流体通过载体在一定流向上的流动速度;流效是指上述要素在效率和效益上的衡量表现。

2. 资源要素

物流活动中的资源种类很多,前面提到的基础要素(人、财、物)都属于资源的范畴,其他包括物流的活动(功能)要素,都属于物流的资源要素。在这些资源中,人力资源、信息资源、储存资源和运输资源居于主导地位。

3. 网络要素

物流的网络要素由两个基本要素组成,即"点"和"线"。"点"是指物流网络中的结点,可以分为一级结点、二级结点和三级结点等,这些结点有的具有单一功能,有的具有复合功能。"线"为连接物流网络中结点的路线,如铁路线、公路线、水路线、航空线、管道线等,根据线间的关系可以将物流线分为干线和支线。除了上述实体网络,物流的网络要素还应该包括信息网络。从某种角度来说,物流的网络要素也可以被看作一种资源要素。

第三节 物流管理

一、物流管理的含义

(一)物流管理内涵的解读

《物流术语》(GB/T 18354—2021)将物流管理定义为:为达到既定的目标,从物流全过程出发,对相关物流活动进行的计划、组织、协调与控制。结合第一节美国的物流定义演变,我们应该从以下几个层面来理解物流管理的内涵:

第一,要将物流管理纳入供应链管理过程,作为供应链管理的一部分来看待,包括对正向及逆向物流的管理。

第二，物流管理强调效率和效益的均衡，既要实现成本最低化，又要确保客户对物流服务质量满意。可见，成本和服务是物流管理的侧重点。

第三，物流管理不仅是对单个构成要素的管理，而且是对动态、全要素、全过程的管理，其管理的对象超越了有形实体，还包括服务和信息。

第四，因为物流要素之间存在冲突，物流管理就是要通过有效的计划、组织、协调和控制等手段，合理地组织各种要素的搭配，实现整体最优。

(二) 现代物流管理的兴起

如前所述，人们应该站在管理的视角来看待物流。可以说，物流概念的产生与发展过程，也是人类探索物流管理的过程。企业走向现代物流管理大致经历了以下四个发展阶段。

1. 无管理阶段

在发达国家工业化初期，物流是分散在不同组织、部门中的一系列互不协调的、零散的活动。形成这样的管理格局，与当时的企业组织结构设置有很大关系，企业部门之间很难进行物流职能协调，物流仅仅是实现实体分销的必要手段。

2. 实体分销管理（PDM）阶段

实体分销管理第一次将企业内部的运输、储存、库存控制、物料搬运和订货处理等活动集成起来，相互联系、相互协调，从而实现了三个方面的有益效果：一是使企业充分把握物流活动之间的相互联系，进而致力于实现不同物流活动成本之间的最优均衡；二是使实体分销的客户导向性增强，分销部门开始制定基于订货处理、储存和配送作业的更为协调和明确的客户服务战略；三是提高了分销在整个管理阶层中的地位，不少企业专门任命了分销经理来统管所有的分销活动，并负责设计和制定企业的分销战略。

3. 集成化物流管理（ILM）阶段

虽然 PDM 大大增强了企业的客户导向，有效降低了企业的分销费用，但 PDM 只涉及产成品的分销物流活动，而事实上，物流贯穿整个企业的运作流程，不仅包括分销物流，而且包括采购物流和生产物流。所以，PDM 的原理后来同样应用于原材料、零部件的购进物流活动中，并将采购物流、生产物流和分销物流集成起来，形成了企业内部的集成化物流管理（Integrated Logistics Management，ILM）。到 20 世纪 70 年代末，发达国家的许多企业都设立了物流部，全面负责生产经营过程中的采购、物料控制、制造、装配、储存、分销等所有环节的物流活动。

4. 供应链管理（SCM）阶段

进入 20 世纪 90 年代以后，市场竞争日趋激烈，客户需求日益多样化与个性化，消费水平不断提高，市场竞争实质上已不是单个企业之间的较量，而是供应链与供应链之间的竞争。另外，信息技术的发展和应用使得跨企业的管理成为可能。一方面，企业利用自身的有限资源形成自己的核心能力，发挥核心优势；另一方面，企业充分利用信息网络寻找互补的外部优势，与其供应商、分销商、客户等构建供应链组织，通过供应链管理共同形成一体化的整体优势。在此基础上，跨企业的物流管理开始出现。

（三）现代物流管理的特点

可见，走向成熟的供应链管理是现代物流管理的高级化阶段。基于供应链管理的现代物流管理具有以下几个特征。

1. 现代物流管理是跨企业的管理

就企业层面的物流管理而言，物流活动不仅仅发生在某个企业内部，这使得企业对物流的管理往往超出了单个企业的边界。不管是供应链上的物流管理，还是企业将物流外包出去，企业在物流管理的过程中都会和其他相关企业发生联系。正是这一"跨企业"的特点，使得物流要素之间的效益背反现象时常发生，矛盾重重，从而使跨企业的物流管理成为必然趋势。

2. 现代物流管理是全信息的管理

物流信息化是现代物流运营的基础和前提。物流信息化主要表现为物流信息的商品化、物流信息搜集的数据库化和代码化、物流信息处理的电子化和计算机化、物流信息传递的标准化和实时化、物流信息存贮的数字化等。因此，条形码技术、数据库技术、电子订货系统、电子数据交换系统、快速反应系统、有效顾客回应系统等技术在物流领域得到了广泛应用。

3. 现代物流管理是系统化的管理

现代物流是一个由人和作为劳动手段的设备、工具所组成的"人—机系统"，物流各功能要素之间是相互联系、相互制约的，有时甚至是相互矛盾的。因此，必须在整体上加以协调，用系统化的思想加以整合、提升。只有强调物流管理的系统性，才能消除要素之间的矛盾与冲突。不管是宏观层面的物流管理（如国家和地区），还是微观层面的物流管理，都要站在系统论的角度来思考，并随着系统内外环境的变化，不断地修改、完善甚至重新设计。

4. 现代物流管理是服务化的管理

从本质上讲，物流是一种服务，体现在企业之间的相互支援和面向消费者的终端物流的增加。特别是随着经济的服务化发展，即人们收入的提高、劳动时间的缩短、自由时间的增加以及老龄化的发展，人们对于终端物流消费不断增加需求。可以说，经济服务化的发展为传统物流形式带来了新的挑战，进而使得现代物流出现了多样化、全方位化和高度化的发展趋势。而且，终端物流代表了现代物流发展的延伸。

二、物流管理的基本内容[①]

所谓物流管理就是对各种物流构成要素进行的系统管理。具体来说，物流管理的基本内容主要包括物流作业管理、物流战略管理、物流成本管理、物流服务管理、物流组织与人力资源管理等。

（一）物流作业管理

物流作业管理是指对物流活动或功能要素的管理，主要包括运输与配送管理、仓储与物料管理、包装管理、装卸搬运管理、流通加工管理、物流信息管理等。

1. 运输与配送管理

从广义上讲，运输包含了配送，因为配送也是物品的位移，所有物品的位移都是运输。二者的区别是，配送强调了"配货"的内涵，专指短距离、小批量的运输。因此，可以说运输是整体，配送则是其中的一部分。

运输管理要注重运输费用、运输时间、运输环节、运输频率、运输能力以及货物的安全性、适用性和到货的准时性等因素。必须根据不同的运输需要来确定以哪种因素为重点。一般来讲，运输费用和运输时间是选择运输方式时最为重要的考虑因素，但在具体进行选择时，应从运输需要的不同角度综合考虑、权衡。

配送管理是围绕配送活动展开的管理活动。从广义上讲，配送管理包括了诸如配送中心的选址和优化布局、配送机械（车辆）的合理配置与调度以及配送作业流程的制定与优化等内容。从狭义上讲，配送管理主要是指配送作业管理，这是因为前两种管理活动更多地体现在前期的决策上，而第三种管理活动则更多地体现在日常管理上。

2. 仓储与物料管理

同运输一样，储存也是物流的一个主要功能要素。储存可以产生时间效用，以克

---

① 夏春玉. 物流与供应链管理. 大连：东北财经大学出版社，2007.

服商品生产和消费之间的时间差，特别是随着现代流通的发展，储存已经由过去的从简单保管着眼的被动观念转变为从现代流通着眼的主动观念，即储存的场所（仓库或配送中心）越来越多地发挥着集货、分类、检验、理货、流通加工和配送等功能。随着经济的发展，储存并不一定是企业的必然选择，企业可以实施供应链管理，变革企业物流作业流程，采取虚拟库存和虚拟仓库等方式，努力实现"零库存"。

3. 包装管理

包装是指在运输、保管、交易、消费时，为保持物品的价值、性状，使用适当的材料、容器对物品进行包封、保管的技术和物品被保护的状态。包装是生产的终点，同时又是物流的起点。包装作为物流系统的功能要素之一，与其他功能要素有着十分密切的联系。可以说，包装贯穿物流过程的始终，并在商品流通中发挥着重要的作用。包装管理应该适应企业物流作业、商品保护、形象展示和促进销售的需要，用科学的方法确定最优包装组合，实现包装的机械化、大型化和集装化，开发新型包装材料和包装器具，尽量使用可回收或绿色环保的包装材料等。

4. 装卸搬运管理

装卸和搬运是紧密连接的两个物流作业活动，装卸改变物品的存放和支撑状态，而搬运则改变物品的空间位置。装卸和搬运在物流运作的时间和成本占用上均较多，同时装卸和搬运往往需要接触货物，如操作不慎很容易造成货物破损、散失、损耗、混淆等。所以，装卸搬运管理主要是在加强物品保护和防损的前提下运用高效的机具加快作业速度，以加快物流速度，使得装卸和搬运作为衔接性的物流作业活动充分发挥其作用。

5. 流通加工管理

流通加工是在物品从生产领域向消费领域流动的过程中，为了促进销售、保证产品质量和提高物流效率而对物品进行的简单加工。流通加工同样创造产品的附加价值，在商品流通中起着"桥梁和纽带"的作用。只是因为流通加工比较简单并且发生在物流领域，所以人们把它归入物流的范畴。流通加工管理侧重两个层面：一个是加工中心自身的管理，如选址、加工方式与程度的确定以及加工作业管理和加工成本控制等；另一个是加工与运输、储存、搬运、配送等物流作业环节的作业整合问题。

6. 物流信息管理

物流信息管理就是对物流信息进行收集、整理、存储、传播和利用的过程，也就是将物流信息从分散到集中、从无序到有序、从产生和传播到利用的过程，同时对涉及物流信息活动的各种要素，包括人员、技术、工具等进行管理，实现资源的合理配置。物流信息是物流活动的内容、形式、过程及发展变化的反映，它反映品种、数量、时间、空间等各种需求信息在同一个物流系统内、在不同的物流环节中所处的具体位置。在物流活动中，供给方与需求方需要进行大量的信息交流。从一定意义上讲，物流信息系统是物流系统的中枢，没有高效的物流信息系统，就不会有高效、低成本的物流活动。因此，在现代物流管理中，物流信息管理日益重要，是衡量物流管理水平高低的重要标志。

（二）物流战略管理

随着经济全球化、市场国际化的发展，物流环境发生了重大变化。物流活动的有效开展，不仅取决于对日常物流活动的有效组织与管理，更取决于对物流活动的总体性谋划。因此，物流战略问题引起了我国理论界和实业界的关注和重视。研究与制定物流战略，可以使企业或其他组织从更高、更远、更全面的角度来观察和发现物流问题，从而有利于长期、系统地解决物流发展问题。

物流战略管理是对企业的物流活动实行的总体性管理，是企业制定、实施、控制和评价物流战略的一系列管理决策与行动。其核心问题是使企业的物流活动与环境相适应，以实现物流的长期、可持续发展。

物流战略管理是一个动态的管理过程。它是一种崭新的管理思想和管理方式。物流战略管理的重点是制定战略和实施战略。制定战略和实施战略的关键是对企业外部环境的变化进行分析，对企业物流资源、条件进行审核，并以此为前提确定企业的物流战略目标，使三者达成动态平衡。物流战略管理的任务就在于通过战略制定、战略实施、战略控制，实现企业的物流战略目标。

（三）物流成本管理

物流成本是指为组织、实施、管理物流活动所发生的各种费用及物资消耗的货币表现，也就是物品在包装、装卸、运输、储存、流通加工、配送等实体流动过程中所支出的人力、财力和物力的总和。由于物流活动不仅存在于商品销售领域，而且存在于原材料的采购和产品制造领域，因此，各类企业以及生产经营的各个阶段都存在着大量的物流活动，消耗着大量的物流资源，从而形成规模巨大的物流成本，使物流成本成为影响商品价格高低的重要因素。从全社会来看，物流成本也是国民经济总成本的重要组成部分，对国民经济的运行绩效有着重要影响。

物流成本管理是指有关物流成本方面的一切管理工作的总称，即对物流成本所进行的计划、组织、指挥、监督和调控[①]。物流成本管理是现代物流管理的重要组成部分，也可以说是物流管理的基础。物流成本的高低直接关系到企业提供商品或服务的质量

---

① 黄福华. 现代物流运作管理精要. 广州：广东旅游出版社，2002.

与价格，从而影响企业对客户的价值贡献，进而影响企业的经济效益与竞争力。从这个意义上讲，物流成本也是衡量企业物流有效性的重要标准之一，企业提供的物流服务只有在成本可接受的情况下，其提供的物流服务才是有效的。因此，加强物流成本管理对企业有效组织物流活动、提高物流效率具有重要意义。

物流成本管理的主要内容包括物流成本核算、物流成本预测、物流成本计划、物流成本决策、物流成本分析、物流成本控制等。

（四）物流服务管理

所谓物流服务，是指物流企业或企业的物流部门从处理顾客订货开始，直至商品送交顾客的过程中，为满足顾客的需求，有效地完成商品供应、减轻顾客的物流作业负荷所进行的全部活动。

现代物流管理以顾客满意为第一目标，物流服务管理已经成为现代物流管理的一项重要内容。因此，应打破"物流的管理就是成本管理"的传统认识，重新认识和评价物流服务。物流服务的本质就是满足顾客的需求。现代物流强调服务功能，是坚持以顾客需求为导向的具体表现，同时，物流服务作为顾客服务的一个重要组成部分，在现代企业经营中发挥着极其重要的作用。

既然物流服务对于提高企业的经营业绩十分重要，那么，就应将其纳入企业的经营发展战略规划中去，并进行科学、合理的物流服务战略分析和策划。首先，从顾客处收集有关物流服务的信息，并在此基础上确定企业的物流服务要素，包括服务的主要内容和具体指标等。其次，根据不同顾客群体的需要制定相应的物流服务组合。最后，建立起相应的决策流程，并实施相应的动态管理。

（五）物流组织与人力资源管理

物流组织是指专门从事物流经营和管理活动的组织机构，既包括企业内部物流管理和运作的部门、企业间的物流联盟组织，也包括从事物流及其中介服务的部门、企业以及政府物流管理机构。

随着企业的发展和科学技术的进步，尤其是信息技术的发展，企业的物流组织形式也不断革新，从没有明确而集中的物流部门到专业物流部门的出现，从纵向一体化的物流组织到横向一体化的物流组织，企业物流组织呈现越来越多的类型。从实际情况来看，目前主要存在两大类型的物流组织，即传统物流组织和现代物流组织。传统物流组织主要指以职能管理为核心的纵向一体化组织，主要包括职能型组织和事业部型组织；现代物流组织主要指以过程管理为核心的横向一体化组织，其组织结构主要包括矩阵型组织结构、网络结构、委员会结构和任务小组。

物流组织不仅受到物流技术、物流环境等外部因素的影响，同时还受到企业战略体系、企业物流规模等企业内部因素的影响。因此，在设计物流组织时，必须明确这些影响因素与物流组织结构之间的关系，从而合理地设计企业的物流组织结构。

面对越来越激烈的市场竞争，企业的物流运作水平已经成为其获得竞争优势的重要手段。因此，加强企业物流人力资源管理，开发与培养物流人员的能力，提升物流人员的工作绩效，是企业提高物流管理水平的关键。

三、互联网时代的物流管理

随着互联网时代的到来，信息的传播、交流发生了巨大的变化。信息已经成为物流系统的灵魂，互联网及物联网技术所推动的信息传感革命使得物流管理发生变革和飞跃。互联网时代，物流管理呈现以下特点。

（一）物流管理电子商务化

电子商务引发了"流通革命"，物流则是电子商务快速发展的保证条件。同样，电子商务的革命性飞跃也对物流管理的电子商务化起到了至关重要的推动作用，这是因为电子商务的发展为物流过程的延伸提供了条件，并进一步提高了物流信息的传递速度。在互联网时代，以物流云仓、跨境物流、智慧物流等为代表的物流管理电子商务化趋势越来越明显。

（二）物流运营社会化和共同化

物流运营社会化是社会分工进一步发展的结果，并以物流专业化为前提。物流运营社会化包括物流需求的社会化、物流基础平台的社会化、物流信息平台的社会化，以及物流服务的社会化等。物流运营共同化是在物流运营社会化基础上的一种延伸，是解决物流领域的外部不经济现象（交通阻塞、噪声污染等）的重要手段。物流运营共同化主要包括配送共同化、物流资源利用共同化、物流设施与设备利用共同化及物流管理共同化等。

（三）物流经营跨境化、全球化

互联网技术的出现，加速了全球经济的一体化进程。跨境贸易、跨境电商的快速发展推动了物流走向跨境化和全球化。企业全球化的经营引发物流全球化，促进了国际物流的发展，物流网络的规模越来越大，运营越来越复杂。企业注重核心能力培养的趋势使物流业务从生产企业分离，这为物流企业带来良好机遇，同时也对其跨境化、全球化运营能力提出挑战。

（四）物流系统网络化

物流系统网络化是经济全球化电子商务时代物流活动的主要特征之一。完善的物流网络是现代高效物流系统的基础条件。地区性物流网络、全国性物流网络、全球性物流网络是现代物流系统不可缺少的资源。当今世界全球信息网络资源的可用性及网络技术的普及为物流系统网络化提供了良好的技术支持，物流系统网络化必将迅速发展。

（五）物流供应链简约化

互联网技术为供应链的所有环节提供了强大的信息支持，生产者、最终消费者和中间经营者都能够及时地了解供应链的全部动态，供应链更具透明度。在供应链中，任何多余的环节、任何不合理的流程与作业都能被及时发现。特别是由于互联网提供信息支持，供应链中原有的多余环节将被消除。因此，供应链将变得更为紧凑，互联网技术提供的信息共享技术，对于加强供应链管理、改善供应链物流系统提供了有力的支持。

（六）物流服务增值化

在供应链急剧变化的时代，物流企业通过增值服务增加营业额是一个重要的发展方向。物流服务的目的不仅是降低成本，更重要的是提供用户期望以外的增值服务，如配货、配送和各种提高附加值的流通加工服务项目，以及其他按顾客的需要提供的服务。物流增值服务的内容除一般的装配、改包装之外，还在于不断扩大范围，发展有特色的增值服务。范围扩大的增值服务不仅增加了物流企业的收入，更重要的是物流企业承担了上游企业和下游企业所分离出来的业务，使自己成为供应链中不可缺少的组成部分，从而稳定了顾客群。

（七）物流决策智慧化

伴随人工智能、大数据、云计算、机器人等技术的突破性发展和规模化应用，在新一轮科技革命的推动下，智慧物流不断推陈出新。物流企业通过投入自动化设备来提升运营效率。智能技术的规模化运用推动了物流行业向操作无人化、运营智能化和决策智慧化的全面智慧物流体系发展。机器人、人工智能技术使得"仓储—分拣—运输—配送—客服"全供应链环节的无人化正在实现，推动物流行业脱离大量人力的约束。因此，不只是操作无人化，新一代物流通过技术创新，正在向全面智慧化的物流体系发展。

第四节　供应链管理

一、供应链及供应链管理

（一）供应链及供应链管理的定义

1. 供应链的定义

《物流术语》(GB/T 18354—2021)将供应链定义为：生产及流通过程中，围绕核心企业的核心产品或服务，由所涉及的原材料供应商、制造商、分销商、零售商直到最终用户等形成的网链结构。

2. 供应链管理的定义

供应链定义隐含着这样一层含义：供应链超出了单个企业的边界，是依托于供应关系而形成的跨企业的组织网络。相应地，供应链管理被定义为对供应链涉及的全部活动进行计划、组织、协调与控制。

在国际上，供应链管理真正快速发展是在20世纪90年代后期。尽管供应链管理概念产生的时间不长，但是，国际上一些知名企业在供应链管理实践中取得了巨大的成绩，从而使人们更加相信供应链管理是进入21世纪后企业适应全球竞争的一种有效途径，因而吸引了许多学者和企业界人士研究和实践供应链管理思想。

美国供应链管理专业协会认为：供应链管理贯穿整个渠道来管理供应与需求、原材料与零部件采购、制造与装配、仓储与存货跟踪、订单录入与管理、分销以及向顾客交货。

所以，准确理解供应链管理的关键点在于：

（1）计算机网络技术的应用是关键。正是因为计算机网络技术的发展，才有了供应链及其管理的应用和发展。

（2）供应链管理不仅包括商流、物流、信息流、资金流，还应包括在供应链管理下形成的增值流、业务流以及贸易伙伴关系等。

（3）供应链管理覆盖了从供应商的供应商到客户的客户这一全部过程，其主要内容包括外购、制造分销、库存管理、运输、仓储、客户服务等。

（二）供应链管理的本质

由上可见，供应链管理明显不同于传统的企业管理，它更强调供应链相关企业作为一个整体的集成与协调，并要求各个链节上的企业围绕"若干个流"及其他业务流程进行信息管理上的共享与经营活动上的协调，进而实现柔性的与稳定的供需关系。

供应链管理的本质特征可以描述如下：[①]

（1）供应链管理是一种基于流程的集成化管理模式，因此，实施供应链管理，必然要涉及企业流程的变革。

（2）供应链管理是全过程的战略管理，这一过程超出了传统的单个企业管理的边界，必须要纳入企业的战略发展框架中。

（3）供应链管理提出了全新的库存观。传统的库存观认为保留一定的库存是必要的，而供应链管理下的库存观是尽量消灭库存，实现"零库存"。

（4）供应链管理以最终用户为中心，即面向终端市场，以最终用户为中心开展订单生产，充分发挥市场的"引擎"作用。

在供应链管理下，企业的物流管理是跨企业的物流管理，即包括供应商、生产商、批发商和零售商等不同类别的企业在内的整个供应链上的物流组织运作活动，并在整个链条上应用系统观念进行集成化管理。所以，在供应链管理下，企业物流管理的战略性地位更加明显，竞争已经不是单个企业意义上的竞争，实际上是整个供应链的竞争。

（三）互联网背景下供应链管理

随着国家"互联网+"战略的实施，"互联网+供应链"一跃成为国家战略，促进传统供应链管理实现突破，重塑供应链管理新模式将是其发展的大趋势。这是因为，互联网不仅深刻改变了消费习惯，还催生商业模式的变革，对传统企业形成冲击。从供应链管理的角度来看，传统的工业化思维是批量生产，追求低成本运作，再从不同的渠道影响终端消费者；而互联网技术强迫企业反过来从B2B模式向C2B（Customer to Business）个性化模式转变。供应链逐渐使需求驱动的理念发展为如何与客户互动，做到深入地理解并服务客户。因此，在"互联网+供应链"深度融合下，供应链管理将呈现以下发展趋势：

1. 供应商关系管理互联网化

企业在对需求产品和供应商进行界定的基础上，进一步明确对供应商的信息化标准要求和双方信息沟通标准，特别关注关键性材料资源供应商的信息化设施和平台情况，进而实现供应商关系管理的互联网化。

2. 生产管理互联网化

通过利用互联网，工业企业的生产分工更加专业和深入，协同制造成为重要的生

[①] 夏春玉. 流通概论. 北京：中央广播电视大学出版社，2002.

产模式。平台化的组织方式有利于促进机器运行、车间配送、企业生产、市场需求之间的实时信息交互，使得原材料供应、零部件生产、产品组装等变得更加精准协同。这也有利于开展互联网化运行和监控，即时响应市场需求的变动。

3. 库存管理互联网化

在全面的数据库支持下利用互联网平台采购模式，企业可以了解每一种产品的价格、数量、库存情况，订单的执行情况，资金的使用情况以及供应商情况等。交易双方可以随时了解对方需求，也可以在第一时间与对方分享相关信息，进行联合库存管理，实现由"为库存而采购"转变为"为订单而采购"。

4. 物流运输互联网化

随着物流电子商务爆发式增长，平台化物流开始提供通关、金融、物流、退税、服务等全球化综合供应链服务。随着个体消费体验的改善和新生活习惯的演变，未来能够提供综合物流服务的平台将逐步替代传统的仓储、配送中心，商品集散地，购物中心。

5. 需求预测互联网化

大数据将依托互联网搜索引擎，利用社交媒体用户信息，结合LBS，对客户的真实需求进行预测，为供应链提供更加真实、合理的需求。通过对量化的数据进行统计分析，也对非结构化的数据进行追踪，利用语义数据进行文本分析、机器学习和同义词挖掘等，实现真正意义上的知识管理。

二、物流与供应链管理的关系

1. 物流与供应链

由定义可知，物流不同于供应链，物流的主要职能是实现物品的物理性转移，以消除生产与消费的空间间隔和时间间隔，进而产生相关效用和价值。物流与商流、信息流共同构成流通"三要素"。在流通中与商流和信息流时而统一，时而分离或相互转化。供应链是跨企业的协作，在供应链上，一般有多种"流"存在，除了商流、物流和信息流，还有工作流和增值流等。可见，物流是供应链的构成要素之一。

同时，物流管理是供应链管理的重要组成部分。这是因为，在供应链的运营中，物流充当着重要的角色，是供应链实现价值的基础。物流活动的效率和适应性，直接决定了供应链的管理水平。并且，除了物流，其他流都可以通过信息载体来实现。从某种程度上讲，供应链的反应速度取决于物流的速度，相应地，供应链上各环节间的实物流（物流）也就成为供应链管理的核心。

物流在供应链管理中发挥着重要的作用。众所周知,供应链的敏捷性和快速反应能力,是评价供应链管理水平的主要标准。良好的供应链的敏捷性和快速反应能力是降低综合成本、提高客户价值进而实现供应链合作企业共赢的前提条件。从上游到下游物流速度的快慢,直接决定了整个供应链的反应能力及绩效水平。

2.物流管理与供应链管理

供应链管理是用系统的观点通过对供应链中的物流、信息流和资金流进行设计、规划、控制与优化,以寻求建立供、产、销企业以及客户间的战略合作伙伴关系,最大限度地减少内耗与浪费,实现供应链整体效率的最优化,并保证供应链成员取得相应的绩效和利益,以满足顾客需求的整个管理过程。

与物流管理主要是谋求实物资源在组织内部实现最优化流动不同,供应链管理涉及供应链上的所有相关企业、部门和人员,是一种垂直一体化的集成化管理模式。实施供应链管理可以使生产资料以最快的速度通过生产、分销环节变成增值的产品,到达有消费需求的消费者手中,从而不仅可以降低成本,减少库存,而且可以使社会资源得到优化配置,并通过信息网络、组织网络实现生产与销售的有效链接及物流、信息流、资金流的合理流动。因此,供应链管理是一种具有强大增值功能的创新管理模式。

供应链管理更加注重合作与信任,与传统物流管理相比,其管理目标不仅限于降低交易成本,还在于提高顾客价值。传统物流管理绩效评价仅限于企业内部物流绩效的评价,而供应链管理不仅要对各节点企业的绩效进行评价,还要对整个供应链的运作绩效进行评价。因此,供应链管理超越了传统的物流管理,在供应链管理环境下,物流管理是供应链管理的一部分,供应链上的物流管理是跨企业的物流管理。

三、供应链管理的主要方法[①]

近年来,供应链管理发展较快,从而也出现了各种各样的供应链管理方法,其中较为典型的有快速反应系统,有效顾客回应系统,准时制生产和全面质量管理,精益生产和敏捷制造,企业资源计划,供应商管理库存,联合管理库存,协同规划、预测和连续补货等。虽然由于行业的不同,各种供应链管理方法的侧重点也不同,但它们的实施目标都是相同的,即减少供应链的不确定性和风险,从而积极地影响库存水平、生产周期、生产过程,并最终影响对顾客的服务水平,其核心内容是系统优化。

---

① 夏春玉.物流与供应链管理.大连:东北财经大学出版社,2007.

（一）快速反应系统

快速反应（Quick Response，QR）系统，是指在供应链中，为了实现共同的目标，零售商和制造商建立战略伙伴关系，利用电子数据交换等信息技术，进行销售时点的信息交换以及订货补充等其他经营信息的交换，用多频度、小批量配送方式连续补充商品，以缩短交货周期，减少库存，提高客户服务水平和企业竞争力的供应链管理方法。快速反应系统最早以连锁零售商沃尔玛、凯马特等为主力开始推动，并逐步推广到整个纺织服装行业。美国的纺织服装行业在应用快速反应系统之后，产业结构趋于合理，产品的产销周期由原来的125天锐减至30天，大大缩短了产品在制造、分销、零售等供应链各环节上的运转周期，使整体供应链的运营成本得以大幅降低，并大大提高了企业的竞争力。1986年以后，美国的百货公司和连锁业也开始导入快速反应系统。随着快速反应系统在零售领域的应用日益广泛和深入，快速反应系统的功能结构也得到了不断完善和补充。

（二）有效顾客回应系统

1993年1月，美国食品市场营销协会（Food Marketing Institute，FMI）联合可口可乐、赛福威等六家企业与流通咨询企业嘉思明咨询公司一起组成研究小组，对食品业的供应链进行调查、分析、总结，提出了改进该行业供应链管理的详细报告。在该报告中系统地提出有效顾客回应（Efficient Customer Response，ECR）概念。经过美国食品市场营销协会的大力宣传，ECR概念被零售商和制造商接纳并被广泛地应用于实践[①]。

ECR系统是制造商、批发商和零售商等供应链组成的各方相互协调和合作，通过更好、更快的服务和更低的成本以满足顾客需要为目的的供应链管理系统。其优势在于供应链各方基于提高顾客满意度这一共同目标进行合作，分享信息和决策，它是一种把以往处于分散状态的供应链节点有机联系在一起以满足顾客需求的工具。

（三）准时制生产和全面质量管理

准时制生产（Just in Time，JIT），又称准时制、准时服务。它的目标之一是减少甚至消除从原材料的投入产成品的产出全过程中的存货，建立起平滑而有效的生产流程。JIT已在日本、美国等发达国家得到了广泛应用，并被视为一些具有世界领先地位的企业成功的关键。JIT采用的方法主要是拉动作业，只有下道工序有需求时才开始按需求量生产，不考虑安全库存，采购也是小批量的。全面质量管理（Total Quality Management，TQM），与JIT在管理思想上是紧密关联的，JIT实施的前提就是同时推

---

① 张成海. 供应链管理技术与方法. 北京：清华大学出版社，2002.

行 TQM。TQM 把下道工序视为上道工序的客户，客户满意才是真正的质量标准。这样就把产品的质量与市场关联了起来，变事后验收为事前、事中控制。

（四）精益生产和敏捷制造

精益生产（Lean Production，LP）是日本丰田汽车公司 JIT 的延续，它是以产、供、销三方紧密协作这种相对固定的关系为实施背景的，是供应链上最基本、最简单的设置。敏捷制造（Agile Manufacturing，AM）是企业为了更有效、合理地利用外部资源，根据市场需求个性化的发展趋势，把供应及协作组织看作虚拟企业的一部分而形成的一次性或短期的供应链关系。在 AM 里通常还会用到并行工程的思想，以便加快新产品的上市。

（五）企业资源计划

企业资源计划（Enterprise Resource Planning，ERP）是一种基于企业内部供应链的管理思想，它把企业的业务流程看作一个紧密连接的供应链，并将企业划分成几个相互协同作业的支持子系统，如财务、市场营销、生产制造等子系统，可对企业内部供应链上的所有环节，如订单、采购、库存、生产制造、质量控制、运输、分销、人力资源等进行有效的管理。

（六）供应商管理库存

供应商管理库存（Vendor Managed Inventory，VMI）指供应商等上游企业基于其下游客户的生产经营、库存信息，对下游客户的库存进行管理与控制。具体来说，VMI是一种以用户和供应商双方都获得最低成本为目的的，在一个共同协议下由供应商管理库存，并不断监督协议执行情况和修正协议内容，使得库存管理得以持续性改进的合作性策略。这种库存管理策略打破了传统的各自为政的库存管理模式，体现了供应链集成化的管理思想。

（七）联合管理库存

联合管理库存（Joint Managed Inventory，JMI）是一种在 VMI 的基础上发展起来的上游企业和下游企业权利责任平衡和风险共担的库存管理模式。JMI 是一种风险共担的库存管理模式，是指由供应商和用户联合管理库存，如分销中心的联合库存功能就是 JMI 思想的体现，并进一步发展成基于协调中心的联合管理库存系统。JMI 可以提高供应链的稳定性，提升供应链管理水平，促进资源共享和风险共担。

（八）协同规划、预测和连续补货

随着供应链管理向无缝连接转化，供应链的整合程度进一步提高，于是便出现了协同规划、预测和连续补货（Collaborative Planning Forecasting and Replenishment，CPFR），即供应链成员在共同预测和补货的基础上，进一步推动共同计划的制订，不仅与合作企业实行共同预测和补货，同时原来属于各企业内部事务的计划工作（如生产计划、库存计划、配送计划、销售规划等）也由供应链各企业共同参与，实现更高层次的信息共享、联动经营管理决策。如沃尔玛采用 CPFR 持续推动企业业绩的大幅提高，CPFR 越来越明显地影响着企业运营管理的基本模式。

本章小结

物流概念起源于美国，美国营销学学者阿奇·萧被学术界认为是世界上第一个使用物流概念的人，物流概念自20世纪初诞生至今，经历了实体分销管理、物流管理和供应链管理几个发展阶段。

物流被定义为根据实际需要，将运输、储存、装卸、搬运、包装、流通加工、配送、信息处理等基本功能实施有机结合，使物品从供应地向接收地进行实体流动的过程。流通"三要素"是指商流、物流和信息流，在流通的发展过程中，"三要素"在不同阶段发挥着不同的主导作用。在商品流通中，由商流主导向信息流主导的转变过程，直接推动了物流由过去从属地位向现代先导地位的转变，而信息流在商品流通过程中主导地位的确立，也为传统物流与现代物流确立了分界线。

现代物流的基本特征不同于传统物流，现代物流认为物流是组织的"先锋"，是决定生产与销售的价值创造事业，因此，如何组织物流不仅是节约成本的"手段""策略"，还是扩大销售、增加利润的"战略"。可以按属性、空间范围、主体、客体、流向、阶段、业种、层次等标准对物流进行分类。

物流的基础要素包括"人、财、物"三要素；物流的活动（功能）要素包括运输、储存、包装、装卸、流通加工、配送及物流信息等；物流的系统要素包括流动要素、资源要素和网络要素，其中，流动要素包括流体、载体、流向、流量、流程、流速和流效七个方面。

物流管理是指为达到既定的目标，从物流全过程出发，对相关物流活动进行的计划、组织、协调与控制。现代物流管理是跨企业的管理、全信息的管理、系统化的管理和服务化的管理。

物流管理的基本内容主要包括物流作业管理、物流战略管理、物流成本管理、物流服务管理、物流组织与人力资源管理等。在互联网时代，物流管理呈现管理电子商务化、运营社会化和共同化、经营跨境化和全球化、系统网络化、供应链简约化、服务增值化、决策智慧化的特点。

供应链被定义为生产及流通过程中，围绕核心企业的核心产品或服务，由所涉及的原材料供应商、制造商、分销商、零售商直到最终用户等形成的网链结构。供应链管理被定义为对供应链涉及的全部活动进行计划、组织、协调与控制。

"互联网＋供应链"深度融合下，供应链管理将呈现以下发展趋势：供应商关系管理互联网化、生产管理互联网化、库存管理互联网化、物流运输互联网化、需求预测互联网化。

供应链是跨企业的协作，在供应链上，一般有多种"流"存在，除了商流、物流和信息流，还有工作流和增值流等。物流是供应链的构成要素之一，物流管理是供应链管理的重要组成部分。

供应链管理的主要方法有快速反应系统，有效顾客回应系统，准时制生产和全面质量管理，精益生产和敏捷制造，企业资源计划系统，供应商管理库存，联合管理库存，协同规划、预测和连续补货等。

课后案例

韩都衣舍依托互联网的供应链组织创新

韩都衣舍电商集团创立于2008年，是中国最大的互联网品牌生态运营集团之一，凭借"款式多，更新快，性价比高"的产品理念，深得消费者的喜爱和信赖，2016年7月获批成为互联网服饰品牌第一股。

韩都衣舍的总部设在山东济南，开始只是在网上从事韩国服装代购，是知名度不高的淘宝卖家。由于这样很难盈利，随后，公司开始自己设计服装，逐步开启了业务高速发展的时代。2017年"双11"活动当天，韩都衣舍的交易额就高达5.16亿元，并连续4年获得"双11"活动服装类品牌冠军。韩都衣舍能够取得这一成就的关键在于其打造线上线下的消费模式，通过"互联网＋供应链"实现了与其他品牌的差异化发展。经过近几年的积累，韩都衣舍已经形成了包括运营互联网品牌所需的快速反应能力、数据分析能力、创新能力、协同能力等关键能力在内的整套运营及供应链管理体系。

韩都衣舍设有营销中心、产品中心、供应链中心、信息化中心等部门，员工逾2 000人。韩都衣舍独创的"以小组制为核心的单品全程运营系统"(Integrated Operating System for Single Product, IOSSP)是企业利用互联网提升运营效率的一个成功案例,入选清华大学MBA(Master of Business Administration,工商管理硕士)、长江商学院、中欧国际工商学院及哈佛商学院EMBA(Executive Master of Business Administration,高级管理人员工商管理硕士)教学案例库。

韩都衣舍的供应链组织创新主要体现在以下几个方面:

1. 以小组制为核心的单品全程运营系统

以小组制为核心的单品全程运营系统简称"小组制",这种创新的管理模式将传统的直线职能制打散、重组。每个产品小组包括一个设计师、一个负责网页设计及宣传的营销专员、一个负责对接供应商和下订单的货品管理专员。这些产品小组相当于韩都衣舍内部的"小微公司":独立运营、独立核算,初始资金使用额度是2万～5万元,每个月资金额度是上个月销售额的70%。韩都衣舍每一款产品的款式选择、尺码、产量、库存深度、基准销售价格、打折的节奏和力度等全部由小组自己做主。小组提成也会根据业绩提成公式来核算,核心指标包括业绩完成率、毛利率和库存周转率。

为支持小组制的顺利运行,韩都衣舍还组建了多个支持服务部门来帮助产品小组,包括企划部、摄影部、技术部、客服部等。每个支持服务部门都有明确的职责,如企划部的职责是对总体产品结构进行宏观调控,解决产品小组数量过多时的内部资源争夺问题,降低各小组过度竞争导致的库存成本和滞销风险。

如今,韩都衣舍内部已有近300个产品小组,在小组制的推动下,全公司每年能够上新3万款产品。相比之下,快时尚领域的领导品牌每年仅能推出1.8万款新品,传统线下品牌的年上新数量更是不超过3 000款。

2. 数据驱动的敏捷型供应链系统

供应链系统建立的动机是解决供应端的管理问题:当每年上新超过万款时,生产环节就无法通过小组直接对接供应商完成,必须要有顶层的采购和生产规划。为此,韩都衣舍成立了供应商管理部门来对供应商进行统筹和优化。

第一,选择与韩都衣舍的需求(能够以很快的速度进行多款、小量的订单生产)相匹配的供应商。第二,每家供应商只占用其50%的生产能力,使得供应商不是百分之百地依赖韩都衣舍,并且其剩余的生产能力可以在韩都衣舍需要扩展时作为缓冲。第三,对生产所需的各类面料进行集中采购。这样做一是保证了面料的独特性,二是能够以更优惠的价格按订单所需提供给予韩都衣舍合作的工厂,使工厂的原材料成本较低,面料质量、最终服装产品的质量也得到保证。

随着各类运营数据的积累,如今在企划部的调度下,韩都衣舍能够通过"爆旺平滞"决策模型对每一款单品的生命周期进行数据化、精细化管理,给各业务端精准的指导。所谓"爆旺平滞"是指在自建的商品运营数据库的基础上,针对商品上架后的各项运营指标(单品销售件数、毛利额、转化率、消费者评价、购物车数量、剩余库存等),按照一定算法进行的商品动态排名分析。新品上架15天就进入当季"爆旺平滞"排名,企划部根据排名指导各产品小组。对于爆款和旺款,根据数据库和算法给予追单率的建议;对于平款和滞款,则根据数据库和算法给予折扣率的建议。

3. 中央智能储运物流系统

为满足互联网顾客对"闪电发货"的速度要求,韩都衣舍在仓储和物流环节也进行了大量的线下资源整合。为提高快速响应效率,韩都衣舍一方面要求各地供应商将产成品送达山东中央仓库进行统一管理,另一方面对中央仓库不断进行改造升级。2010年年底,韩都衣舍的仓库搬迁到了5 000平方米的新仓;2011年,租赁库房1.5万平方米;2012年,升级仓储系统,仓库面积扩展到4.5万平方米;目前,在山东齐河建立了6万平方米的自动化仓库(韩都衣舍储运中心)。

除硬件设施外,韩都衣舍还根据电商物流特点,与全国各大物流、快递公司建立长期合作关系并进行系统对接,仓储部也实行三班倒制度来保障快速响应。目前,韩都衣舍有能力承诺客户支付成功后第一时间(48小时内)将包裹发出,且当天下单当天配货的发货率高达95%以上,客户体验良好。在2016年天猫"双11"活动中,韩都衣舍实现开售3分钟成功发出第一个包裹、7分钟第一个追加订单发出,其"双11"的订单处理速度和发货量创造了行业纪录。

4. 高度整合的供应链运营支撑信息系统

同大多数电商一样,韩都衣舍早期使用的是第三方信息系统。但随着流程创新与各部门流程信息化程度的提高,使用第三方信息系统的各种弊端日益明显。

从2013年起,韩都衣舍组建研发团队,开发出更适合电商品牌的信息系统——业务运营支撑系统。该系统的特点是能够高度整合订单管理系统、供应链管理系统、仓储管理系统、商业智能系统和绩效管理系统五大模块,不仅能够实现对单款产品设计、修改、打样、下单、采购、生产、仓储、物流、交付等全生命周期运营数据的获取和分析,还能针对电商特有的销售峰值进行销售预估和数据分析。目前,韩都衣舍自营的单品已全部接入业务运营支撑系统。

5. 五星级客户服务系统

对于辅助产品小组的各类支持服务部门,韩都衣舍也在不断对其进行能力升级。以客户服务系统为例,为提高快速响应效率,韩都衣舍为每一个品牌都安排了专属的客户服务小组,一是根据品牌的风格对客服昵称和聊天方式进行定制,二是对消费者购物路径中每个需要服务的环节进行拆分,使客户服务小组中的每位客服都专注于各自的工作,如售前处理买家咨询、售中处理买家修改订单(收货信息、尺码等)、售后处理退换货，客户关系管理中的具体职能相互独立。目前，韩都衣舍的客服评分高于同行业平均水平。2015 年，韩都衣舍的售前客服平均接待量达 20 万人次，响应时间保持在 50 秒以内。

6. 韩都映像摄影服务系统

在摄影服务方面，韩都衣舍同样具备行业领先的能力，不仅对内支持各产品小组，还于 2013 年将摄影部升级为独立的韩都映像公司。韩都映像公司对外提供整体视觉优化、模特经纪服务和全品类视觉服务。目前，韩都映像公司是淘宝的金牌服务商。韩都映像公司拥有 180 人左右的拍摄/后期团队和 300 位常规合作模特，为拍摄纯正韩式风格的图片，还在韩国首尔拥有 1 000 多平方米的办公区。

资料来源：佚名. 韩都衣舍是如何玩转"互联网+供应链"的？（2018-02-06）[2022-10-30]. https://baijiahao.baidu.com/s?id=1591626273565376443. 引用时有修改。

思考题：

1. 韩都衣舍"小组制"的优势是什么？
2. 韩都衣舍依托互联网的供应链创新给我们什么启示？

自测题

1. 简要说明现代物流与传统物流的区别。
2. 阐述 PDM、LM 与 SCM 的区别。
3. 谈一谈互联网时代的物流管理的特点。
4. 简要说明供应链管理的本质。
5. 阐述物流与供应链管理的关系。
6. 介绍供应链管理的主要方法。

第九章 流通国际化

导言

沃尔玛：跨界购物中心

沃尔玛于1996年进入中国市场，在深圳开设了第一家商店。同年，第一家山姆会员商店落户深圳。沃尔玛在中国经营多种业态，主要包括购物广场、山姆会员商店等。目前，沃尔玛已在中国开设了多家山姆会员商店，分别坐落在北京、上海、深圳、广州、福州、大连、杭州、苏州、武汉、常州、珠海、天津、厦门、南京、长沙、南昌、成都等。山姆会员商店还开发了在线平台和移动端App，为会员提供更便捷的购买服务。近年来，沃尔玛还开展了跨界自持购物中心、推广自有品牌、完善进口商品产地直购等工作，并开始在自贸区试水跨境电商平台。沃尔玛根据对中国消费市场的观察和消费行为的分析，总结出中国消费者的三大消费趋势：消费者对进口商品的需求持续增长，追求民生商品更高性价比，以及关注生鲜食品的安全与品质。随着跨境购物的兴起，越来越多的中国消费者偏爱国际化商品，消费者对进口商品的需求将进一步增长。沃尔玛借助全球采购体系，绕过层层经销商，找到重点产品生产商直接采购，利用规模化优势控制成本，保证品质更优且价格更具竞争力。

思考：沃尔玛在中国经营的优势是什么？

学习目标

完成这一章内容的学习之后，你将可以：
1. 理解流通国际化的概念；
2. 说明流通国际化的机理与模式；
3. 概述零售企业的跨国经营；
4. 概述物流企业的跨国经营。

第一节 流通国际化概述

一、流通国际化的概念、形式与特点

(一) 流通国际化的概念

流通国际化就是流通要素跨国界的流动,其基本表现形式为资本的国际化、管理的国际化和商品经营的国际化[①]。流通国际化的概念可以分为狭义和广义两个层面:狭义的流通国际化是指流通企业主动的海外扩张过程,也指伴随着国际流通企业的跨国界经营而引发的生产要素与生产成果的跨国流通过程;广义的流通国际化,除包括国际流通企业主动的海外扩张以外,还包括流通企业海外扩张对东道国流通系统及东道国流通企业的影响,以及这种影响对国际流通企业的反作用。但无论是狭义的概念还是广义的概念,流通国际化的主体都是国际化的流通企业,包括从事国际化经营的零售企业和物流企业。

(二) 流通国际化的形式和特点——以零售国际化为例

1. 零售国际化的形式

零售国际化的形式主要表现在五个方面[②]:

(1) 店铺选址国际化。店铺选址国际化有许多种类。从店铺的投资方式来看,主要有总部直接投资开设、海外关联企业投资开设、与当地合作者合资开设,以及无直接投资的技术合作等;从店铺形态来看,既有带有试验性质的小型百货店,也有以经营特定品牌为主的专卖店或专业店,还有超市、购物中心、仓库型商店、便利店等。

(2) 商品供应国际化。商品供应国际化主要是指零售企业从国外采购商品然后到国内进行销售的行为。商品供应国际化包括两种方式:一种是从当地的供应商直接采购 NB (National Brand,一般品牌或制造商品牌) 商品,然后进口到国内销售;另一种是与当地生产企业,特别是与当地的外资企业合作生产自有品牌商品,然后进口到国内销售。除此之外,也有在当地采购,然后向第三国店铺供应商品的情况。

(3) 资本国际化。资本国际化是指零售企业通过在海外市场募集资金,然后向国内关联企业融资或者在海外进行其他投资的行为。这种国际化也有两种形式:一种是通过在海外直接设立金融(投资)子公司来募集资金;另一种是通过在海外设立上市公

[①] 邓永成.中国营销理论与实践.上海:立信会计出版社,2004.
[②] 夏春玉.零售商业的国际化及其原因分析.商业经济与管理,2003 (4):4-9.

司来募集资金。

（4）信用卡国际化。信用卡国际化是指通过发行在国外使用的信用卡而实现其国际化。

（5）非零售事业的国际化。非零售事业的国际化是指零售企业通过在海外经营非零售事业而实现国际化。

2.零售国际化的特点

（1）经营业态的多样化。零售经营业态目前主要有以下四种类型：一是以配送中心为基础的大型连锁超市，主要是通过配送中心辐射一批超市而形成的区域化经营网络。二是以大型超市为核心，在城乡接合部或高速公路边，连接众多专卖店的规模化购物中心。三是以大型百货店为主，集餐饮、娱乐、住宿等于一体的综合性商场，这是大中型城市中的一种主要零售业态。四是由中小型超市、便利店、折扣店、专卖店等形成的零售经营网络。据统计，全球零售行业百强企业大多经营两种到三种业态，有的企业甚至在几种业态中同时开展业务。随着经济发展和收入水平的提高，人们对商业服务形式有了多样化的要求，这必然要求与之相适应的商业业态的多样化。

（2）经营国际化。零售企业经营国际化的动因有两方面：一方面，随着商品流通和生产的国际化，各国市场需求呈现多样化、国际化趋势。消费者不再满足于本国商业的商品及服务供给，对具有异国文化的商业服务也产生了广泛需求。这为各国零售企业的跨国经营提供了市场需求条件。另一方面，20世纪70年代以来，发达国家零售业的发展受到两方面制约：一是西方国家经济增长缓慢，消费不振，市场增长空间有限，制约国内零售企业的扩张；二是发达国家的零售业经过多年发展，新业态发育成熟，零售业实现了组织化和规模化，竞争激烈，国内市场渐趋饱和，而市场份额有限。经营成本增加，商业利润下降，使得各国大型商业企业冲破本国市场局限而向国外拓展。

（3）经营信息化、网络化。随着电子商务步入稳定增长期，网络零售将呈现"国际化——跨境电商""圈子化——社交电商""渠道下沉——农村电商""O2O——双线融合"等新特点。截至2020年12月，移动端网络购物消费用户规模达7.81亿人，占手机网民的79.2%，而作为社交电商发育土壤的微信自带社群属性，其巨大的用户流量和公众号资源，以及相对完善的微信支付功能，使得社交电商行业的潜力大增。电商企业的渠道下沉和海外扩张带动了农村电商和跨境电商的快速发展，使农村的网络购物消费潜力和网民对全球优质商品的消费需求得到进一步释放，进而带动网络购物市场的消费升级。

二、流通国际化的机理与模式

（一）流通国际化动因

流通国际化动因可以归纳为推动因素与拉动因素这两大类，而拉动因素比推动因素更为重要。推动因素是指由于受本国的环境与零售企业特定条件的影响，而鼓励零售企业向海外扩张的因素。也可以认为，推动因素是由于受本国环境与零售企业的特定条件的制约，而使零售企业国际化战略非常必要而紧迫的要素。拉动因素则是吸引零售企业进入新的海外市场的因素。因此，推动因素往往是一些不利的贸易条件、环境因素，比如落后的经济条件、不利的人文环境、严格的管制政策、饱和的本国市场空间等。相反，拉动因素往往指在目标市场的发展机会、目标市场落后的零售结构，以及目标市场的其他机会等。零售企业国际化往往是推动因素和拉动因素共同作用的结果，只是拉动因素的重要性逐渐趋于明显。跨国零售商进入海外市场的动因如表9-1所示。

表 9-1　跨国零售商进入海外市场的动因

	推动因素	拉动因素
政治原因	政治不稳定；严格的规制环境；反商业振兴的政治气候；消费者金融的限制严格	政治稳定；宽松的规制环境；商业振兴的政治气候；消费者金融的限制宽松
经济原因	经济低速增长或不增长；经营成本高；市场趋势成熟；国内市场规模小	经济高速增长或具有增长潜力；经营成本低；市场处于成长阶段；市场规模巨大；良好的外汇市场环境；股票价格较低；优惠的招商引资政策
社会原因	消极的社会环境；缺乏魅力的人口结构；人口不增长或下降	积极的社会环境；有魅力的人口结构；人口增长
文化原因	排他性的文化氛围；异质的文化环境	共同性的文化；有魅力的文化组织结构；创新性的商业或零售文化；相近的企业行为习惯；同质的文化环境
零售结构原因	激烈的竞争环境；市场集中度较高；业态饱和；较差的经营环境	存在市场机会；拥有较好的零售设施；跟随式扩张；良好的经营环境
科技原因	信息技术使信息处理能力大大增强；现代信息技术使商流、物流、资金流的流通能力大大增强	各国政府产业发展和消费政策信息等经济信息；交通运输物流公共信息平台虽然还处于建设阶段，但社会效益已经初步显现

资料来源：夏春玉. 零售商业的国际化及其原因分析. 商业经济与管理，2003（4）：4-9. 刘东明. 流通国际化支持体系研究. 商业经济研究，2017（6）：5-6.

（二）流通企业海外市场进入模式

企业进入海外市场的模式可分为许可、租约或附属经营、特许、合资、独资、并购、电子商务以及自我进入等类型。但事实上，流通业内部不同企业的差别使得批发企业、零售企业、物流企业的国际化模式存在一定的差异。这里我们只探讨流通企业可以采取的一般性的海外市场进入模式。

1. 许可（Licensing）

许可是指企业（许可者）将它们的无形资产（专利、贸易机密、技术诀窍、注册商标、信誉）出售，向外国企业（许可证持证人）换取特许权或其他形式的支付。与其他进入方式相比，许可的最大优点是流通企业只需要极少的前期投资，成本最小，但对海外市场的控制程度也最低。

2. 特许（Franchising）

特许是指特许人授权给受许人，使受许人有权利使用特许人的知识产权，包括商号、产品、商标等。特许的优点是可最大限度地扩大流通企业品牌影响力，用较少的资本便可迅速拓展国际市场。但是，并不是任何企业都能以特许的模式进入国际市场，特许企业的品牌与服务必须具有较大的吸引力，其对受许人经营过程的控制比合资、独资的方式低。特许与许可很相似，所不同的是，特许人要给予受许人经营方面的指导与帮助，该方式在对海外市场保持一定的控制水平所投入的成本投入与承受的风险和所获得的收益之间实现了平衡。

3. 合资（Joint Venture）

合资是指与熟悉东道国市场的合作伙伴合资经营。合资缩短了进入新市场的适应时间，减少了成本与风险，成本与控制水平居中。通过这种进入模式，流通企业可以充分利用合作伙伴的专业技能和当地的分销网络，从而开拓国际市场和获取当地的市场信息，以对市场变化做出迅速、灵活的反应。东道国政府比较欢迎企业的这种进入模式，因为可以使其在保持主权的条件下发展经济。但这种模式也存在弊端，如合作双方常会就投资决策、市场营销和财务控制等问题发生争端，有碍于国际流通企业执行全球统一协调战略。

4. 独资（Wholly Owned）

这是一种在东道国新建企业的模式。采用这种模式的流通企业可以完全独立地开发新市场，完全控制整个管理与销售过程，经营利益完全归自己支配。但这也是一种费用极高的模式，尤其在海外扩张的初期阶段，初期销售收入较低，而巨额的前期投资很难迅速收回。

5. 并购（Merger & Acquisition）

并购为流通企业在东道国确立市场份额提供了最快的途径。这种进入模式的显著优点是企业可以快速地进入海外市场；但并购的一个缺点是企业很难发现和评估一个候选企业，不同的会计标准或虚假的财务记录可能使并购的过程复杂化。此外，由于东道国政府往往有针对外国企业并购的反垄断政策，或者出于保护，可能会限制外资流通企业以并购的模式进入，因此，有时合资就成了唯一的出路。

6. 电子商务（E-Commerce）

电子商务作为推动经济一体化、贸易全球化的技术基础，具有非常重要的战略意义。通过直接在别国市场上开展电子商务，企业不仅冲破了国家间的障碍，使国际贸易走向无国界贸易，同时也引起了世界经济贸易的巨大变革。对企业来说，电子商务构建的开放、多维、立体的多边经贸合作模式，极大地拓宽了企业进入国际市场的路径，大大促进了多边资源的优化配置与企业间的互利共赢。对于东道国消费者来说，电子商务能够使他们非常容易地获取其他国家的信息并买到物美价廉的商品。

（三）流通企业选择海外市场进入模式的影响因素

1. 流通企业的特征因素

（1）流通企业规模。企业规模越大，越容易采取高控制的进入模式，如独资、并购。这是因为企业规模越大意味着企业可利用的管理资源越多，资金实力越强，就越有条件采取直接独立投资的模式；相反，企业规模越小，企业也就越缺乏足够的管理资源与资金来支撑独资或并购，因此，往往采取合资、特许或电子商务的模式。

（2）流通企业的专业技能。专业技能价值越高，越易采取独资或并购的模式。这是因为企业的专业技术优势高于东道国企业，需要选择能够保护内部化优势的模式。

（3）国际化经验。随着国际化经验与知识的增加，流通企业可以选择的进入模式会越来越多，也更易进入海外市场。在流通企业初始国际化阶段，由于经验和知识较少，没有充足的资源保证，以及对海外市场需求的不确定性，流通企业在管理上更可能采取谨慎的态度，往往选择低风险、低控制的进入模式，如特许。流通企业具备了海外经营的经验以后，进入模式的选择也随之多样化，而且更倾向于高控制的进入模式，如独资。

2. 外部环境因素

（1）市场因素，包括市场潜力与竞争状况。如果东道国市场潜力不大，需求又高度不确定，流通企业往往采取许可或特许的模式进入海外市场。当东道国市场面临激烈的竞争时，流通企业往往也不会采取资源承诺较高的进入模式，如独资或并购等。

（2）经济环境因素，包括东道国经济规模与经济活力。如果东道国经济规模大（以 GDP 来衡量），流通企业在该国的市场规模也可能会大，因此，可考虑采取高成本、高控制的进入模式，如独资、并购。另外，虽然有的国家市场还没有成熟，但如果该国经济发展很有活力（以 GDP 和人均收入的增长率、投资增长率等来衡量），那么流通企业也许愿意承担较高程度的资源承诺，以争取市场渗透，即便在短期内不能盈利。在东道国经济发展水平相对低于母国经济发展水平的情况下，独资模式优于并购模式；而在东道国经济发展水平相对高于母国经济发展水平的情况下，并购模式优于独资模式。

（3）法律政治因素。如果东道国的政治或政策不稳定，流通企业对于采用资源承诺程度高的进入模式（如独资、并购）就会采取谨慎的态度。当东道国政府对于外资流通企业所有权形式管制严格时，特许、许可与合资的模式要比独资或并购更可行。

（4）社会文化因素。一般而言，当东道国与母国的文化差距很小时，流通企业可以采取独资的模式，而进入与母国文化存在很大差距的市场时，特许往往更优一些。

第二节　流通企业的跨国经营

一、批发组织的跨国经营——以日本综合商社为例

日本综合商社是一种特殊的企业形式，是综合性批发企业的典型代表。综合商社是特殊形式的大企业的横向联合，主要从事外向型、贸易型、市场化的全球贸易批发，同时兼具多种混合经营，在产品、地区和市场各方面开展多元化的跨国经营，是生产、营销、投资、金融等综合实力强大的实业公司。综合商社是特殊捆绑式、联姻式的大企业的联盟体，以集体主义、团结精神开展全球化扩张贸易，它以综合商社和大银行为核心架构，以贸易、生产、资本、人事、组织及信息为纽带，将跨功能的大企业联结成一体。日本综合商社最大的功能就是建立了庞大、强劲的全球化、集团式、系统性的贸易体系，其特点是整体作战、分工合作、全面进取、全球竞争、共享共赢。

（一）日本综合商社的跨国发展历程

日本综合商社的跨国经营活动经历了由简单到复杂，由低级到高级的发展过程。第二次世界大战后，日本综合商社的第三国贸易发展迅速，这是日本综合商社跨国

经营的开端。据统计，在日本九大商社营业总额中，第三国贸易额的比重1960年为2.4%，1970年为4.8%，1980年增至12%。1988年，九大商社的第三国贸易额达1 529亿美元，占销售总额的比重高达20%，这表明日本综合商社的传统贸易业务已逐渐转向国外。随着日本产品竞争力的提高和对国际市场的依赖性加强，综合商社的经营业务也不断扩大，对广泛地建立销售网点和信息搜集网点的要求更加强烈，商业性的资本输出也应运而生。这种海外商业网络的投资活动显然要比初期的第三国贸易更具实质性，也为综合商社跨国经营活动的全面展开奠定了基础。进入20世纪80年代后，由于日元升值，国际市场竞争加剧，日本国内企业也力求摆脱对商社的依赖。综合商社为了立于不败之地，开始在海外开展技术转让、交钥匙工程、补偿贸易、国际租赁等新型的投资活动。这些新型投资活动与商社原有贸易活动相结合，把日本综合商社的跨国经营能力推向更高水平。

日本综合商社同其他企业一样，从适应环境变化出发，以改革企业内部资源配置、权力配置为手段进行了大规模的经营变革。其一，在组织结构上加以调整，如各大商社纷纷效仿索尼的系统化制度改革，推行子公司和执行官制度，并缩小董事会（日本称为"取缔役会"）的规模，强化其战略决策地位及公司的执行能力。其二，在业务上进行再造，其重点是以资本为纽带，进行企业分割重组和业务整合，同时逐步开辟新的经营领域。其三，在新的事业及领域加大投资力度，如在电子商务领域，新技术开发与利用表现出明显的投资意向及行动。其四，实施战略联盟，通过这样的合并，可以减少不同商社机构重复设置及竞争。

（二）日本综合商社的跨国投资方式

1. 综合商社全额投资

综合商社出于地理、投资目的或其他原因的考虑，需要建立一个独立的海外分部，以从事资源性产品或标准化产品的专项业务。例如，丸红株式会社在智利设达特桑公司，以推销日本汽车；东棉株式会社在百慕大群岛设东棉石油公司，做石油生意。

2. 综合商社和国内其他企业联合投资

这类投资的目的往往是专门从事某种产品的出口销售。在多数情况下，生产者获得大部分利润（50%～70%），而综合商社则获得该厂家产品的独家经销权。其实，这种类型投资形成的子公司主要是为掌握日本名牌产品的海外经销权，绝大部分设在发达国家。

3. 综合商社和东道国企业联合投资

综合商社挑选东道国企业作为合资者，主要是利用东道国企业的优势（如生产、收购、销售的关系网络及政府的优惠政策等），在当地销售日本工业品并向日本出口初级产品。例如，设在泰国的亚洲洲际烟草公司，是三井物产（占 30% 股权）和泰国当地企业（占 70% 股权）的联合公司，专门从事泰国的烟草进出口业务。

4. 综合商社、日本国内企业和东道国企业三方联合投资

这类投资产生的子公司既具有日本企业的生产和销售能力，也具有东道国企业的地方优势，是综合商社最感兴趣的投资方式。例如，三菱商事就和泰国当地企业联合设立德沃拉卡克跨国公司，推销日本电梯、空调产品并提供售后服务。

（三）日本综合商社的国际化战略

1. 内向型发展道路

20 世纪 80 年代是日本经济发展较为明显的时期。一方面，日本的综合国力日益增强并跻身于世界强国之列；另一方面，日元升值和国际贸易摩擦的不断加剧又给日本经济发展造成新的制约因素，进而对综合商社的发展产生了巨大影响。面对现实，综合商社以积极姿态实施了高层次、规范化的新的国际化战略。

首先，从以日本为中心的贸易模式向以世界为中心的贸易模式转变。20 世纪 80 年代以前，综合商社的主要活动是在国民经济总体发展战略的规制下，追随以重工业为主导"贸易立国"的发展格局，走的是一条"内向型"发展道路。80 年代以后，日本产业界提出"以世界经营资源为中心"的国际化战略，综合商社也开始向以世界为中心的贸易模式转变。

其次，贸易空间向广域化扩展，经营范围向多样化发展，经营体制向灵活化演进。20 世纪 80 年代以前，综合商社海外事业的主要空间是欧美国家及地区，而 80 年代中期以后，各综合商社经营空间进一步向世界的各个角落延伸，逐渐形成独特的跨国经营网络。综合商社的经营范围也日益扩大，从常规的法律咨询业务到尖端的电脑产品，甚至涉足生态保护等。

2. 高附加值发展道路

20 世纪 90 年代以后，国际经济形势和日本经济形势都发生了巨大的变化。国际经济区域化和集团经济格局日趋加强，世界经济进入了以高科技发展为先导的新的发展时期。与此同时，在泡沫破裂、金融风暴等经济灾难的重创下，国内外经济形势的变化给日本的综合商社带来了机遇与挑战、制约与发展并行的新局面。

3. 创新型发展道路

随着时间的推移以及市场环境的演进，很多日本制造业企业已经发展壮大并培育了自己的海内外销售体系，日本制造业朝着高精尖、低能耗、低原材料消耗的方向发

展，这使得综合商社的国内外业务量不断萎缩，综合商社在全球范围内的地位开始下滑。环境的变化迫使综合商社开始积极调整经营战略。其中最重要的战略调整无疑是将综合商社的重点发展方向由贸易与物流转变为对信息技术构筑电子商务平台的投资，形成遍布全球的原材料采购及商品销售体系，并提供与之配套的物流、金融、保险与法律服务。日本综合商社经营战略的调整方向是开拓物流领域，打造供应链，压缩成本，提高经营效益；深化和扩大本商社的金融机能，发挥"孵化器资金"作用，扩大辐射和协作功能，巩固发展后劲；综合运用各项机能，打造以商社为核心的价值链，推动大型成套设备出口；进入高科技研发，从源头控制技术贸易商机，树立品牌，推动科研成果和制造技术专业化、商品化。

（四）日本综合商社的发展态势

冷战结束以后，日本的泡沫经济开始破裂，其国内市场进入了持续低迷的状态，加上与欧美国家的贸易摩擦不断加剧，出口受到了越来越多的限制。受此影响，日本综合商社的贸易额大幅度下降，一些著名的综合商社也背上了巨大的不良债务的包袱。于是综合商社纷纷进行了重组和业务整合，开始收缩战线，聚焦经营。丸红和伊藤忠商事从2001年10月开始，将各自的钢铁事业部完全合并；住友商事与三井物产将钢板加工、手机销售、煤炭、建筑材料等方面进行整合。这种整合的主要形式是将不同商社相关的业务部门或子公司剥离出来，组成一个新的部门或公司，以避免不同商社的机构重复。三菱商事收缩了经营范围，将今后发展的重心定为信息技术、实业、流通、金融；伊藤忠商事则将今后的发展定位于信息技术、零售、能源、金融。整体而言，目前的日本综合商社已经进入了"冬眠期"。

近年来，日本综合商社的投资业务或领域转型已经呈现显著常态化特征。以石油、天然气、铁矿石和煤炭为主的"资源型商务"曾是综合商社国际投资的主要方向，随着世界资源需求的拉升曾为综合商社带来巨额利润。日本七大综合商社（伊藤忠商事、住友商事、双日、丰田通商、丸红、三井物产和三菱商事）2013年年度销售额总计达到81万亿日元，在全球各地的子公司达4 000家，从业人数逾40万人。然而，世界经济形势的迅速变化也让日本综合商社难以保持优势。例如，2014年，住友商事因投资美国页岩开发失利而造成2 700亿日元的亏损。世界经济全面低迷，日本综合商社又把跨国投资重点转向"非资源领域"的食品、机械和金融领域。例如，2015年年初，伊藤忠商事和泰国正大集团对我国中信集团出资1.2亿日元，引发了强烈关注。2017年，由于原材料价格上涨和食材、不动产等非资源类业务的发展，综合商社的形势发生了好转。以资源型商品为例，因为我国和印度等国家存在对炭原料（制铁必需材料）、铁矿石、铜的大量需求，所以这类资源的价格一直呈上涨之势。这对于在原材料领域有大量投入的综合商社来说是重大利好。原材料价格上涨，使三菱商事的金属部门获利丰厚，三井物产也因此在澳洲的石炭和铁矿石产业获得了高额利润。住友商事和丸红也由于友好的市场环境，一改连年的赤字状态，转亏为盈。综合商社依赖国际经济形势变化的特征愈加显著。

二、零售企业的跨国经营

（一）零售企业的国际化战略

1. 选择理想的投资场所

国际零售企业海外投资目标国基本可以分为发达国家和发展中国家两种类型，不同的类型在零售企业跨国经营中具有不同的优缺点。发达国家的优点是投资环境好，经济发展和消费水平高，市场容量大，通信设施发达，信息通畅；缺点是贸易保护度高，市场进入难度大，竞争对手多，投资优待少，经营费用高。发展中国家与发达国家正好相反。可见，国际零售企业选择跨国投资场所主要是看重目标国庞大而潜在的消费市场。

2. 重视海外投资调查研究

在海外设立零售企业要面对陌生的市场环境，风险非常大。所以，海外扩张要非常谨慎，投资前应进行深入的市场调查，全面研究海外市场和企业本身素质，综合权衡企业是否有能力适应海外市场。

（1）认真研究海外市场，重点研究市场发展成熟情况，以确立市场容量、市场结构、所需商品结构和当地商品供给情况。

（2）研究投资东道国政治、法律体制，判断政府对零售企业的进入壁垒状况，确定是否有非企业可控的系统风险。

（3）分析企业本身素质，包括商品采购配送能力、商品开发能力、组织管理能力、融资能力等。

（4）将国外市场与企业能力相对照，主要考察企业是否有能力提供符合当地居民生活习惯的商品和服务，企业在国内的形象定位能否适应东道国市场等。确定商品、生活习惯、企业形象定位和目标市场等方面的综合优势，待时机成熟再考虑海外投资。

3. 形成跨国投资系统

国际大型零售商的对外投资并不是纯粹意义上的零售，它们为了控制一定的货源，都或多或少经营或涉足分销的相关业务，很多情况下直接与制造商衔接形成其供应链。有的零售企业形成以分销为中心的经营模式，完全控制零售、批发以及物流配送领域，甚至囊括其他商贸服务行业。这不仅有助于这类零售企业打破一些国家对批发业对外开放的限制，而且方便自身降低流通成本、垄断中间利润、减少对外界的依赖，甚至能左右和影响相关产品的生产。因此，很多零售商进入海外国家的最终目的不在于获得多少市场份额，而在于构建它的全球采购网，以满足全球市场的需求。

4. 制定布局战略规划

零售企业成功的一个首要因素即选址，大型零售企业在开店地址的选择上十分慎重。它们在选址时，会综合考虑交通、竞争和市场发展目标等因素。

案例

跨国零售企业在我国的布局战略规划

麦德龙在上海选址时排除了前期的 22 个预选点，最后将第一个店的店址选在沪宁高速公路入口处，其目的是沿沪宁高速公路每 100 千米开设一个店，实现沿长江走廊的市场扩展；第二个店选择开在无锡东区（锡山区），借此辐射整个无锡及常州地区；第三个店选择开在上海内环线与外环线以及沪杭高速公路连接处，辐射上海西南市场及浦东地区，并据此向南方市场发展，目前正跳出长江三角洲，实现全国布局。研究沃尔玛店址的分布，也可以清晰地发现沃尔玛在中国的区域划分图：华南以深圳为中心、西南以昆明为中心、华北以北京为中心、东北以大连为中心的区域发展格局已经形成，此外，在武汉、西安、合肥、无锡、自贡等中西部城市也已布局。

5. 合理安排投资方式

零售企业进行国际化投资一般有独资经营和合资经营两种方式。独资经营虽然可以使投资的零售企业有独立的经营管理权和收益独占权，但是投资金额规模大，投资风险大，并且容易受到投资地政策的约束和固有文化、习俗的影响。合资经营是指投资地零售企业资本与投资地企业资本或私人资本合股，各方共同经营、共负盈亏、共担风险，对投资地法律、商业习惯、消费文化、历史传统等具有较强的适应性，而且投资少，风险小，享受政策优惠多。

6. 科学选择经营模式

当前国外零售企业的海外经营模式主要有两种：一是全球整体化战略，二是区域适应性战略。全球整体化战略是指零售企业在国际化扩张中采用标准化的业态和管理方式，放弃国家和地区之间的差异，认为所要满足的目标顾客群是相同的，具有相同的消费需求、消费偏好和购买习惯，并同时开发多个国家和地区的市场。实施这一战略要求零售企业有较高的商誉，甚至得拥有世界级的零售品牌，同时要求零售企业有全局观念和统一的经营理念，可以用相对固定的投入取得较高的产出，但短期内局部市场的适应性和市场占有率的稳定性、成长性较差。区域适应性战略是指零售企业在国际化经营中采用不同的本土化策略，重视国家和地区的差异，集中开发少数几个主要国家和地区的市场，并根据其市场的特点，采取不同的零售业态，经营不同的商品组合，注重零售技术的本土化转换，从而保持在投资地稳定的市场占有率。

7. 创新商业经营理念

大型零售企业在国内外的经营中，有两大经营理念：一是"以客户价值为导向"理念，提倡企业与供应链中的贸易伙伴通过经济的合作和良好的经营行为赚取利润。当大型零售商担当供应链的管理者时，制造商纷纷加入零售商的供应链。它们通过零售商得到关于商品需求的信息，从而生产出让客户满意的商品，再通过零售商将商品送到客户手中。二是"流通功能主导"理念，国外的零售商业改变了以往在流通产业分散化下的单纯衔接产需、为生产厂家被动销售产品的功能，将经营活动范围从流通延伸到生产领域，在很大程度上发挥着引导、组织生产、适应、满足，甚至创造消费需求的功能。

8. 准确进行业态定位

国际著名零售商大多采用新业态国际化战略，但在进入不同国家的时候，一定会在这些新业态中选择一种或数种在当地最具成长性的主力零售业态，并进行准确定位。国际大型零售商最初进入中国，几乎都避开了中国已超规模发展的大型百货店这种形态，明智地选择了现代零售业的主力业态——超市，并且打破了传统食品超市和标准食品超市的模式，直接开设大型综合超市和仓储式超市。国际零售企业在业态选择上的战略意图是不与中国的传统零售业态及传统的超市在同一水平上过度竞争，而是首先选择发展超市这一主力模式，以抢占中国零售业发展的制高点。

9. 推行连锁快速扩张

连锁经营以产权或契约为纽带，将分散的、独立的店铺组织起来形成整体，从而使企业经营实现规模化和集约化。由于成本低，扩张效果好，连锁经营在欧美国家已成为最具生命力的商业组织形式，成为现代商业和服务业的普遍选择。随着经济全球化和资本的国际流动以及向其他国家和地区输出，许多零售企业进入他国，在组织形式上均采取了以连锁经营为主的方式，如超市连锁、便利店连锁、专卖店连锁等，以扩大分店数来分摊相对固定的投入，使平均成本随着销售规模的扩大呈不断下降趋势，彰显规模报酬递增效应。

10. 运用现代信息技术

21世纪是以知识经济为主要特征的时代，科技、信息技术的进步将成为决定零售业发展的关键因素。西方企业在流通领域广泛运用现代化技术，包括销售时点系统、各种数据分析软件、电子数据交换、供方管理库存系统、多媒体信息直销技术，以及其他新技术。

11. 强调经营本土化转换

国际零售商在向外扩张过程中，为了适应东道国的文化和市场环境，大都进行经营商品、经营方式、管理人员的本土化转换。经营商品本土化，一是可以更好地适应当地消费者的消费习惯，保证拥有相对稳定的消费群体；二是可以节约采购运输成本，降低商品售价。经营方式和管理人员的本土化，主要也是为了使企业更好地适应当地的经营风格和习惯，取得当地政府、社区和消费者的信任。

（二）零售国际化与跨境电商

网络技术的迅猛发展以及电子商务的日益繁荣，使全球消费者的消费偏好和消费习惯越来越相似，开拓国际零售市场进行跨国经营日益成为各国零售商的共识。如今，传统零售业态发展步履维艰，世界零售行业正在进行一场由移动互联网技术催生的新的零售革命，这场革命改变了传统零售业仅拥有线下实体店铺或者单纯运营线上零售平台的经营方式，转变为线上平台和线下实体店铺双渠道相融合的营销模式。在此背景下，国际零售巨头纷纷转向新的零售营销模式来提高顾客体验，并及时捕捉移动互联网带来的购物方式的变化，关注消费者个性化的消费需求，加强自身在移动电商和跨境电商渠道的终端布局能力，实现由单一的实体零售国际化渠道向零售国际化全渠道的经营模式转变。

相较于传统零售国际化而言，在现有经济条件下，跨境电商是实现跨国零售企业全渠道布局的重要方式。跨境电商由于其信息化及网络化的特性，不仅为顾客提供了便利，也在一定程度上改变了其竞争方式及竞争环境。种类多样的运营模式和灵活高效的运营特点也为各类零售企业的国际化发展提供了新的契机。

1. 跨境电商的运营模式[①]

（1）B2B模式。B2B跨境电商交易平台类似于传统电子商务B2B，主要帮助中小企业拓展国际贸易的出口营销推广服务，它基于企业间的电子商务平台，通过向海外买家展示、推广供应商的企业和产品，进而获得贸易商机和订单，是出口企业拓展国际贸易的主要网络平台。B2B跨境电商交易平台现阶段的主要模式有两种：一是交易

[①] 姜焕军，任翔. 跨境电子商务商业模式分析. 企业文化（下旬刊），2015（3）：148-150.

佣金+服务费模式，二是会员制+推广服务模式。

第一种模式一般采取免费注册、免费上传产品、免费展示的方式，只在买卖双方交易成功后按交易额收取买家的佣金。采用单一佣金率模式，并实行"阶梯佣金"政策，当单笔订单达到一定金额时，平台按照统一的佣金率收取佣金；平台提供商家入驻开店、平台运营、营销推广、资金结算等一系列的服务，平台从中收取一定的服务费；平台还为卖家提供提高产品曝光率的营销工具，以此赚取一定的推广费；平台也进行代运营服务，针对商家提供培训、店铺装修及优化、账号托管等服务，根据不同的服务类型收取相应的费用。另外，平台还为买卖双方提供一体化外贸服务，包括提供互联网金融服务、物流集约化品牌、国内仓和海外仓的仓储服务、通关、退税、质检等服务，并收取一定的服务费。

第二种模式主要提供信息服务，为注册会员提供贸易平台和资讯收发，使企业和企业通过网络做成生意、达成交易。服务的级别则是按照收费的不同，针对目标企业的类型不同，由高到低、从粗至精呈阶梯状分布。这种模式为目标企业提供了传统线下贸易之外的另一种全新的途径，即网上贸易。

（2）M2C（Manufactures to Consumers，生产商对消费者）模式。M2C模式即平台招商模式，海外品牌商家通过跨境电商模式直接签约入驻。M2C模式的特点是减少流通环节，直接面对客户，使销售成本降至最低。在信息管理技术和物流技术成熟之后，这种模式必将成为主流的商务模式和新的服务业爆发点。点对点服务也是这一模式的显著特点，即向消费者提供最满意的商品和服务。

这一模式具备价格竞争优势，但也有诸多因素会成为跨境电商M2C模式的发展阻碍。海外品牌商家通过M2C平台直接以订单方式销售商品给客户的好处在于，对于企业而言，规避了风险，增长了收入；对于客户而言，以比较便捷的方式和低廉的价格买到跨境商品，双方各取所需。

（3）B2C模式。B2C模式在跨境电商中体现为保税自营+直采模式，该模式能最大程度发挥企业优势，在内在优势缺乏或较弱的方面就采取全球招商以弥补自身的不足。B2C模式在传统电商方面发挥其供应链、资金链的内在优势，同时通过全球招商来弥补资源上的不足。如能利用好国际快递牌照的优势建立完善的海外流通体系、充分利用自有的支付工具以及众多门店优势，跨境电商市场的前景就更加值得期待。另外，国外品牌商也可借助电商平台进军他国市场。

（4）O2O模式。O2O模式是实现制造业直通海外零售圈的M2B（Manufactures to Business，生产商对经销商）模式，聚焦全球碎片化的中小订单市场，实现将海外零售圈与制造产业带对接。M2B模式就是让生产商与海外零售商通过互联网做外贸交易，省去了中间承销商环节。传统的对外贸易中交易环节众多，包括：生产商—分销商—

出口商—进口商—批发商—零售商—消费者，每个环节都将赚取利润，逐次抬高商品价格。M2B 模式则是：生产商—零售商—消费者，省去了中间环节，降低了商品价格。

从产品供应看，除了自营部分通过自己采购，平台部分通过供应商平台和跨境 O2O 网贸会进行招商，供应商既可通过平台系统实现一站式新品上架、订单管理、客户管理及电子钱包收付款等，也可通过参展跨境 O2O 网贸会将商品直接推送给海外零售圈。从产品销售看，对海外采用跨境 O2O 平台，能够建立并联合海外零售体系，解决跨境销售"最后一公里"售后服务的问题。

2. 跨境电商的运营特点

跨境电商可以减少交易双方之间的中间环节，从而降低销售成本。出口商直接面对境外消费者，大大提升了利润空间，在成本和效率两个方面有利于企业竞争力的提升；跨境电商可以摆脱交易双方受地理空间的制约，使出口商降低贸易保护措施的影响；跨境电商可以直接获取境外市场和客户的信息反馈，有利于供应商及时、准确地把握境外目标市场的潮流变化和价格动向，及时调整和完善对境外市场的营销策略，对产品质量及时加以优化，有利于售后服务质量的提升；跨境电商可以通过直接对接买卖交易终端完成商品交易，不需要出口方频繁出国考察和推销，更不需要建立过多的海外机构，降低了海外市场的交易成本。在此必须强调，跨境电商尽管与传统外贸模式相比有一定的优势，但同时也存在通关、结汇、退税以及贸易争端处理不完善等劣势。

三、物流企业的跨国经营

20 世纪 50 年代，跨越国界的物流经营活动开始出现。到了 20 世纪 80 年代，美国、日本和欧洲发达国家之间的物流国际化活动越来越普遍。20 世纪 90 年代，物流企业的跨国并购重组以及战略联盟的发展达到高潮，物流企业的跨国经营进入了一个新的时期。

（一）物流企业国际化经营的方式

1. 并购

物流是网络密集型行业，多数物流企业是通过并购来实现快速发展的。欧美的一些大型物流企业为了实现规模经济，跨越国境展开合纵连横式的并购，大力拓展国际物流市场，以争取更大的市场份额。物流行业主要通过以下三种并购方式实现整合：一是服务完整化，领先的物流企业通过并购为客户提供全球端到端的解决方案，如

DHL、UPS 等；二是服务专门化，主要的集货商通过并购建立领导地位；三是行业专门化，物流企业通过并购发展行业专长。

近年来，通过一系列的跨国并购，涌现出一批全球性物流企业，推动了全球范围内第三方物流业的整合。例如，从 2001 年起，UPS 先后收购 FRITZ 和 MENLO 国际货运代理公司，构建全球物流网络，同时并购美国第一国际银行，将其改造成 UPS 金融部门，加上投入巨资开发先进的信息系统，实现了物流、信息流、资金流的"三流合一"，将自己打造成全能型的物流巨头。

2. 跨国联盟

除跨国并购以外，物流企业间跨越国界的战略联盟在 20 世纪末发展速度也很快，通过长期的联盟关系，物流企业获得规模经济和稳定的发展。物流企业通过股权协作或非股权协作等形式，与其他企业结成长期稳定的合作伙伴关系，以实现资源共享、风险共担、优势互补，达到扩大市场、降低成本等目的，其中以日本表现得最为明显。日本的物流企业主要通过建立战略联盟的方式来整合物流市场，强化其与北美和欧洲的物流一体化运作。

此外，欧洲的一些大型邮递公司为了增强国际竞争力，也在努力与同行或邮政管理机构建立战略联盟。2000 年年初，芬兰邮政与 DHL 全球快递公司结成战略联盟，共同推出了一项全新的国际快递服务，使芬兰邮政的顾客受益于 DHL 国际航空快递服务网络。2001 年，卢森堡邮政公司与 TPG 共同成立了一家合资公司，集中开展往来卢森堡以及卢森堡国内的快递业务；法国邮政包裹与物流集团公司与美国联邦快递公司建立战略合作关系，法国邮政的顾客根据双方协议可以享受美国联邦快递公司的航空网络服务。

（二）物流企业国际化经营的现状

经济全球化步伐加快，科学技术，尤其是信息技术、通信技术不断发展。跨国公司的出现导致本土化生产、全球采购、全球消费趋势加强。为适应流通国际化对物流的要求，现代物流应运而生，网络电子商务的迅速发展促使电子物流兴起。伴随着互联网技术的日趋成熟，信息在物流中的作用日渐突出，国际物流进入信息物流的时代，呈现新的特点。

1. 网络国际化

网络是现代物流企业国际化的"敲门砖"，跨国物流公司都是通过网络的国际化走过了国际化的起始阶段。

2. 业务国际化

国际化是个持续的过程，在完成网络国际化的第一步后，跨国公司往往通过资产的注入、功能的完善、人员的融合实现属地业务和客户多元化，从而完成其与全球业务的对接。

3. 管理国际化

属地化基本完成后，需要通过管理国际化实现资源的全球配置，促使物流企业向跨国公司转变。实行海外大区化管理、推行统一的交易规则是跨国物流企业的普遍做法。物流企业通过着力在知识、信息等无形动态资源上构建核心竞争优势，同客户共创价值，以保障企业可持续发展。

作为一个物流系统，其高效率的运作必须要依托整个信息系统，从而提供良好的物流服务来赢得市场。大型物流公司可以完全按照客户的需要提供物流服务，并立刻从零售商处得到反馈信息，不仅实现了内部信息网络化，并且增加了配送货物的跟踪信息，提高了物流企业的服务水平，降低了成本。网络技术也改造着物流企业的经营方式，它支撑、优化、提升企业的物流实体和物流流程，整合企业的物流资源、物流线路，在提高物流效率的同时降低物流成本，增加利润，使物流成为新的经济增长点。

第三节　中国流通领域对外开放与外资流通业

一、中国流通领域对外开放的历程

中国从1992年开始流通领域的对外开放，大体经历了以下几个阶段：

（一）第一阶段：定点试验（1992—1995年）

1992年7月，国务院做出《关于商业零售领域利用外资问题的批复》，批准北京、上海、天津、广州、大连、青岛6个城市和深圳、珠海、汕头、厦门、海南5个经济特区为零售商业对外开放的首批试点城市，由此揭开了流通企业对外开放的序幕。该阶段政府批准的外资零售企业可分为两类：一类是来自国外的零售企业；另一类是来自港澳台的零售企业，这类零售企业在当时也被中国政府视为外资零售企业来对待。该文件规定每个试点城市或经济特区可以试办1~2个外商投资商业企业，但必须以合资或合作方式进行投资，且中方必须占股51%以上；企业不得经营批发业务，其进口商品比例也不得超过30%。在1992年就有15家中外合资零售企业被国务院批准成立（见表9-2）。

表9-2　1992年首批国务院批准的中外合资零售企业

序号	企业	选址	外资方	中资方
1	北京燕莎友谊商城	北京	新加坡新城集团	北京友谊商城
2	新东安有限公司	北京	香港新鸿基地产	北京东安集团
3	大连国际商业贸易公司	大连	日本尼齐宜/香港中信	大连商贸公司
4	广州华联百老汇	广州	香港国际百老汇	广州糖业烟酒公司
5	广州天河广场	广州	香港正大国际	广州佳景商贸公司
6	青岛第一百盛	青岛	马来西亚百盛集团	青岛第一百货公司
7	青岛佳士客有限公司	青岛	日本佳士客	青岛市供销社
8	汕头金银岛贸易公司	汕头	香港正大国际	汕头中国旅行集团
9	上海第一八佰伴有限公司	上海	日本八佰伴国际	上海一百股份有限公司
10	上海华润	上海	香港华润集团	上海华联商厦
11	上海东方商厦	上海	香港上海实业公司	上海商业开发公司
12	上海佳士客	上海	日本佳士客	上海申华/华悦/中信香港
13	深圳沃尔玛	深圳	美国沃尔玛	深圳国际信托投资公司
14	天津华信商厦	天津	香港信德集团	天津华联商厦
15	天津正大国际商厦	天津	泰国正大集团	天津立达集团

资料来源：国内贸易部．中国国内贸易统计．北京：中国国内贸易年鉴社，1993．王洛林．中国外商投资报告：外商投资的行业分布．北京：中国经济管理出版社，1997．

（二）第二阶段：地方越权导致流通业利用外资混乱（1996—1998年）

20世纪90年代中后期，外资商业企业开始大量涌入中国市场，在中国东南沿海地区掀起了一阵招商引资的热潮。一些地方政府出于发展地方经济和增加政绩的考虑，以各种形式大力引进外资，到1998年中国境内建立的外商投资商业企业近300家。其中，有277家没有经过中央政府批准，属于地方政府擅自越权审批，在外资企业经营范围、投资比例等方面也突破了中央政府的规定[①]。为此，1998年7月，国务院办公厅发布《关于清理整顿非试点外商投资商业企业情况的通知》，对各地擅自越权批准设立的外商投资商业企业做出了"通过、整改、注销"三方面的处理，并要求各地方政府要根据国家政策和国务院的统一部署开展工作，不得各行其是。但是这一阶段，外资

---

① 商务部国际贸易经济合作研究院．2005年中国商务发展研究报告．北京：中国商务出版社，2005．

商业企业违规进入中国市场的情况并没有得到有效遏制。

（三）第三阶段：规范发展（1999—2001年）

1999年6月，国务院批准发布了《外商投资商业企业试点办法》，把中外合资合作商业企业范围扩大到了所有省会城市、自治区和计划单列市，中外合资合作连锁企业试点数量和范围，也都有计划、有步骤地逐步增加和扩大。同时，在这一阶段，国务院对地方越权审批的326家违规企业进行了清理整顿，规定这些企业不再享有进出口经营权，不得经营批发业务，不得再扩大经营范围和建设规模，不得开设分店和延长合营年限，不得享受进口自用设备和原材料的减免税政策。这一阶段，外资商业企业在中国的发展日趋规范化。

（四）第四阶段：逐步全面开放（2001年至今）

从2001年开始我国正式成为世界贸易组织成员。根据协议，中国将在加入世界贸易组织3年内全面开放国内零售市场。很多外资零售企业看到了中国的发展前景，纷纷开始了在中国的快速圈地与扩张运动。2004年4月，商务部颁布了《外商投资商业领域管理办法》，进一步取消外商投资商业企业在申请资格、经营范围、地域范围和企业设立方式方面的限制，并降低了对于中外投资者的限制性资格要求（资产额、销售额）和对于外商投资企业注册资本的要求，同时在审批程序上也进一步简化。

高质量的流通国际化

进入2013年，"一带一路"倡议的提出表明我国对外开放实现战略转变，也给中国的经济带来了多重发展机遇。其战略愿景可分为远、近两大层次：近期着眼于"基建互通、金融互通、产业对接、资源引入"；远期则致力于"商贸文化互通、区域经济一体化和共同繁荣"。交通运输业（港口、公路、铁路、物流）将率先直接受益于亚欧交通运输大通道的建成，为带动区域经济发展创造条件，将加快推进公路、铁路、民航、海运等多种运输方式的互联互通，吞吐量将明显提升。交通基础设施建设和运营"走出去"，也将带动铁路建设与相关设备，航空服务、设备及整机生产等产业增长。"互联互通"全方位加强基础设施建设，不仅包括公路、铁路、航空、港口等交通基础设施的建设，还包括互联网、通信网、物联网等信息基础设施的建设。

从2013年到现在，流通领域进入深化改革高质量发展阶段。在现阶段，随着工业化、市场化、城市化进入中后期，流通业对国民经济发展起到的作用越来越大，也对我国流通业从规模化向高质量发展全面转型升级提出了新的要求。随着互联网、大数据、物联网、人工智能等新技术在流通领域的广泛应用，流通业正从量变到质变，大量新业态新模式涌现，从智慧零售、智慧物流到智能生活、智能服务，流通领域的创新引领着整个经济领域的创新发展。新技术在流通业的普及应用，使中国流通业在某些领域开始处于世界领先地位，尤其是流通中的电子支付、快递配送普及率等，以移动电子商务发展为载体，线上线下发展融合为特征，使整个流通体系出现结构性变化。经过多年的探索，流通业扩大内需、促进消费的机制已基本形成，以跨境电子商务发展和进出口贸易融合为标志，流通业国际化趋势向纵深发展。与此同时，流通业与制造业的协同发展能力越来越强，流通业对生产制造的引导和支撑作用更充分，尤其是工厂定制化和农村电商大发展，使这种趋势更明显。未来我国流通业发展要通过深化改革，更加注重市场导向，通过消费带动、技术驱动、深化改革动力，使流通体系发展方向更加国际化、现代化、规范化。

二、外资零售企业的中国市场扩张

（一）外资零售企业在中国市场的区位布局

在 20 世纪 90 年代初期到中期，外资零售企业在中国的地域网点布局上仅限于上海、广州、深圳、福州、南京、青岛、大连、北京、天津等经济、文化发展水平和开放度较高的沿海城市[①]。表 9-3 中列举了当时知名零售企业中国市场的区位布局，它们在进入中国市场时首先选择东南沿海地区，其中很多零售企业将上海作为中国国际化战略的首选。但是从 20 世纪 90 年代后期开始，外资零售企业在中国的网点布局已经从沿海开放城市自东向西全面推进。这表明东部地区对于外资零售企业的吸引力在逐渐下降，而中西部地区日益受到外资零售企业的重视，尤其以西部地区外资零售企业门店所占比例增长最快。外资零售企业把投资焦点放在了中国西部主要有三方面原因：一是出于自身整体扩张战略的考虑，进入中国的外资零售企业要先在经济发达地区建立桥头堡。二是受政府实施的一系列鼓励外资西进的优惠政策的吸引。政府为了发展西部经济，在税收、租金、用地等方面出台了一系列优惠政策以鼓励外资由东向西延伸，从而刺激了外资零售企业西进。三是近年来东部地区零售市场发展空间越来越小，竞争越来越激烈，而西部零售市场发展空间比较大，竞争激烈程度远不如东部。

表 9-3 知名零售企业中国市场的区位布局

序号	外资零售企业名称	所在国家或地区	第 1 个中国店铺所在地
1	八佰伴	日本	上海

---

① 汪旭晖. 跨国零售企业进军中国市场的动因与策略. 市场营销导刊，2007（Z1）：14-18.

续表

序号	外资零售企业名称	所在国家或地区	第1个中国店铺所在地
2	7-11	日本	上海
3	百盛	马来西亚	北京
4	家乐福	法国	北京
5	大荣	日本	天津
6	佳士客	日本	广州
7	贝塔斯曼	德国	上海
8	麦德龙	德国	上海
9	万客隆	荷兰	广州
10	沃尔玛	美国	深圳
11	罗森	日本	上海
12	普尔斯马特	美国	北京
13	阿霍德	荷兰	上海
14	卜蜂莲花	泰国	上海
15	好又多	中国台湾	广州
16	伊藤洋华堂	日本	北京
17	宜家	瑞典	上海
18	大润发	中国台湾	上海
19	欧尚	法国	上海
20	百安居	英国	上海
21	欧倍德	德国	无锡
22	奥托	德国	上海

(二)外资零售企业进入中国市场的方式

外资零售企业进入中国市场时通常会采用的方式包括以下几种[①]：

1. 资本模式

(1)跨国独资、并购。外资零售企业的资金雄厚，且了解投资地风土人情，对于进入投资市场抱有乐观态度，一般采取独资新建、跨国并购的方式进入市场。

---

① 路红艳. 基于跨界融合视角的流通业创新发展模式. 中国流通经济，2017，31(4)：3-9.

（2）跨国合资、战略联盟。外资零售企业虽资金雄厚，但可能与投资地的文化存在较大的差异，因此，外资零售企业或对未来持保守态度，采用合资新建、跨国战略联盟等进入方式。

2. 空间模式

（1）渐进式空间扩张模式。外资零售企业以本国为圆心，逐步向邻国扩展，在与邻国的合作中学习、探索和积累，最终向更远的区域扩张。这是一种低调保守的进入方式。沃尔玛以渐进式空间扩张模式，从美国本土起家，扩展至邻国墨西哥，最后扩展至其他海外市场。

（2）跳跃式空间扩张模式。这种进入模式风险相对较大，外资零售企业同时进入邻国和海外市场。家乐福采用的便是跳跃式空间扩张模式，该企业在法国成立后不久同时进入了邻国西班牙和南美市场。

（3）综合式空间扩张模式。此模式综合了前两种模式的特点，即先在邻国扩张，发展到一定阶段后，采用邻国和海外市场同时扩张的模式。

（三）外资零售企业在中国市场的业态选择

1. 外资零售企业的主导业态模式

外资零售企业进入中国市场时偏好于开设大型综合超市，主要原因如下：

（1）该业态是国际市场上的一种流行业态模式，且在许多国家都获得了成功。

（2）大型外资零售企业有强大的资本实力、高效的物流配送系统、现代化的信息技术手段及先进的管理技能，在经营大型综合超市方面比较具有优势，并且已经积累了丰富的经营经验。

（3）该业态的经营模式具备了传统超市与百货店的双重功能，又比之具有优势，与中国广大消费者的需求相吻合，可以不与中国传统超市（食品超市）在同一水平线上竞争，达到领先市场的目的。

正是由于这些原因，外资大型综合超市在中国的发展势头迅猛。

2. 影响外资零售企业业态选择的因素

（1）市场环境因素。中国市场环境复杂，法律体系不完善、经济发展不平衡、民族众多、文化差异大，外资零售企业在这样的市场环境下经营面临着巨大的文化冲突和不确定性，因而花费相当长的时间和精力来适应中国市场是非常必要的。所以，很多外资零售企业还处于以单一业态探索在中国经营之道的阶段，没有多余的精力发展新的业态。

（2）业态本身的因素。如麦德龙以仓储式超市的模式进入中国市场，但是这种业态在国内市场的发展条件还不成熟。很多仓储会员店一直"水土不服",主要原因在于中国消费者不易接受会员店"花钱买会员卡才能进店购物""开车批量购物"等经营模式;房地产商的物业大多达不到仓储会员店要求的地面承重大、楼层高度高、配套停车场大等特殊标准。此外,会员店因为要配备叉车、专用货架等专业设备,初期投入比超市大许多,而且国内会员店一般需要两三年才能培育出稳定而充足的会员顾客,所以会员店盈利也比非会员制的超市慢。这使得率先以仓储会员店模式进入中国市场的外资零售企业发展举步维艰,只能先踏踏实实专注于当前的业态。

(四)外资零售企业在中国市场的本土化战略

1. 零售技术本土化

零售技术有两个层面的含义:一是零售企业所采用的系统、方法、程序和技巧等;二是零售文化、理念、惯例、规则、操作和经验等软性要素。这两方面共同决定了零售企业的经营优势和战略方向。零售技术本土化指的是零售业态在国与国之间移植的过程中,零售企业根据自身的基本定位和战略选择,对原有的技术进行继承、部分变革和再创新的过程。一般而言,零售技术本土化的重点和难点之一在于供应链管理技术的本土化。零售企业作为商品价值实现的中间环节,必须面对供应商和消费者两个环节。不同国家的消费者对商品品类的要求会有所不同,为满足这些需求,外资零售企业就必须与不同国家的供应商合作,与之衔接的技术因此也必须相应地发生变化。供应链管理技术本土化的重点是实现采购本土化。采购本土化不仅可以有效地节约运输成本和配送成本,还能促进和当地政府、商界的关系,建立政策通道,也能保证商品结构本土化。

2. 人力资源本土化

人力资源本土化就是外资零售企业中当地人员代替外方人员职位的过程。外资零售企业的人力资源本土化包括人才选聘、当地员工培训和管理三个步骤。外资零售企业首先在当地人才市场上选拔一批适合企业发展的人才,其次对员工进行业务知识和企业文化的培训,最后要对员工进行跨文化管理,因为不同文化环境中的员工有着不同的价值观念和行为倾向,企业对员工的管理要充分地考虑这些差异。不同文化背景下的人们会表现出极大的文化差异。当地人更熟悉当地的文化和风俗,因此,他们可以帮助企业更快地融入当地的环境。人力资源本土化可以帮助外资零售企业消除品牌管理、文化理解上的障碍,加强企业和当地政府的关系并创造有效的市场策略。人力资源本土化还能够降低人工成本,有助于外资零售企业在当地消费者心中树立"当地企业"的形象,使消费者更易于接受该企业的产品与服务。

3. 经营模式本土化

（1）商品结构本土化。零售业是直接面对消费者服务的流通行业，其服务是以提供商品供消费者购买为主，实质上是代替消费者向生产商订购商品。外资零售企业必须仔细琢磨当地消费者在购买习惯上的特点，提供相应的商品，在出售的商品上必然要实现彻底的本土化。不同国家或地区的人口增长、城市化水平、中产阶级比例，以及居民生活方式、消费水平、兴趣爱好、传统习俗、储蓄情况、宗教信仰的差异，都会导致商品需求的差异。

（2）业态本土化。业态本土化包括选址决策本土化、规模和布置本土化、营业时间本土化、销售模式本土化、服务内容本土化。选址和门面陈列是外资零售企业在国际市场上首要并且重要的一步，一般而言，社会购买力、土地成本、交通和通信成本是选址决策的重要影响因素。

（3）品牌本土化。本土化的最高程度就是企业文化的本土化。品牌是零售企业重要的标志。当外资零售企业进入国外市场，这些零售企业也将自己的企业文化带给该市场，但是这种文化不是简单的复制和转移，它必须获得当地消费者的接受和认同。当产品的差异逐渐缩小，独特的品牌文化能够实现差异化，增加消费者的忠诚度，外资零售企业需要在了解当地文化的基础上将品牌本土化。

4. 公共关系本土化

在中国，公共关系本土化是本土化战略的核心。无论企业的目标是什么，其都存在于特定的社会环境中，企业与政府、合作伙伴以及公众的关系都是重要的社会资源。良好的政府关系对企业尤为重要，政府不仅是巨大的消费者，更是政策的制定者和领导者，因此，了解政府的运作模式和建立良好的政企关系是很重要的。良好的政企关系可以给企业带来一些优惠，比如政策倾斜和经验的内部建议。相反，不好的政企关系会带来一系列诸如关于产品的负面报道和政策排斥等严重的后果。一个成功的外资零售企业应善于选择当地的合作伙伴并维持良好的关系。与有经验的当地零售企业合作可以熟悉当地市场并获得采购和人力资源方面的支持。

三、外资物流企业的中国市场扩张

外资物流企业进入中国市场扩张的战略方式包括以下方面。

（一）多方式进入中国市场

跨国物流巨头进入中国市场时采取了多种方式，包括购买航线、建立物流设施、追随进入、合资以及独资等（如表9-4所示）。

表9-4　跨国物流巨头进入中国市场的方式

进入方式	代表公司
购买航线	FedEx、UPS
建立物流设施	新加坡港务集团
追随进入	商船三井、UPS
合资	FedEx、TNT、UPS、DHL
独资	TNT、K&N、伯灵顿

1. 购买航线

FedEx 自 1996 年起已经独家拥有每周直飞中国的 10 个航班，而 UPS 拿到了直飞北京和上海的 6 个航班，因此，这两家国际速递巨头早已在中国市场站稳了脚跟。中美双方在 1999 年签订的允许每个国家的 4 家航空公司提供每周 54 个航班的基础上，在 6 年内分阶段双方可以增加 5 家航空公司，每周航班达到 249 个。新增加的航班中 84 个为客运航班，111 个为货运航班。UPS 随即也要求每周增加 6 个美国—上海的航班，2005 年再开通 6 个美国直飞广州的航班，2007 年在上海建立国际航空转运中心。2017 年 9 月，UPS 美线机型由 MD11 全部升级为 B747-400，11 月又再次升级为 B747-8F。机型升级后，其国际货量显著增加。

2. 建立物流设施

新加坡港务集团是世界上最强大的集装箱码头管理机构之一，集装箱年吞吐量多年来一直稳居全球前两位。新加坡港务集团加盟广州港，双方合资 8 亿元人民币组建了广州集装箱码头有限公司，通过投资物流设施建设而成功进入中国市场。此后，新加坡港务集团又与广州港务局合资组建了广州鼎盛物流有限公司，首期投资 1.6 亿元人民币，建设占地约 20 万平方米的现代物流中心。

3. 追随进入

日本著名的物流公司商船三井物产宣布与富士胶卷在苏州成立合资物流及仓储公司，为富士胶卷提供中国地区的物流服务。UPS 和摩托罗拉是长期全球战略伙伴，到了中国，UPS 理所当然地成为摩托罗拉的物流服务供应商。

4. 合资

很多跨国物流巨头都曾采取合资的形式进入中国市场。1988 年，TNT 就与中外运合资建立了"中外运—天地快件有限公司"，开拓中国业务；1999 年，FedEx 与大田集团合资组建了大田联邦快递有限公司，双方各占 50% 的股份。

5. 独资

随着中国市场物流领域对外开放的推进，外资物流企业可能采取独资的方式大举进军中国市场，合资转独资的倾向已经显现。2004 年 6 月，TNT 正式宣布与中外运的合约到期，转而寻求与小公司超马赫合作，除了出于扩展网络和开展物流业务的需求，其最大的目的就是迈出从合资到独资的第一步。

（二）注重物流服务的整合

跨国物流巨头利用全球品牌优势以及雄厚的技术优势，在充分调查了解我国顾客需求的基础之上，为在我国经营的本土企业与国外跨国企业提供了整合的物流服务，更好地满足了消费者的需求。UPS 公布了其全球新的形象标识，标识增加了空间感以表示 UPS 当今诸多新的业务项目，这实际也反映着 UPS 整体业务的升级。FedEx 正朝着做顾客的"全球物流专家"的角色迈进，开始提供整合式维修运送服务，扮演顾客的零件或备料基地，并可协助顾客协调数个地点之间的产品组件运送过程。TNT 通过对中国市场的调研，最终确定了为客户提供直邮、快递和物流的整合服务 TNT-1 方案。这项战略性解决方案的目的在于通过业务支持领域的跨部门合作，使集团的营业额最大化，成本控制实现优化组合。

（三）注重公益促销活动的开展

跨国物流巨头在我国的促销更注重长远利益，为了提高品牌的知名度与美誉度，均加强了社会公益活动的开展。TNT 举行了"行走天地间"步行筹款活动，在全球的各个不同时区，共有 4 万名员工参加了此次活动。近年来 TNT 在北京、上海、广州等城市举行多次活动，筹集的资金用于资助在甘肃省开展的"扶贫助学"项目。在印度洋海啸灾难爆发以后，TNT 立即积极投入到救援行动之中。之后 TNT 又发起了从每一件由中国发出的快件中捐出 1 元人民币，用于对印度洋海啸灾区的救助。与此同时，TNT 还在中国范围内发动员工进行筹款活动，救助印度洋海啸地区的受灾人民，为灾区提供了 150 万欧元的人道救助。通过这类公益活动，TNT 扩大了影响力与知名度。

（四）注重高科技创新与应用

跨国物流巨头进军中国市场非常注重高科技的创新，这也成为外资物流企业区别于中国本土物流企业的一大优势。FedEx 每年在高科技研发方面投入 16 亿美元，以保证服务能力与水平不断提高。FedEx 推出业内首个简体中文网页，中国的寄件客户能够以本国语言浏览其网页及追踪货件情况；互联网付运应用系统推出中文版本，此项技术的应用给承运商带来了极大好处，使它们能够用其已经联网的电脑向全球超过200个目的地发货，并且自行打印运单；FedEx又在国内10个城市首先推出GPRS无线掌上信息处理系统。高科技创新与应用确保了跨国物流巨头的服务效率与服务质量，有助于提升其在中国市场的竞争力。

（五）注重本土化运作

1. 人才本土化

这主要表现在外资物流企业越来越多地培训和任命本土中高层管理人员。在UPS亚太区的管理人员中，美国人仅占不到2%。很多外资物流企业还在中国培养其所需人才，如TNT和上海交通大学安泰经济与管理学院合作成立了TNT中国大学。

2. 管理本土化

这表现在外资物流企业将运营管理中心转移到中国，统一安排资金调配、研发等事宜，如UPS、TNT、DHL、FedEx等纷纷将大中华区总部移至上海或北京等地。据《财富》杂志调查，近92%的外资物流企业计划在中国设立地区总部，并且按照中国物流客户的需要，将业务整合管理。

3. 文化习俗本土化

一些外资物流企业在和中国客户进行商业谈判时，往往由于不了解中国的商业文化及习俗，如因头衔称呼、礼物的赠送等方面的失误而导致谈判失败。在USP的企业文化中十分重视员工的敬业精神和忠诚度，而这正是中国人所看重的品质，并且USP常常专门组织企业内部管理人员参加中国礼仪课培训，这是文化习俗本土化的表现。

四、中国流通业对外开放面临的挑战与应对策略

（一）中国流通业对外开放面临的挑战

1. 本土流通企业生存空间缩小

外资流通企业擅长规模化、连锁化的经营，通过降低成本，以低价策略抢占与控制国内零售业市场，进一步挤压本土流通企业的市场份额。外资流通企业多为跨国零售巨头，拥有先进、科学的管理手段，对卖场终端的管理能力和对供应商的控制能力远远高于本土流通企业。相较于它们拥有的品牌资源，尤其是在新业态和物流配送等领域，本土流通企业的劣势十分明显，在部分沿海城市，连锁超市外资最高的市场占

有率达到80%。再从门店数量来看，相同规模的大型超市，外资流通企业的数量总和远远大于本土流通企业。

2. 本土流通企业管理水平受到冲击

衡量流通企业发展的主要指标是营业额和毛利，只有在这两个主要方面达到一定水平才能够维持企业的发展。外资流通企业大都是在一个或几个部门具有不同程度垄断地位的大企业，经营规模巨大。外资流通业先进的经营方式和管理水平体现在卖场运作的每个方面。外资流通业为顾客提供的热情、周到和恰到好处的服务，是我国流通业需要借鉴和学习的。我国大多数流通企业没有系统的、规范化运作的经营管理体制，即使有统一店面及标识却并未做到规范化。再加上一些企业员工的素质低下，服务方式和技术水平落后，企业自动化和数字化程度低，当外资流通业以先进的经营理念及由此带动多样化的经营业态出现在我国流通企业面前时，我国流通企业面临的挑战是非常大的。

3. 本土流通企业技术竞争

外资流通企业拥有的先进的计算机管理系统和通信技术，还有能够及时跟踪商品总量的以及单品或分类的库存和销售状况的能力。另外，体现资金利用率和营业面积利用率的坏库存和滞销也能够及时地得到处理，从而提高资金周转率和促进营业面积的有效利用。在外资流通企业内部，无论是其总部还是各家门店都有专门的信息技术部门，负责相关系统的开发、维护以及各种商业报表的处理。相比之下，本土流通企业信息化系统还有很多有待完善的方面。甚至还有部分本土流通企业尚未建立完整的信息管理技术，这使得本土流通企业在技术上与外资流通企业存在很大的差距，面临着来自技术方面的极大挑战。

4. 本土流通企业人才竞争

外资流通企业在投资经营过程中急速地扩张并实施本土化战略，与本土流通企业形成争夺专业人才的竞争局面。当今市场各方面的竞争关键是人才的较量，本土流通企业需要有一支敢于创新、勇于拼搏的专业化队伍。外资流通企业良好的培训机制、优厚的报酬和科学的人才管理方式，已导致大批本土流通企业的优秀管理人才和专业人才流失。本土流通企业的人力资源的整体素质较低，对人力资源存在着严重的不重视和浪费，且薪酬普遍低于外资流通企业，再加上没有很好的培训和职业生涯规划，导致优秀的管理人才流失，严重制约了本土流通企业的创新与发展。

（二）应对策略

1. 走规模化、集约化发展道路

走规模化、集约化发展道路，通过大规模连锁经营来降低进货成本，提高市场占有率，这是国内外流通企业的制胜法宝。目前我国诸多流通企业虽然取得了较大的成功，但大家均各自为战。根据流通业的发展规律，单店销售业增长是有一定上限的，只有在市场化程度较高的流通业市场上不断地扩张，不断获取市场空间，才能获得更高的市场效益。从现在外资流通企业保持每年几十家的开店速度来看，这样的战略是正确的，也是有很大潜力的。但是，资产规模的扩张需要管理技术的同步提高，更加需要对人、财、物的先进管理手段。走规模化、集约化发展道路的操作方式可以考虑实施区域性联盟，也可以进行合并重组。这样做一方面可以避免重复投资，另一方面能够充分提高商业资产聚合的效率。

2. 加强与供应商的合作

建立完善的企业供应价值链降低了成本就等同于增加了利润，而前提是要加强与供应商之间的合作和管理。加强与供应商的合作关系，这样才能获得更低的价位，同时为大批量的采购提供便利，提高货物周转及价格方面的竞争能力。

3. 改变原有的经营理念

我国流通业过去几十年的发展都是在计划经济条件下的自我摸索，原有的经营、管理模式已经不再适应新的市场经济条件下的竞争。我国流通业准备走规模化道路，采取连锁经营的同时，也要学习外资企业对连锁企业的管理模式和方法，正确处理总部和各连锁门店之间的关系。流通企业的最终业绩还是靠最基层的门店来创造的，只有采用有效的管理方式管理好门店，努力提高单店业绩才能做大做强。所以，从商品进场开始便要有良好的管理，只有控制好供应商，把握好最终的细节，控制好整个宏观大局，在经营理念和管理水平上有质的飞跃，才能提高竞争力。

4. 加快信息管理系统在企业中的建设与应用

无论是连锁经营还是企业内部管理，包括发展跨国经营，都需要以信息网络为依托，才能够实现企业内部资源的最佳配置，从而更迅速、更高效地抓住商机，占领市场。因此，我国流通企业要想扩展国内市场与外资流通企业竞争，就必须加快计算机网络系统的建设，运用定量分析手段和现代信息技术进行企业管理。用先进的信息管理系统及时掌握供应商情况和商品销售情况，从而实现物流、商流和信息流的优势互补。此外，还要积极推进电子商务平台建设，利用网络实现自动化采购和销售，开拓市场，建立良好的集约式发展道路，增加与国际流通巨头的竞争资本。

5. 加强人力资源建设

我国流通企业要想与外资流通企业竞争，要想完成上述的改变，拥有专业的流通人才是前提。一方面，要加大人力资源开发的投入，在重视利用现有人才的同时，善于挖掘人才，引进和有针对性地培训一批敢于创新、勇于拼搏的专业人才，在激烈的市场竞争中占领人力资源的制高点。另一方面，在运用现代人力资源管理手段时要重视利用工资绩效与激励机制，激发员工的积极性与创造性。所以，在进行整个行业的竞争前，要先完成人力资源的争夺战。

本章小结

流通国际化的概念可以分为狭义和广义两个层面。推动因素和拉动因素是流通企业国际化的基本动因。拉动因素是吸引零售企业进入新的海外市场的因素。推动因素与拉动因素的地位是相对的而不是绝对的，在不同时期会发生变化。流通企业进入海外市场可以采取许可、特许、合资、独资、并购、电子商务等多种模式，不同模式分别对应着不同的成本和控制水平，不同的海外市场进入模式也具有不同的优劣势。

外资流通业进入对中国市场带来了一些挑战，主要表现在：本土流通企业生存空间缩小；本土流通企业管理水平受到冲击；本土流通企业技术竞争；本土流通企业人才竞争。

互联网的出现为全球经济发展带来巨变，越来越多的生产者可以通过互联网实现跨境发展。利用互联网可以减少流通环节中的节点，从而实现点对点的产品直达。随着我国经济进入"新常态"，跨境电商物流作为国民经济增长的新亮点，引起了国家和企业界的重视。

课后案例

沃尔玛国际化的成功经验

沃尔玛是一家美国的国际性连锁企业，（以营业额计算）是全球最大的公司，其控股人为沃尔顿家族。沃尔玛的总部位于美国阿肯色州的本顿维尔。沃尔玛主要有沃尔玛购物广场、山姆会员店、沃尔玛商店、沃尔玛社区店四种营业态式。

沃尔玛的国际化经营注重其管理战略理念。沃尔玛整体采用成本与规模经济战略，其战略核心就是在大批量订货的物流环节通过提高效益而控制成本。沃尔玛在20世纪70年代推行条形码，在80年代创新物流管理理念，当今其又是RFID技术的主力倡导者。沃尔玛不是将物流管理一味地作为降低成本的关键加以缩减，而是将其不断改造更新成为企业的核心竞争力，最终成为企业的第三利润源，这实质就是利润中心管理模式的改变。

信息技术和高科技的运用推动了沃尔玛国际化的快速发展，它不仅使管理者能够随时控制进货和出货，让自己的每一美元以最快的速度"繁殖"，而且带来了传统零售业管理理念的全新变革。在信息技术的基础上，沃尔玛把成本降到了最低，成功地实现了"天天平价"这一突出的核心竞争力。同时，应用信息技术，使其与供应商的关系更加密切，从而有计划地组织生产，大大降低了由盲目生产导致产品积压而带来的库存成本。

沃尔玛的供应链管理给人们留下了许多深刻的印象，其一就是其拥有的一整套先进、高效的供应链管理系统。沃尔玛在全球各地都设有配送中心、连锁商店、仓储库房和货物运输车辆，形成了一个灵活、高效的产品生产、配送和销售网络。其二是沃尔玛能够唯才是用，凡是能给企业带来高额价值的人才都不惜重金聘用，充分本地化的人力资源，颠覆传统的理念，形成了独具一格的领导团体。优秀的头脑创造意想不到的收获和价值。正是因为如此，沃尔玛才能拥有世界领先的供应链管理模式。

在经济全球化的今天，沃尔玛经营的成功之处在于低价格、高品质，它从顾客的角度来进行营销策略的制定和发展，注重以人为本，为顾客争取低廉的价格，较好的品质，与消费者和区域社会建立相互信赖的关系，并借助现代物流技术提高物流配送率。

思考题：沃尔玛是以什么模式实现市场扩张的？

自测题

1. 简述流通国际化的概念、形式和特点。
2. 流通企业进入海外市场的模式有哪些？
3. 影响流通企业海外市场进入模式选择的因素有哪些？
4. 分析外资零售企业中国市场扩张的战略特征。
5. 分析外资物流企业中国市场扩张的战略特征。
6. 试论中国流通业对外开放面临的挑战及应对策略。

第十章　流通政策与规制

导言

"互联网+"下的电商价格规制

随着各大电商之间竞争日趋白热化,"价格战"成为它们的主要竞争方式之一,由此带来的因价格标注不规范引发的价格欺诈案件开始增多。2015—2017年,全国法院审理的涉及电商价格欺诈类案件,以划线价、价格标注、价格欺诈为主题的典型案例共计55件,案件涉及天猫、国美、亚马逊等知名电商平台。常见的欺诈手段为"即将涨价""虚构原价""虚构优惠打折价""虚构优惠时段""结算价格高于页面标示价格"等。

据悉,2015年9月21日,消费者在天猫平台某旗舰店购买月饼礼盒,商品页写明"促销价89.9元,即将涨价,本店活动满78元减10元"。9月26日,该商品宣传改为"促销价89.9元感恩价",没有了"本店活动满78元减10元"的内容。"即将涨价"足以使消费者陷入错误认识进而产生购买的意愿,但89.9元的商品价格并未发生变化。该商家系利用虚假的标价欺骗、诱导消费者与其进行交易,已经构成欺诈。

2017年2月19日,消费者在天猫平台某旗舰店购买电子相册,成交价为699元,原价为划线的899元。但是,899元的价格是在2016年"双11"当日,在2016年11月12日到12月11日限时抢购的价格;2016年12月13日到2017年3月31日,即消费者购买期间,限时抢购价格为699元。"原价"是指经营者在本次促销活动前7日内在本交易场所成交,有交易票据的最低交易价格;如果前7日内没有交易,以本次促销活动前最后一次交易价格作为原价。所以,"原价899元"并非7日内价格,上一轮促销活动使得本次交易原价为799元。该商家存在虚构原价的欺诈行为,法院判处其三倍赔偿。

资料来源:李方. 电商价格欺诈手法隐蔽 法院曝光天猫商家三起典型案例.(2018-03-15)[2018-09-20]. http://www.ce.cn/cysc/newmain/yc/jsxw/201803/15/t20180315_28489095.shtml. 引用时有修改。

思考:在"互联网+"背景下,我国流通政策与流通规制需要做出哪些转变?

> 💡 **学习目标**
>
> 完成这一章内容的学习之后,你将可以:
> 1. 理解流通政策的概念、我国流通政策沿革、我国流通政策体系的缺失与构建;
> 2. 分析我国流通领域的现行规制及流通产业规制的改革与创新;
> 3. 概述流通体制改革的原则与方向、流通体制的沿革与转型;
> 4. 指出深化流通体制改革的意义。

第一节 流通政策

一、流通政策的概念

流通政策是以商品流通为适用对象的公共政策,即社会公共机构(国家或政府)为了矫正市场失灵、促进流通产业发展、协调流通活动、保障竞争的公平与公正、保护消费者权益及其他社会公共利益而对商品流通领域的公开介入,其具体形式主要有法律法规及行政规章、条例、办法等。流通政策主要涉及经济领域中的流通活动,属于经济政策的分支。为了进一步理解与把握流通政策的内涵,有必要对商业政策、市场政策及流通产业政策这些与流通政策相近的概念加以说明。

(一)商业政策

商业政策是针对商业的经济政策,其适用对象主体是商业。商业政策与流通政策的区别主要体现在:首先,商业政策是流通政策的一部分,流通政策的调整和作用对象不仅包括商业企业的活动,而且包括生产者的购销活动和消费者的购销活动;其次,商业政策是对经济的个别部门或行业的干预,而流通政策则是对构成总体经济中的流通领域的干预;最后,商业政策主要针对国民经济中个别部门或行业,不包括对外商业(外贸),而流通政策却包括国际流通。

(二)市场政策

市场政策也是流通政策的一部分。市场政策是为了使市场机能正常发挥而对市场机构进行的干预，具体目的是使评价和价格形成、流通以及利用价格变动进行投机等活动合理有效地进行。狭义的市场政策的调整和作用对象包括零售市场、批发市场、商品交易所及证券交易所等。也就是说，市场政策就是为了使市场机能有效发挥而对市场机构进行的干预[①]。

（三）流通产业政策

流通产业政策调整和作用的对象主要是流通产业，而流通产业是指"专门以商品流通为经营内容的营利性事业"，因此，流通产业政策调整和作用的对象是专门的或产业化的流通机构的购销活动，而不包括生产者的购销活动及消费者的购销活动。与此不同的是，流通政策的外延则要比流通产业政策宽泛。流通政策既包括流通产业政策，又包括针对流通中的其他主体——生产者与消费者的政策。

二、我国流通政策沿革

（一）计划经济时期的流通政策

中华人民共和国成立后，经历了短暂的经济恢复期和5年的社会主义改造时期，我国建立了计划经济体系，此时期流通政策的最终目标是建立符合社会主义计划经济体制要求的流通体系。

1. 经济恢复期（1949—1952年）

中华人民共和国成立之初，经济萧条、百废待兴，当时流通政策的目标主要是稳定经济、打击投机等不法商业行为，为恢复建设服务。

为迅速扭转形势，在建立中央集权型财政体制、垄断金融业的基础上，政府对流通业采取了一系列干预措施。一方面，限制私营商业经营，利用国有贸易机构控制大量商品，稳定物价；由政府统购统销棉布、棉纱；出台《关于取缔投机商业的几项指示》，将超范围经营、不在规定市场交易、囤积居奇、买空卖空等行为作为投机商业予以取缔；1951年年底，又根据当时的问题发动了"三反""五反"运动。另一方面，充分利用私营商业，在管理过严时，适当放松对私营商业的限制。

2. 社会主义改造时期（1953—1957年）

从1953年开始，我国开始了社会主义改造，并于5年内基本完成。到了1956年，社会主义商业占商品批发总额的82%，供销社占15.2%，私营商业仅占0.1%。此时期的流通政策目标是逐步取消私营商业，稳定流通，保障供给，支持社会主义改造顺利进行。

[①] 吴小丁. 论市场经济中流通政策的目标. 财经问题研究, 1999（9）: 23-26.

在商业企业改造初期，政府一方面通过批购、经销、代销等手段，将私人零售业纳入公营商业领导下，另一方面对私营批发商直接实行国有化。之后，开始公私合营，并将小商小贩也分别纳入国营商业和供销合作社系统。

3. 社会主义计划经济时期（1958—1978年）

社会主义改造完成后，商品经济及以市场为媒介的交换原则上都被彻底否定，虽然个别时期有所放宽，但基本上是政府拥有对经济的绝对控制权，价值规律的作用被压制到最低程度。这段时期内，"有限流通论"甚至"无流通论"大行其道，基本谈不上商品流通，更不要说尊重流通领域的基本规律了，只有物资调拨和个人生活资料的配给，整个社会就像一个巨大的科层组织。

此时期，商业系统是国营商业一统天下，集体合作商业也一度被并入国营。虽然商品流通在理论上被贬得一文不值，但是商业系统职工的社会地位较高，因为他们拥有国家赋予的垄断权，实际掌握着生产与生活资料，而不具有为生产、消费服务的意识。[①]

（二）改革开放以来的流通政策沿革

我国改革开放以来的流通政策主要是围绕建立社会主义市场经济的流通体制展开的，这一时期的流通政策可以分为三个阶段。

第一阶段为1979—1992年，流通政策重点是调整流通领域的所有制结构，转换国有流通企业的经营机制以及流通现代化。这一时期的主要流通政策有《中华人民共和国商标法》（1982）、《关于城镇集体所有制经济若干政策问题的暂行规定》（1983）、《中华人民共和国计量法》（1985）、《中华人民共和国标准化法》（1988）、《中华人民共和国标准化法实施条例》（1990）、《国家标准管理办法》《行业标准化管理办法》《企业标准管理办法》（1990）、《城市商业网点建设管理暂行规定》（1991）、《中华人民共和国城镇集体所有制企业条例商业企业实施细则》《关于商业零售领域利用外资问题的批复》（1992）等。

第二阶段为1993—2001年，这一阶段的政策重点是规范流通秩序、流通领域的对外开放和促进流通现代化。这一阶段的主要政策有《中华人民共和国反不正当竞争法》《关于禁止有奖销售活动中不正当竞争行为的若干规定》《中华人民共和国消费者权益保护法》（1993）、《中华人民共和国广告法》《关于加强流通领域推广电子计算机及电子技术推广应用的实施意见》《全国商品市场规划纲要》（1994）、《制止牟取暴利的暂行规定》《关于深化流通体制改革、促进流通产业发展的若干意见》《指导外商投资方向暂行规定》《外商投资产业指导目录》（1995）、《全国商业电子信息技术开发应用"九五"规

[①] 马龙龙. 流通产业政策. 北京：清华大学出版社，2005.

划要求与中长期发展纲要》(1996)、《中华人民共和国价格法》(1997)、《外资投资商业企业试点办法》《中华人民共和国合同法》(1999)、《"十五"期间加快发展服务业若干政策措施的意见》(2001)等。

第三阶段为2002—2012年,这一时期的政策重点是针对加入世界贸易组织后流通领域即将全面开放而制定的一系列对外开放和促进流通产业发展的政策。这一阶段的主要流通政策有《"十五"商品流通行业结构调整规划纲要》《全国连锁经营"十五"发展规划》《关于进一步做好大中城市商业网点规划工作的通知》《外商投资产业指导目录》(2002)、《关于加强城市商业网点规划工作的通知》(2003)、《关于促进我国现代物流业发展的意见》《流通业改革发展纲要》《城市商业网点规划编制规范》《全国商品市场体系建设纲要》《外商投资商业领域管理办法》(2004)等。

第四阶段为2013年至今,这一时期的政策重点是进一步推动流通现代化和促进流通高质量发展。这一阶段的主要政策有《关于实施支持跨境电子商务零售出口有关政策意见的通知》(2013)、《关于推进国内贸易流通现代化建设法治化营商环境的意见》《关于推进线上线下互动加快商贸流通创新发展转型升级的意见》(2015)、《关于加强物流短板建设促进有效投资和居民消费的若干意见》《国内贸易流通"十三五"发展规划》《关于开展加快内贸流通创新推动供给侧结构性改革扩大消费专项行动的意见》《关于深入实施"互联网+流通"行动计划的意见》(2016)、《关于进一步推进物流降本增效促进实体经济发展的意见》(2017)、《关于开展2018年流通领域现代供应链体系建设的通知》(2018)、《关于加快发展流通促进商业消费的意见》(2019)、《关于抓好"三农"领域重点工作确保如期实现全面小康的意见》(2020)等。

(三)流通国际化政策

我国的流通国际化政策是以流通领域的对外开放为主线的。我国流通领域的对外开放始于1992年7月国务院做出的《关于商业零售领域利用外资问题的批复》,该批复提出在北京、上海、天津、广州、大连、青岛和5个经济特区各试办1~2家中外合资或合作经营的零售企业,经营范围仅限于百货零售业务和进出口商品业务。1995年6月,国务院发布了《指导外商投资方向暂行规定》《外商投资产业指导目录》,将商业零售、批发和物资供销列入"限制外商投资产业目录"中的乙类项目,允许有限度地吸收外商投资,但不允许外商独资。同年10月,国务院决定在北京、上海试办2家中外合资的连锁商业企业,规定中方必须占有51%以上的股权,经营年限不超过30年。1997年12月,国务院对《外商投资产业指导目录》进行了修订,以"国内商业"的概念替换了"商业零售""商业批发""物资供销",但仍将其列入"限制外商投资产业目录"中的乙类项目,重申"不允许外商独资",并增加了"中方控股或占主导地位"的规定。1999年6月,国务院批准发布了《外商投资商业企业试点办法》,这是我国流通领域对外开放跨出的历史性一步。

2001年11月,中国正式加入世界贸易组织,按照我国政府的有关承诺,我国在5年内全面开放流通领域,与此同时,中国的流通国际化政策也作出了相应调整。2002年,国务院公布了重新修订的《外商投资产业指导目录》,首次将批发和零售贸易业列为鼓励外商投资产业目录,但按照加入世界贸易组织的相关承诺对外商投资商业企业经营的一些商品类别进行了限制,并制定了明确的取消限制时间表。其后,在2004年、2007年、2011年、2015年、2017年共对《外商投资产业指导目录》进行了5次修订。在2017年修订的《外商投资产业指导目录》中指出要鼓励外资投向先进制造、高新技术、节能环保、现代服务业等领域;同时,在一定程度上放宽了在服务业、制造业和采矿业等领域对外资的限制。2004年6月,商务部颁布了《外商投资商业领域管理办法》,取代了1999年6月发布的《外商投资商业企业试点办法》。

三、我国流通政策体系的缺失与构建

(一)我国流通政策体系存在的问题

经过几十年的发展,我国虽已初步建立了适应社会主义市场经济体制的流通政策体系,但是,流通政策仍然遗留着计划经济体制下的思维特征,缺乏市场经济特别是国际化视野。

目前,我国流通体系现代化程度仍然不高,仍有许多薄弱环节。一是国内统一大市场尚不健全,商品和要素自由流动仍面临隐性壁垒,规则和标准体系建设相对滞后;二是传统商贸亟待转型,农产品流通有待升级,外贸发展新动能还需加快培育;三是交通物流基础设施还不完善、网络互联互通不够、分布不均衡,应急物流、冷链物流等还有薄弱环节;四是流通领域融资难、融资贵问题尚待解决,信用信息应用水平有待提升。

(二)我国未来流通政策体系的基本框架

1.目标与原则

构建我国流通政策体系的基本目标是:力争在较短的时间内建立起一套目标明确、具体,符合市场经济与世界经济一体化发展趋势的系统、综合、可操作的流通政策体系,保证既有"法律类政策",也有"行政类政策";既有"限制类政策",也有"扶持或促进类政策";既有"效率类政策",也有"社会与环境类政策";既有"流通者政

策",也有"生产者政策""消费者政策"。为实现上述目标,流通政策体系的构建应遵循以下原则:

(1)符合市场经济原则。市场经济体制是世界通行的经济体制,也是我国的基本经济制度,因此,必须在市场经济体制的背景下制定流通政策,各种流通政策的施行不能破坏市场经济的基本框架与机制原理。无论是清理、调整与完善现行流通政策,还是制定新的流通政策,都必须以是否符合市场经济体制为衡量标准。

(2)适应世界经济一体化原则。世界经济一体化是21世纪以来的大潮流、大趋势,而且进程在不断加快。加入世界贸易组织,实际上已经意味着我国必须要接受世界经济一体化浪潮的洗礼,而世界经济一体化的背后就是流通国际化。这就要求我国应尽量减少"条例""规定""办法"之类的政策形式,而尽可能增加正式的法律政策。

(3)充分体现现代流通特征的原则。现代流通的基本特征是系统化、信息化与标准化。因此,在构建我国流通政策体系时,必须充分体现现代流通的特征,针对不同流通环节或领域(商流、物流、信息流)、不同流通主体(生产者、流通者与消费者)、不同流通客体(一般商品与特殊商品)等,制定相应的且相互协调的流通政策。

(4)经济、社会与环境目标相互兼顾的原则。从国内外经验来看,制定流通政策的基本目标主要有:一是提高全社会的流通效率;二是稳定供给、扩大就业、增加收入、方便生活;三是最大限度地降低流通的负外部性,如交通拥挤、环境污染等。特别是随着大型流通企业的发展及全球环境压力的日益增大,如何保护中小流通企业的生存与发展,增强流通领域的经济活力,加强环境保护,提高环境质量,实现经济社会的和谐发展,已成为世界各国所面临的共同课题。

(5)借鉴国内外先进经验的原则。尽管我国现行的流通政策存在许多问题,但是仍有许多政策可以作为新政策的起点,特别是近年来制定政策的一些经验与教训,更是制定新政策的宝贵财富。因此,应该尽最大可能吸收、保留原有的实际可行的政策,同时积极学习与借鉴国外可用的流通政策,启发与开阔政策思路与视野,丰富政策内容。

2.我国未来流通政策体系的构建

根据以上指导原则,结合我国现行流通政策存在的问题,我国未来流通政策体系的构建应围绕以下内容来展开。

(1)大型零售店铺规制政策。该项政策旨在调和大型流通企业与中小流通企业的生存与发展冲突,以及化解大型流通设施的规划布局与区域发展、环境保护之间的矛盾。近年来,随着大型外资与中资流通企业的快速发展,大型流通企业与中小流通企业的冲突与矛盾,以及大型流通设施对城市规划、环境的负面影响也日益突出,因此,对我国而言,制定大型零售店铺的规制政策已迫在眉睫,其主要内容至少应包括大型零售店铺的选址与布局政策、大型零售店铺的听证与审批政策、大型零售店铺的附属设施建设政策、大型零售店铺的环境保护政策等。

（2）特殊商品的流通政策。各国对特殊商品的理解与规定各不相同，但一般而言，特殊商品主要包括以下几类：一是需求弹性小或需求无弹性的商品；二是需求弹性大且财政贡献也大的商品；三是供给弹性小或无弹性且单位价值较高的商品；四是对人身及社会安全有直接威胁的商品；五是直接影响国民经济正常运行甚至影响国家经济安全的商品。我国应该根据特殊商品的生产与流通特点，制定一系列的特殊商品流通政策。

（3）流通基础设施建设政策。流通基础设施的规模、结构与质量，直接影响流通的效率，而且流通基础设施具有"公共物品"的性质，因此，世界各国都十分重视流通基础设施的规划与建设，并制定了一系列的政策措施以保证流通基础设施的建设能够适应流通发展的需要。我国在流通基础设施建设方面的历史"欠账"很多，已成为制约流通发展的重要"瓶颈"，因此，更需要制定科学的流通基础设施建设政策，以促进流通基础设施的建设适应流通及国民经济的快速发展。

（4）流通现代化政策。流通现代化是经济与社会现代化的重要组成部分，没有流通现代化也就没有经济与社会的现代化。但流通现代化又是一个动态的概念，经济与社会发展阶段不同，流通现代化的内涵与形式也不同。就现阶段而言，信息化以及以此为基础的智能化是流通现代化的基本标志，因此，流通现代化的前提也就是流通信息化。为此，应该制定一系列政策以加快流通信息化的进程。然而，由于标准化又是信息化的前提，因此，要加快流通信息化进程，还必须加快流通标准化的进程。

（5）流通组织化政策。流通组织化主要包括流通产业化以及流通企业的规模化与合作化经营。从国外的经验来看，流通产业化程度越高，整个社会的流通效率就越高，从而不仅可以节约资源、降低消耗，而且有利于环境的保护。流通产业化程度高或低的重要标志是专业化流通企业所提供的流通服务市场占有率的高或低。就我国的情况而言，专业化流通服务，特别是专业化物流服务的市场占有率还不高，因此，应该制定促进专业化流通发展的有关政策。

（6）流通国际化政策。流通国际化是世界经济一体化的必然结果，我国加入世界贸易组织之后，特别是 2004 年 12 月 11 日全面取消外资流通企业进入中国市场的各种限制以后，我国流通企业的国际化进程进一步加快，国际化程度也进一步提高。因此，如何应对流通领域的国际化是我国政府与企业共同面临的重要课题。为有效规范外资流通企业在中国市场的经营行为，维护公平、公正的市场流通秩序，促进中外流通企业在我国市场上的协调发展，必须在世界贸易组织的规则下，根据我国的实际情况制定相应的流通国际化政策。

（7）城市商业街改造、振兴中小流通企业的扶持政策。国内外的经验表明，城市商业街不仅具有流通或商业功能，还具有重要的社会功能，因此，各国政府都重视城市商业街的规划与建设，以完善城市功能，促进城市经济与社会的协调发展。近年来，流通的发展，特别是大型流通企业及新型流通业态的发展，使我国城市商业街与中小流通企业也出现了与许多国家相类似的问题，因此，我国也需要制定相应的政策，以促进我国城市商业街及中小流通企业的健康发展。

（8）消费者保护政策。在市场经济条件下，各经济主体之间都程度不同地存在着信息不对称。其中，企业与消费者之间的信息不对称最为严重，特别是随着经济的发展和科学技术的不断进步，在信息资源的拥有上，消费者越来越处于不利的地位，其弱势地位日益明显。因此，社会公共机构对消费者利益的保护不仅仅是道义上的需要，更是不断提高人类生存质量的需要。这就是各国制定消费者保护政策的基本动机与理念。

第二节　流通规制

一、规制的概念与范围

规制是政府对企业行为的监控，是基于法治的、政企分开的政府干预。它与西方国家对特定产业实施的国有化措施中政府对企业的内部控制不同，也与宏观经济调控的那种通过货币政策与财政政策影响市场环境参数，从而对企业行为进行的间接干预不同，与经济法律法规的立法与执法有区别也有联系。规制是建立在法治基础上的规则、制度，政府的规制行为需要授权，还要依照法律规定施行。

（一）规制与政府干预的关系

按照自由主义经济理论的观点，市场机制能够自动实现资源分配的帕累托最优，政府只需担当"守夜人"和基本制度供给的角色即可，不必对经济进行干预。然而，市场机制有效地配置资源须具备两个条件：一是市场是完全竞争的市场；二是市场机制具有普遍性，即所有物品的产权都是明确的，所有的交易都是由市场完成的。但是，现实生活中，这两个条件无法得到完全满足，总是存在着各种"市场失灵"，这就为国家干预经济提供了现实依据。事实上，政府对经济的干预存在多种形式，最极端的方式是政府完全替代市场。

(二) 规制与政府宏观经济管理的关系

规制与政府宏观经济管理是有所区别的。20世纪30年代大危机之后，根据凯恩斯主义经济学说，经济学界逐步形成了通过货币政策和财政政策调节经济的政府宏观经济管理理论。在宏观调控中，政府仅仅改变企业和个人作经济决策的宏观环境参数，但不干预、不限制、更不替代企业和个人的微观行为。规制则是政府制定并根据一定的规则，对市场主体活动进行的微观干预与管理。因此，在本书中，规制不包括宏观调控，仅包括间接规制与直接规制，而直接规制又包括社会性规制与经济性规制。政府的微观规制和宏观调控是一个相互联系又相互补充的统一体。在现实的市场经济中，市场运行机制与政府对企业的微观规制和宏观调控，相互依赖、相互补充。[①]

二、我国流通领域的现行规制

(一) 价格与收费规制

改革开放以来，我国政府先后颁布实施了一系列法规和政策，以规范各类价格与收费行为。1987年，国务院颁布了《中华人民共和国价格管理条例》，规定了物价管理部门的职责、企业的价格权利和义务。1994年，国家计划委员会颁布了《关于商品和服务实行明码标价的规定》《关于商品和服务实行明码标价的规定实施细则》，对明码标价的范围、内容、形式、监督和处罚等做出了详细规定。同年，国务院发布了《关于加强对居民基本生活必需品和服务价格监审的通知》。1995年，国家计划委员会又颁布了《制止牟取暴利的暂行规定》，对非法牟利行为做出了界定和处罚规定。1997年年底颁布、1998年5月正式施行的《中华人民共和国价格法》标志着我国价格与收费规制的正式确立。

(二) 公平竞争规制

竞争是市场经济最基本的运行机制。竞争过程中会出现正当的竞争行为和不正当的竞争行为。各种不正当的竞争行为往往会对公平竞争秩序造成严重的破坏，进而影响市场经济的健康发展。因此，凡是实行市场经济的国家，无论其政治与社会制度如何，都把反不正当竞争的法律作为规范市场经济关系的基本法律。

1993年9月2日，第八届全国人民代表大会常务委员会第三次会议审议通过了

---

① 裴艳丽. 流通产业的竞争与规制. 北京：外语教学与研究出版社，2007.

《中华人民共和国反不正当竞争法》，并于同年 12 月 1 日起施行。其颁布施行，标志着我国社会主义市场经济竞争法律制度的初步建立，对我国的经济生活产生了深远影响。

我国流通领域推行公平竞争规制的法律法规，主要依据的是《中华人民共和国反不正当竞争法》《中华人民共和国产品质量法》《中华人民共和国广告法》等，其中，《中华人民共和国反不正当竞争法》是我国维护公平竞争最全面、最权威的一部法律。

（三）产品质量规制

产品质量规制是保护消费者合法权益、维护市场秩序的一项重要规制措施，也是改革开放背景下提高我国产业国际竞争力的一种有效的制度安排。在产品质量日益受到社会各界广泛关注的情况下，政府明智的政策取向就是不断提高并严格实施产品质量标准。流通领域的产品质量规制，既包括实物商品流通的全过程质量保证要求，也包括服务性产品的质量规制。目前，我国商品流通领域的产品质量规制，主要依据的是《中华人民共和国产品质量法》《中华人民共和国标准化法》以及政府商品流通主管部门制定实施的相关政策法规。

（四）消费者权益保护规制

信息不对称是实行消费者权益保护的客观原因。在消费者权益保护方面，我国早在 1984 年就成立了中国消费者协会，其章程中明确提出了消费者应享有的各项权利。《中华人民共和国消费者权益保护法》不仅明确了消费者的权利和经营者的责任与义务，还规定了国家对消费者合法权益的保护和消费者组织在保护消费者权益方面的职能，以及各种侵害消费者权益行为的法律责任与争议的解决机制。[①]

三、我国流通产业规制的改革与创新

（一）流通产业规制的改革与创新的必要性

1. 市场化进程加快，要求流通产业做出相应的调整

（1）流通产业的资源配置必须以市场配置为基础。计划经济时期，由于我国生产力水平低下，物资短缺，流通产业实际上成了政府分配资源的渠道。改革开放以后，流通资源的配置主体逐渐由政府变为市场。[②]

（2）进入流通的各种要素禀赋都必须在整个市场自由流通，而没有人为的障碍。

[①] 李薇辉，茆训诚. 流通经济理论与政策. 上海：华东理工大学出版社，2008.
[②] 徐晓慧. 流通产业政策与规制研究. 北京：中国经济出版社，2008.

计划经济时期，为保证国家对资源分配的控制，流通产业形成条条分割、条块分割、块块分割的局面，内外贸分立，农村商业和城市商业分立，生产资料流通渠道与消费资料流通渠道分立，粮食、棉花等重要物资流通自成体系，地区封锁和部门分割并存。这些分立与分割客观上导致了流通客体无法在市场上自由流通，极大地影响了流通产业功能的发挥。市场化的内在要求就是必须打破这些人为界限，使商品和生产要素能自由流动。

（3）流通的运行必须以价值规律、供求规律、等价交换规律、竞争规律等为基础。现代市场经济体制的建立，为这些规律发挥作用提供了制度保证。这就要求流通主体的企业制度、管理制度等必须与经济规律作用的要求相适应。

（4）政府对流通的管理职能、管理方式必须发生根本性变化。政府需要从三个方面对流通产业予以管理：充分运用产业政策对流通产业进行宏观调控；运用法律手段维护和管理流通秩序；对流通产业的运行提供信息引导。

2. 经济全球化进程加快，对流通产业发展提出全新的要求

（1）流通资源的优化配置突破了国界的限制，国内外流通企业必须一体化运作，国内企业不了解国际市场，国外企业不了解国内市场的状况将无法适应全球化条件下的激烈竞争。

（2）流通主体自由进入全球市场。既要允许国外流通企业进入中国市场，同时也需要我国流通企业"走出去"，进入他国市场。

（3）政府对流通产业的管理必须符合世界贸易组织的规则和国际惯例。经济全球化实质上也是市场规则的全球化，这要求我国必须把世界贸易组织的规则转变为国内的法律法规，转变为政府管理的程序。

3. 信息化进程加快，对流通产业发展提出了更高的要求

（1）流通领域的管理将建立在现代信息技术的基础之上。POS（Point of Sale，销售时点系统）、EOS（Electronic Ordering System，电子订货系统）、配送平台等信息技术、物流技术的应用，使流通活动的业务流程、管理方式走向现代化、国际化。信息技术介入商品流通的每个环节，信息系统技术已成为企业开拓市场的主要竞争力之一。

（2）流通企业通过全球化经营实现利润和战略目标。信息技术在流通领域中的广泛应用，使流通领域信息传递加快，信息处理效率提高，为流通企业开展全球化经营、实现规模效益提供了技术手段。

（3）虚拟化流通将占据流通产业的重要地位。在信息化时代，电子商务、网络直销日益兴起，它们将彻底改变商品流通的传统模式。买卖双方通过网络来完成交易过程，在网上发布信息，传递信息，建立电子商务虚拟市场，使商品交易无纸化、自

动化、智能化，既加快了商品流通速度，又降低了交易成本，同时极大地扩展了流通范围。

（4）政府对流通产业的管理模式将发生质的变化。在信息化时代，政府与流通企业的衔接将采取网络平面模式，即以流通企业信息网和政府信息网为桥梁和纽带，充分沟通流通信息。

（二）流通产业规制的改革与创新的对策思路

1. 实施产业结构调整政策，为流通产业发展创造适宜的经济环境

流通产业结构调整政策的制定应坚守一个基本信条：只有通过市场、通过竞争和价格变化，才能真正显示产业结构的未来发展方向，也只有市场价格差异所引起的对投资者和生产者的鼓励，才能使社会经济资源按产业结构的发展方向及时有效地流动。政府的作用主要是营造一个适合产业发展和产业结构合理化的经济环境，政府只有在市场被证明无能为力的时候才采取行动。流通产业结构调整同样也应主要依赖市场机制的引导，而不是政府的强制推动。

案例

美国第三方物流的迅速发展

美国第三方物流的迅速发展得益于一个宽松的经济环境。20世纪30年代爆发了世界性的经济大危机，美国对包括交通运输在内的诸多自然垄断行业采取了严格的经济管制措施。20世纪70年代以后，美国放松了对汽车、铁路和航空货运等物流相关产业的管制，企业被允许进入更广泛的市场领域，这加剧了产业的竞争。在这种情况下，美国许多物流企业迫于竞争压力，纷纷通过拓展业务领域获取更多的利润，实现规模经济和范围经济。世界著名第三方物流企业FedEx、UPS原来主要从事运输业务，政府放松管制带来的竞争压力和拓展业务领域的机遇，让这些企业通过并购与战略联盟等手段进入供应链管理的其他领域，为各种类型的客户提供全面的供应链解决方案。美国政府的放松管制并不意味撒手不管，而是将力量放在建设完善物流基础的平台上。可以说，宽松的经济环境直接催生了美国第三方物流，而物流基础平台的建设又促进了第三方物流的发展。

资料来源：肖怡. 透视美国流通产业发展及相关政策.（2008-12-11）[2018-10-12]. https://www.xzbu.com/2/view-386123.htm. 引用时有修改。

思考题：美国第三方物流的发展对我国物流发展有哪些启示？

发达国家的实践表明：物流行业能够迅速、有效地吸收创新成果，并获得与新技术相关联的生产函数；物流具有巨大的市场潜力，可以获得持续的高速增长；物流与其他产业的关联系数较大，能够带动相关产业的发展，在流通产业内部处于"领头羊"的地位。因此，抓住了物流，就等于抓住了流通产业结构调整的"纲"。我国必须把物流作为国民经济的战略行业来对待，以此带动流通产业的结构升级。具体措施包括：制定物流产业发展的方针、总体目标和发展规划；制定规范物流产业发展的政策；制定优惠政策引导工商企业优化企业物流管理，支持第三方物流业的发展；制定加快物流标准化进程的政策；制定促进现代物流领域的研究和加快物流人才培养的政策。

2. 完善提高市场竞争程度的相关政策，保持流通产业良好的竞争秩序

流通产业政策的核心及基本目标是在市场上维持和促进竞争，确保企业机会均等。产业组织政策形成的基点是协调规模扩大与有效竞争之间的矛盾，协调大企业和小企业之间的关系，扶持中小流通企业。在流通产业组织政策的制定上，政府要充分考虑大企业与小企业之间的关系，积极扶持中小流通企业。自20世纪90年代以来，我国流通业发生了翻天覆地的变化，国外各种先进的流通形式相继进入国内，大型商场如雨后春笋般涌现出来，跨国连锁巨头也在不断涌入，中小流通企业的经营开始出现困难。中小企业的存在有助于填补市场的空白，对于提供广泛的就业机会和促进社会稳定起着不可忽视的作用。政府需要采取切实可行的方法扶持中小流通企业的发展，推动它们的技术升级改造，使其成为现代流通产业中的一个重要组成部分。在流通产业政策的导向问题上，政策的作用应该是创造公平的竞争环境，而不是直接干预企业经营，人为造就大型流通企业。

3. 合理规划布局，提升流通产业效率水平

（1）选择流通产业发展的重点地区。从地理区位维度来看，流通产业发展的重点地区为广大中西部地区；从经济发展维度来看，流通产业发展的重点地区为广大农村地区。它们的流通生产要素严重不足，因此，产业布局政策的内容应该包括：制定国家流通产业布局战略，规定战略期内国家重点支持地区；利用税收、信贷等经济杠杆对重点地区的流通产业进行刺激，以增强它们的自我积累能力；实施差别性的流通经济政策，使重点地区的投资环境显示出一定的优越性，以引导更多的流通生产要素投入这些地区的流通产业。

（2）制定物流产业的集中发展战略。现实对此要求相当紧迫，因为目前我国物流发展整体规划不够理想，物流布局不尽合理，环节浪费惊人，市场无序竞争等问题比较严重。

（3）制定城市流通网点规划。由地方政府根据地方经济水平、人均收入、交通状

况、城市规划等因素来确定流通网点布局，这样从一定程度上也可以阻止流通企业的过度进入，对于形成有效竞争格局具有积极意义。

4. 推动科技进步，提高流通产业的技术水平

科技进步是流通产业发展的根本动力。尽管在政府的推动下，我国流通产业政策已经得到了进一步的完善，但仍存在诸多不足，许多基础性工作仍需政府强力推动。目前，我国流通产业的标准化建设仍十分薄弱，主要原因在于，标准化政策不够系统，还没有完整的带有强制性的流通产业标准化法规。我国政府应该借鉴物流业发达国家的成功经验，全力推动流通技术的创新发展，尤其要将推动流通产业信息化纳入当前的主要工作任务中，加快制定流通信息技术的规范和标准，推广信息系统在流通企业中的应用，鼓励有条件的流通企业与供应商、制造商的网络连接。提供增值服务，真正发挥流通产业在国民经济中的先导作用。为了实现流通技术资源的有效开发和最优配置，防止技术创新的中断，确保流通产业技术的持续进步，国家必须以适当的产业技术政策手段对流通技术开发与推广应用进行有效的指导、组织、扶持、协调。此外，国家对流通产业发展的信息引导也需要流通产业自身具有非常高的信息化水平。

第三节　流通体制改革

一、流通体制改革的必要性

作为国民经济的基础性和先导性产业，改革开放以来，我国流通业发展迅速，对引导生产、促进消费、提高经济运行效率发挥了重要作用。但随着我国经济发展转型步伐的加快，掣肘流通的体制、机制等深层次问题日益凸显，亟待进一步深化改革。流通体制改革的必要性主要表现在以下两个方面：

（一）流通在国民经济发展中的地位和作用日益突出

流通是国民经济运行的重要环节，消费通过流通决定生产，现代化的流通带动现代化的生产。随着我国社会主义市场经济体制的不断完善，流通业在引导生产、拉动消费、稳定物价、吸纳就业等方面发挥着至关重要的作用，已成为推动国民经济发展的先导性产业。

（二）我国流通业的现状无法适应经济全球化发展和全面建成小康社会的要求

我国流通业发展进程中亟待解决的问题具体包括：流通体制尚未完全理顺，内外贸一体化还需要向更广领域、更深层次发展，生产与流通的有机结合还需要加强，中介组织作用发挥不足；流通领域法律、行政法规和标准体系不健全；部门分割、行业垄断、地区封锁依然严重，社会信用体系缺失，市场秩序不规范；城乡之间与区域之间发展不平衡，产业组织化程度低，现代流通业发展滞后；流通企业改革缺乏政策支持，劣势企业难以退出市场，优势企业难以发展壮大；流通业对国民经济增长的贡献不足，消费率偏低，吸纳就业的潜力没有得到充分发挥。

二、流通体制改革的原则与方向

（一）流通体制改革的原则

流通体制改革的目标体现在两个层面：一是有效推进流通产业持续健康发展；二是推动国民经济整体效益和素质的提升，并以建立成熟的市场体系为核心，为流通企业提供公平有序的竞争环境。流通体制改革的原则包含以下三个方面：

1. 有效市场、有为政府

充分发挥市场在资源配置中的决定性作用，以成本、效率、质量为导向进一步健全市场机制，激发市场主体活力。更好发挥政府作用，坚定不移深化流通领域市场化改革，加快构建完善流通规则和标准体系，营造良好营商环境，引导现代流通规范有序发展。

2. 创新驱动、绿色低碳

加强数字赋能现代流通，加快流通领域数字化转型升级，大力发展流通新技术新业态新模式，推动关联领域协同创新、跨界融合，延伸现代流通价值链。落实碳达峰碳中和目标要求，加大流通全链条节能减排力度，加快低碳绿色转型，推进资源集约利用，增强流通可持续发展能力。

3. 系统观念、保障安全

加强现代流通体系建设全局性谋划、战略性布局、整体性推进，促进商贸、物流、交通、金融、信用等融合联动，统筹推进流通国内外顺畅衔接、跨区域高效运转、城乡融合发展。贯彻总体国家安全观，加强现代流通应急保供能力建设，增强流通体系安全风险管控和抗冲击能力，充分发挥对保障基本民生和产业链供应链安全稳定的作用。

（二）流通体制改革的方向

1. 提高流通现代化水平

把握新一轮科技革命和产业变革历史机遇，加速流通体系现代化建设步伐，提升流通数字化、组织化、绿色化、国际化发展水平。强化流通各环节各领域数字赋能，拓展流通领域数字化应用深度广度，加快流通设施智能化建设和升级改造，促进流通业态模式创新发展。强化流通对商品和资源要素配置的组织作用，推动流通企业和平台资源整合，促进产业链供应链高效运行、供需精准适配。贯彻绿色发展理念，坚持走绿色低碳发展新路，加大绿色技术装备推广应用，加快流通设施节能改造，降低流通全过程资源消耗和污染排放。立足高水平对外开放，加强流通领域国际合作，深度融入全球产业链供应链，提升全球资源要素配置能力，助力我国产业迈向全球价值链中高端。

2. 构建内畅外联现代流通网络

服务商品和资源要素跨区域、大规模流通，优化商贸、物流、交通等设施空间布局，构建东西互济、南北协作、内外联通的现代流通骨干网络。依托全国优势资源地、产业和消费集聚地，布局建设一批流通要素集中、流通设施完善、新技术新业态新模式应用场景丰富的现代流通战略支点城市。服务区域重大战略、区域协调发展战略、主体功能区战略实施，打造若干设施高效联通、产销深度衔接、分工密切协作的骨干流通走廊，串接现代流通战略支点城市，进一步发挥现代流通体系的市场链接和产业组织作用。

3. 发展有序高效现代流通市场

着眼商品和资源低成本、高效率自由流动，健全统一的市场规则和制度体系，构建类型丰富、统一开放、公平有序、配套完善的高水平现代流通市场。推进商贸市场、物流市场和交通运输市场融合联动、有机协同，充分释放各类市场活力。深化金融供给侧结构性改革，完善流通领域信用治理，强化流通领域金融有效供给和信用支撑保障。

4. 培育优质创新现代流通企业

支持流通企业做大做强做优，增强创新创造力和核心竞争力，更好发挥在现代流通体系建设中的主体地位。支持现代流通企业网络化发展，对内优化升级商贸和物流网络，对外整合利用全球资源，构筑成本低、效率高、韧性强的全球流通运营渠道，培育国际合作和竞争新优势。推动现代流通企业一体化发展，促进商贸物流融合，深度嵌入工农业生产各环节，打造跨界融合发展新业态。鼓励现代流通企业生态化发展，引导大中小企业基于流通供应链、数据链、价值链开展深度对接，构建资源共享、协同发展的流通新生态。

三、流通体制的沿革与转型

（一）流通体制的沿革

中华人民共和国成立以来，我国流通产业根据社会经济环境的发展和变化，经历了由高度集中的计划分配体制向多主体、多渠道、多形式的市场交换体制转变的过程，每一步变革都体现了流通产业对当时社会经济环境的适应过程。

中华人民共和国成立初期，我国的流通产业主要通过三方面的途径得以建立：一是对官僚资本主义流通资本的剥夺；二是对民族资本主义流通业进行以"赎买"为特征的社会主义改造，使其逐步转化为社会主义的国营流通业；三是对以农村小农经济为基础的民间商贸活动的集体化改造，形成了社会主义的合作流通业。至20世纪50年代末，随着对私有经济改造的基本结束和农村集体化进程的基本完成，国营和合作商业已经完全控制了我国的商品流通领域，高度集中的计划流通体制基本形成。

在长达30年的计划流通体制时期，社会商品流通是在单一封闭的系统内进行的。所有的物资均由国家按照统一的计划实行收购、调拨和销售；商品严格按照一级、二级、三级批发流通体系实行单渠道流通，如图10-1所示；以国营和合作商业为代表的公有制流通企业成为商品流通领域的唯一主体，商品的市场价格也受到计划的严密控制。[①]

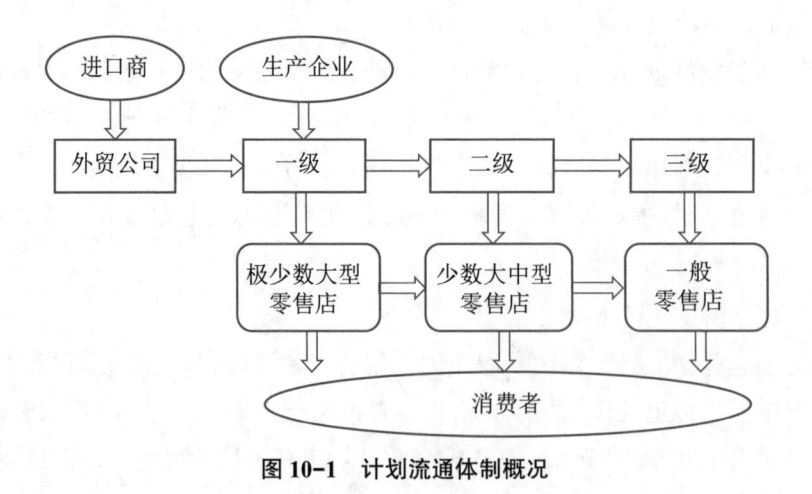

图10-1 计划流通体制概况

---

① 干春晖.中国经济体制改革30年.上海：上海财经大学出版社，2008.

(二) 流通体制的转型

20世纪80年代，随着我国经济体制的整体转型，商品流通体制也迈出了改革的步伐。改革的核心内容在于打破了全部商品流通活动通过国有流通企业系统单一的流通渠道，按僵化的计划分配模式实行垄断性经营的格局，实现了通过由各种所有制、各系统和各种经营方式的流通企业及交易市场所组成的多种流通渠道进行商品流通的局面，从而确保商品在流通领域得以通畅运行，促使生产与消费实现有机衔接，并在一定程度上推动了社会资源的优化配置和流通企业经营机制的合理转换。

此后，我国流通体制改革大体上可分为以下四个阶段。

1. 计划调节与市场调节相结合阶段（20世纪80年代初到90年代初）

从20世纪80年代初开始，为了化解高度集中的计划流通体制给生产、流通和消费的发展带来的制约，我国首先对以"三级批发、单渠道流通"为特征的高度集中的商品流通体制进行了改造，破除了国有垄断，扩大了流通渠道，增强了市场调节的作用。由此，我国的商品流通开始形成"主体多元化、渠道多元化、形式多样化"的基本格局。此阶段的改革主要采取了以下措施。

（1）对商品的购销体制进行了大幅度的调整和改革，其主要特征是将原来由国家计划严格控制的"统购统销""统购包销"的商品购销体制逐步放开，允许生产者在一定范围内自行销售产品，允许企业在一定范围内自由采购商品。经过该阶段的改革，中央计划管理的商品由1978年的391种，减少到1993年的9种；计划控制的生产资料由1980年的837种，减少到1994年的10种。可以说，市场对企业生产经营的调节力度大大增强。

（2）改变了严格按一级、二级、三级批发流通体系实行商品流通的单渠道流通状况，积极推行多渠道流通。将原属中央管理的一级站和省属的二级站下放到地方管理，减少了商品流通环节。1984年，《国务院批转商业部关于当前城市商业体制改革若干问题的报告的通知》提出把原属商业部管理的一级站和由省公司管理的二级站下放到所在的城市，与市公司合并，由地方管理。

（3）放宽了对农产品收购的限制。随着农村家庭联产承包责任制的实行，农副产品流通体制也发生了较大变化。1979年，国家开始放宽对集市贸易的限制，不仅三类农副产品可以上市，而且完成派购任务后的一类、二类农副产品（除棉花以外）也可以上市。1983年，中央一号文件——《当前农村经济政策的若干问题》明确允许集体和个体商业的存在，使得农副产品流通的多渠道格局逐步形成，商业部门收购比重逐年下降，其他渠道销售比重逐年上升，如表10-1所示。

表 10-1　农副产品收购情况

年份	农副产品收购总额/亿元	流通业部门收购比重	工业、其他部门收购比重	非农居民向农民购买比重
1978	558	82.4%	12.0%	5.6%
1984	1 440	74.3%	13.9%	11.8%
1990	3 711	60.9%	20.0%	19.1%
1992	4 412	55.2%	20.4%	24.4%

资料来源：根据历年统计年鉴整理

（4）对流通企业的管理制度实行了全面改革。建立和完善承包经营责任制，并对小型流通企业实行"改、转、租、卖"，提升了流通企业独立自主开展经营的能力。同时，个体和民营流通企业也有了迅速发展。1991年，个体和其他民营流通的从业人员约34万人，约占流通从业人员总数的51%，成为流通的一支重要力量。至此，商品流通领域主体多元化的格局基本形成。

在这一阶段的改革中，计划流通的形式并未完全消除。为了维持商品市场的稳定，我国政府的主管部门仍试图主要以计划的方式来控制市场的供求和价格。相关资料统计，至1991年，在社会商品零售总额中，国家定价的比重约占20.9%；在农产品收购和销售中，国家定价的比重约占22.2%。这说明尽管计划控制的痕迹正在不断消除，但在当时市场经济的环境并未真正形成。在流通领域，呈现一种有限计划控制的局面。

2. 商品流通市场化发展阶段（20世纪90年代初至90年代末）

20世纪90年代以来，特别是邓小平同志南方谈话和中国共产党第十四次全国代表大会明确提出建立社会主义市场经济体制的改革目标之后，我国流通体制的改革也进入一个新的阶段。我国商品流通开始真正由计划经济走向市场经济，由"分配型"的流通功能转化为"交换型"的流通功能，同社会主义市场经济相适应的商品流通体制开始形成。这一阶段的改革主要表现为：

（1）计划分配型的商品流通体制基本终止。通过一系列的改革，商品流通体制进一步向市场化的方向发展，国家对于商品流通活动的直接计划控制已基本取消，商品流通活动主要由商业企业按市场的需求状况变化来进行。产品从生产企业进入市场的渠道进一步呈多元化的趋势，基本上可归纳为四种类型：一是生产企业自行设立销售机构，形成直接控制的、遍布全国各地的销售网络；二是生产企业通过各种类型的中间商分销其产品；三是生产企业运用各种直接销售的方式将产品直接卖给消费者；四是通过各类批发交易市场开展商品交易活动。改革以后的中国流通体制概况如图10-2所示。

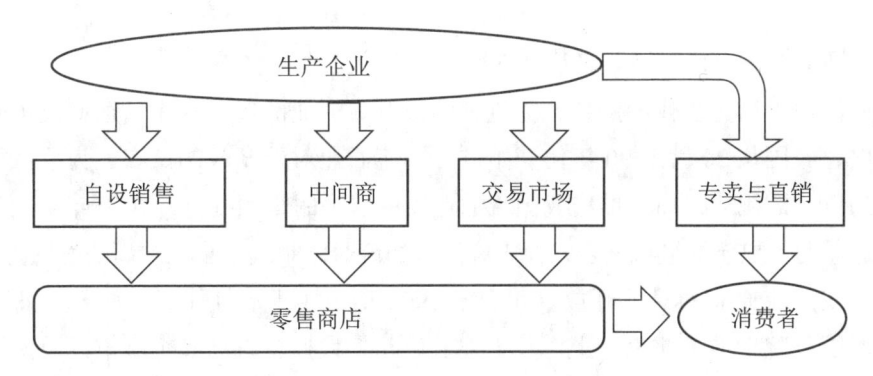

```
        ┌─────────────────────────────┐
        │         生产企业             │─┐
        └─────────────────────────────┘ │
          ↓         ↓         ↓          ↓
      ┌──────┐  ┌──────┐  ┌──────┐  ┌──────────┐
      │自设销售│  │中间商│  │交易市场│  │专卖与直销│
      └──────┘  └──────┘  └──────┘  └──────────┘
          ↓         ↓         ↓          ↓
        ┌──────────────────────┐    ┌────────┐
        │      零售商店         │ ⇒ │ 消费者 │
        └──────────────────────┘    └────────┘
```

图 10-2　改革以后的中国流通体制概况

（2）流通经营主体进一步多元化。我国流通体制的改革使民间各种所有制形式的流通经营者有了很大的发展空间，流通经营主体形成了多种所有制并存、共同发展的局面。1980 年，社会消费品零售总额中，国有流通企业的份额占 40.4%，集体流通企业的份额占 37.5%，个体流通企业的份额占 15.1%，合营企业的份额占 0.3%，其他企业的份额占 6.7%。经过近 20 年的变革，到 1998 年，国有流通企业的份额下降到 20.7%，集体流通企业的份额也只占 16.6%，个体流通企业的份额则上升到 37.1%，合营企业的份额占 0.6%，其他企业的份额占 25.0%。流通经营主体多元化的格局基本形成。

（3）各种新型的流通业态开始出现，连锁经营得到迅猛发展。20 世纪 90 年代，在我国的一些主要城市，便利店、仓储式超市、专卖店、邮购、自动售货机等现代化的流通业态开始被引进，上海等大城市甚至已出现了网络销售和网上商店。1996 年，已有 20 个城市电视台和省级电视台开办了电视直销节目；1997 年，这一数据攀升至 60 个；到 1999 年，全国的电视直销公司达 1 000 多家，营业额高达 200 亿元。1999 年，国产自动售货机形成规模生产并批量投放市场。各种新型流通业态的蓬勃发展，使我国的消费市场日趋繁荣。

（4）流通企业加快进行现代企业制度建设。从 20 世纪 90 年代初开始，流通企业就同其他国有企业一样，开始了现代企业制度的建设，部分企业开始上市，进入资本市场进行融资。至 1999 年，全国已有 1 000 多家股份制流通企业，其中 73 家为上市公司；流通政企分离的改革得到进一步深化，各地区的流通行政管理（厅）局被基本撤销或进行了职能转换，以"控股公司—集团公司—经营公司"为框架的新型管理模式逐步形成。

这一阶段我国流通体制的改革同 20 世纪 80 年代的流通体制改革有很大不同。20 世纪 90 年代的新一轮流通体制改革是以建立社会主义市场经济体制为基本指导思想，根据市场经济发展的客观规律进行的，目的在于建立适应市场经济体制的现代化流通体制。

3. 流通业加快对外开放与实行重组整合阶段（21世纪前10年）

随着流通市场化步伐的加快，为进一步提升流通业的经营水平，适应改革开放的总体战略，我国从20世纪90年代开始进行了流通业对外开放的试点。为了抵御国外跨国流通巨头的挑战，同时推进我国流通业发展水平的全面提升，2000年后，各地开始了流通业的大规模重组与整合，标志着我国的流通体制改革步入崭新的发展阶段。

（1）我国流通业的对外开放。我国于1992年7月开始对外资开放零售商业的试点，当时国务院批准了北京、上海、天津、广州、大连、青岛6个城市以及深圳、珠海、汕头、厦门、海南5个经济特区试办拥有进出口权的大型中外合资或合作商业零售企业。到2003年，我国已正式批准中外合资零售企业共76家，店铺总数1 546家。2005年以后，世界贸易组织协议承诺的3年保护期已过，外资进入我国流通业的步伐进一步加快。至2007年，在工商行政管理部门正式登记注册的外资批发和零售商业实有户数已达2万户，较2006年增长约26.49%。

（2）国内流通企业的重组与整合。我国在加入世界贸易组织以后，面临跨国流通巨头的直接挑战。多年的流通业改革尽管打破了计划经济封闭、垄断的流通体制，疏通了商品流通渠道，但同时导致各地流通企业存在规模过小、品质不佳的"散、乱、差"状况。因此，我国的流通企业无论从整体上还是单体上都难以与跨国流通巨头相抗衡。我国的流通资源亟待得到合理的配置和科学的整合，流通业总体素质有待进一步提高。基于这一背景，在2000年以后，我国的流通体制改革进入重组和整合的阶段。

这一阶段我国流通体制改革的特点主要是顺应市场环境的变化和流通业发展的需要，将流通改革的重点由以"疏通"为主向以"优化"为主转变。改革的侧重点在于建立和完善统一的市场体系，组建和培育对市场具有重要影响的大型流通集团，引进和创新现代化流通方式与流通技术，改进和提升流通企业的人员素质、经营效益及核心竞争力，以及构建和完善市场法规体系与管理系统。

4. 流通业现代化与高质量发展阶段（2010年至今）

改革开放以来，我国走出了富有特色的流通产业发展道路，呈现市场繁荣、流通能力扩大、模式创新、流通发展多元、升级加快、流通产业融合的特点。我国进入新发展阶段后，现代化经济体系逐步完善，实体经济加快发展壮大，超大规模内需潜能加速释放，需要现代流通更大范围联系生产和消费。随着全国统一大市场加快建设、商贸流通稳步发展、现代物流快速发展、交通运输承载能力持续提升、金融信用支撑不断加强，我国应不断加快建设系统完备、创新引领、协同高效的现代流通体系。然而我们也要认识到，面对新形势新要求，我国流通体系现代化程度仍然不高，还存在一些短板和堵点。从市场环境看，国内统一大市场尚不健全，商品和资源要素自由流动仍面临隐性壁垒，流通规则和标准体系建设相对滞后。从商贸体系看，传统商贸亟待转型升级，农产品流通体系明显落后，外贸发展动能减弱。从交通物流看，基础设施还不完善、网络分布不均衡，货运承载能力有待提高，应急、冷链等物流服务存在薄弱环节。从金融服务和信用建设看，流通领域融资难融资贵问题尚待解决，信用信息应用水平有待提升。为有效补齐这些短板并疏通堵点，我国应不断加快现代流通体系建设。

（1）流通业现代化阶段。我国流通业现代化开始起步，主要体现在商业设施投资的规模与建设不断发展，各种商品交易市场、配送中心、物流中心、加工储运中心相继建立，在流通中的作用逐步显现，物流体系建设正在引导传统仓储业向现代物流发展。新的管理技术与管理手段的运用，使流通作业的自动化与管理的信息化水平有所提高。流通业由传统的手工操作、柜台销售、经验性管理转向专业化分工与规模经营，行业的资金投入与技术含量都有所提高。

（2）流通业高质量发展阶段。《"十四五"现代流通体系建设规划》提出，到2025年，现代流通体系加快建设，商品和资源要素流动更加顺畅，商贸、物流设施更加完善，国内外流通网络和服务体系更加健全，流通业态模式更加丰富多元，流通市场主体更具活力，交通承载能力和金融信用支撑能力明显增强，应急保障能力和绿色发展水平显著提升，流通成本持续下降、效率明显提高，对畅通国民经济循环的基础性、先导性、战略性作用显著提升。

这一阶段的流通体制改革的特点是顺应移动互联网发展的时代要求，实现流通业高质量的发展。以流通业的供给侧结构性改革为抓手，解决高质量发展的两个"难以为继"问题：一是传统增长方式难以为继；二是维持高速增长率已经难以为继。在流通业的发展上，国家从宏观和微观两方面共同发力，助推高质量发展的实现。

四、流通体制改革的深化

深化流通体制改革的基本思路是以市场化改革为方向，以建设法治化营商环境为主线，以创新转型为引领，以转变政府职能为重点，厘清政府与市场、中央与地方、政府部门之间、政府与中介组织的关系，探索建立规则健全、统一开放、竞争有序、畅通高效的流通体系和分工明确、权责统一、协调高效的流通管理体制，努力增强流通服务经济社会发展的能力。着眼于发挥市场在流通领域配置资源的决定性作用，深化"放管服"改革，塑造市场化、法治化、国际化营商环境，打通经济循环堵点，构建商品和要素自由流动的国内统一大市场。在国民经济及和社会发展"十四五"规划期间，需主要抓好以下四个方面的工作：

（一）完善创新驱动的流通发展促进机制

促进机制的完善需要关注以下几个方面：支持电商企业拓展业务领域和范围，创新电子商务发展模式，完善政府监管方式，营造有利于电子商务发展的良好环境；支持电子商务、连锁经营、物流配送等现代流通方式相互融合，促进线上线下互动发展，创新批发、零售供应链管理，推动传统流通企业加快转型升级；加强商贸物流网络建设，提升物流专业化、信息化、社会化、标准化水平，提高流通效率；统筹规划城乡商业网点建设，构建农产品、工业品双向畅通的流通网络，促进城乡一体化发展；推动建立内外贸统一的管理方式、结算方式和标准体系，构建内外贸一体化的商品流通体系。

（二）形成有效监管的流通市场规则体系

形成有效监管的流通市场规则体系需要推进地方流通法规建设，依法确立流通设施、流通秩序、市场监管以及促进流通产业发展等方面的基本制度；深化流通领域市场监管体制改革，利用现代信息技术提升监管执法效能，加强行政执法和刑事司法衔接，建立监管互认、执法互助、信息共享的综合监管与联合执法机制；建立以行政管理信息共享、社会化综合信用评价、第三方专业信用服务为核心的内贸流通信用体系。

（三）建立分类管理的流通设施建设运营机制

分类管理的流通设施建设运营机制的建立包括：对于公益性农产品批发市场建设，需要通过多种形式建立投资保障、运营管理和监督管理机制，增强应对突发事件和市场异常波动的功能；对于微利经营的社区居民生活服务网点等设施，需要通过完善扶持政策，支持其加快发展；对于完全市场化的大型商场等设施，需要通过加强规划、建立预警机制和听证制度等，引导其合理布局、有序发展。

（四）健全统一高效的流通管理体制

首先，政府需要进一步转变职能，加快简政放权，优化职责分工，加强部门协作，建立适应大流通、大市场发展需要的新型流通管理体制。其次，建立健全内贸流通行政管理权力清单、部门责任清单和市场准入负面清单，提高行政审批便利化水平，支持大众创业、万众创新。再次，完善规范性文件的合法性审查程序，加强行政垄断案件查处，建立打破地区封锁和行业垄断的长效机制，促进商品、要素自由流动和企业公平竞争。最后，推动流通行业协会改革，制定政府职能转移目录、服务采购目录、行业组织资质目录，将部分工作事项交由行业协会承担，加大政府购买服务力度，推动行业协会与行政机关脱钩，充分发挥行业协会的作用。

本章小结

流通政策是以商品流通为适用对象的公共政策，即社会公共机构（国家或政府）为了矫正市场失灵、促进流通产业发展、协调流通活动、保障竞争的公平与公正、保护消费者权益及其他社会公共利益而对商品流通领域的公开介入。

我国流通政策沿革分为计划经济时期的流通政策、改革开放以来的流通政策沿革和流通国际化政策。我国未来流通政策体系的基本框架需要围绕大型零售店铺规制政策，特殊商品的流通政策，流通基础设施建设政策，流通现代化政策，流通组织化政策，流通国际化政策，城市商业街改造、振兴中小流通企业的扶持政策，消费者保护政策来建设。

规制是政府对企业行为的监控，是基于法治的、政企分开的政府干预。我国流通领域现行的规制有价格与收费规制、公平竞争规制、产品质量规制和消费者权益保护规制。我国流通产业规制需要从以下几个方面进行改革和创新：实施产业结构调整政策，为流通产业发展创造适宜的经济环境；完善提高市场竞争程度的相关政策，保持流通产业良好的竞争秩序；合理规划布局，提升流通产业效率水平；推动科技进步，提高流通产业的技术水平。

流通体制改革的必要性体现在两个方面：一是流通在国民经济发展中的地位和作用日益突出；二是我国流通业的现状无法适应经济全球化发展和全面建成小康社会的要求。流通体制改革的目标体现在两个层面：一是有效推进流通产业持续健康发展；二是推动国民经济整体效益和素质的提升，并以建立成熟的市场体系为核心，为流通企业提供公平有序的竞争环境。流通体制改革的内容包括转变流通产业地位，转变流通产业发展方式，改善流通秩序，提升流通效率。

我国流通体制改革分为计划调节与市场调节相结合、商品流通市场化发展、流通业加快对外开放与实行重组整合以及流通业现代化与高质量发展四个阶段。流通体制改革的深化需要完成完善创新驱动的流通发展促进机制、形成有效监管的流通市场规则体系、建立分类管理的流通设施建设运营机制和健全统一高效的流通管理体制的主要任务。

课后案例

完善流通市场准入和公平竞争制度

2022年1月13日，国家发展和改革委员会印发《"十四五"现代流通体系建设规划》，提出如下内容。

优化流通领域商事服务。落实"全国一张清单"管理模式，健全权力清单、责任清单、负面清单制度，优化"一网通办""一窗办成"业务流程，推进流通企业开办、变更、注销等商事服务规范化、便利化。完善流通领域融合发展业态的登记注册管理制度，统一优化消防、环保、卫生等管理规定。深化"证照分离"改革，大幅削减流通领域行政许可前置中介服务事项，加快解决"准入不准营"问题。研究制定流通领域通用性资格资质清单，统一规范认证程序及管理办法，推动在全国范围实现互通互认互用。

加强反垄断和反不正当竞争执法。推进流通领域落实公平竞争审查实施细则，探索建立流通领域重大政策措施会审制度，强化跨区域行政执法协同配合机制。鼓励各地区、各部门建立第三方专业机构参与审查机制。加强流通领域市场竞争状况评估，分析市场结构，依法开展反垄断和反不正当竞争执法，维护市场公平竞争秩序。各地区不得要求连锁经营等流通企业在本地设立具有法人资格市场主体，不得对未设立具有法人资格市场主体的连锁经营企业在给予补贴补助等惠企政策时采取歧视做法。引导平台经济、共享经济等新业态良性发展，防止资本无序扩张。建立健全反垄断反不正当竞争合规自律机制，促进流通企业合规管理。

资料来源：国家发展和改革委员会."十四五"现代流通体系建设规划.（2022-03-25）［2022-04-25］. https://www.ndrc.gov.cn/fggz/fzzlgh/gjjzxgh/202203/t20220325_1320205.html?code=&state=123. 引用时有修改。

思考题：根据《"十四五"现代流通体系建设规划》的要求，流通企业应如何发展？

自测题

1. 简述我国流通政策变革的过程。
2. 我国流通政策体系存在哪些问题？
3. 我国未来流通政策体系的基本框架是什么？
4. 简述我国流通领域的现行规制。
5. 我国流通产业规制改革与创新的对策思路是什么？
6. 流通体制改革的目标与内容是什么？
7. 简述流通体制改革的过程。
8. 流通体制改革的深化需要重点关注哪几方面的问题？

参考文献

[1] 夏春玉. 流通概论. 4版. 大连：东北财经大学出版社，2016.

[2] 沙振权. 零售学. 广州：广东高等教育出版社，2006.

[3] 洪涛. 流通产业经济学. 北京：中国人民大学出版社，2014.

[4] 荆林波，依绍华，李蕊. 中国流通理论前沿（7）. 北京：社会科学文献出版社，2015.

[5] 李飞. 零售革命. 北京：经济管理出版社，2003.

[6] 马龙龙. 流通产业经济理论研究. 北京：中国经济出版社，2010.

[7] 夏春玉，梁守砚，张闯. 农产品流通渠道的维度：基于政治经济分析框架的研究. 经济管理，2010（10）：96-105.

[8] 张琼. 移动互联网＋视域下零售业态演变路径及对策. 中国流通经济，2016，30（2）：14-19.

[9] 蒋秀兰，蒋春艳. 零售学. 北京：清华大学出版社，2013.

[10] 李桂华. 零售营销. 北京：机械工业出版社，2012.

[11] 孙晓红，闫涛，赵宏霞. 零售学. 2版. 大连：东北财经大学出版社，2014.

[12] 贺爱忠，聂元昆. 零售管理. 北京：清华大学出版社，2015.

[13] 李飞. 全渠道零售的含义、成因及对策：再论迎接中国多渠道零售革命风暴. 北京工商大学学报（社会科学版），2013，28（2）：1-11.

[14] 邓永成. 中国营销理论与实践. 上海：立信会计出版社，2004.

[15] 倪霓，夏阳. 物流管理基础. 北京：北京航空航天大学出版社，2016.

[16] 夏春玉. 物流与供应链管理. 大连：东北财经大学出版社，2007.

[17] 夏春玉. 现代物流概论. 北京：首都经济贸易大学出版社，2004.

[18] 张成海. 供应链管理技术与方法. 北京：清华大学出版社，2002.

[19] 王斌义. 现代物流实务. 北京：对外经济贸易大学出版社，2003.

[20] 夏春玉. 零售商业的国际化及其原因分析. 商业经济与管理，2003（4）：4-9.

[21] 汪旭晖. 国际零售商海外扩张的实证分析：以沃尔玛、家乐福与阿霍德为例. 经济前沿，2005（8）：61-64.

［22］汪旭晖．跨国零售企业进军中国市场的动因与策略．市场营销导刊，2007（Z1）：14-18．

［23］路红艳．基于跨界融合视角的流通业创新发展模式．中国流通经济，2017，31（4）：3-9．

［24］汪旭晖．跨国物流巨头在华战略与我国物流企业的应对之策．对外经济贸易大学学报（国际商务版），2005（6）：65-69．

［25］马龙龙．流通产业政策．北京：清华大学出版社，2005．

［26］张闯．流通国际化背景下的流通政策比较研究．财贸经济，2005（2）：60-63．

［27］李薇辉，茆训诚．流通经济理论与政策．上海：华东理工大学出版社，2008．

［28］徐晓慧．流通产业政策与规制研究．北京：中国经济出版社，2008．

［29］干春晖．中国经济体制改革30年．上海：上海财经大学出版社，2008．

［30］汪旭晖．现代流通服务业自主创新：理论与实践．北京：经济科学出版社，2011．

［31］汪旭晖，张其林．基于线上线下融合的农产品流通模式研究：农产品O2O框架及趋势．北京工商大学学报（社会科学版），2014，29（3）：18-25．

［32］蓝海燕，刘旭晖．"共享零售"的含义、消费驱动与演化路径．中国流通经济，2018，32（2）：8-16．

［33］齐永智，张梦霞．共享经济与零售企业：演进、影响与启示．中国流通经济，2016，30（7）：66-72．

［34］谢莉娟．互联网时代的流通组织重构：供应链逆向整合视角．中国工业经济，2015（4）：44-56．